현대사회와 그리스도인의 경제윤리

비블로스성경인문학시리즈 4

현대사회와 그리스도인의 경제윤리

강철구 | 강호숙 | 구자용 | 김민정 | 김순영 | 박유미 | 오민수 | 홍인표 지음

박성철 책임 편집

강철구 박사

총신대학교 신학과와 신학대학원을 졸업한 후 독일 뮌스터(Münster) 대학교를 거쳐서 튀빙엔(Tübingen)대학교 신학과에서 욥기 연구로 신학박사(Dr. Theol.) 학위를 받았다. 총신대학교, 백석대학교 신학대학원, 서울성경신학대학원대학교에서 강사와 대신대학교에서 겸임 교수를 역임했으며, 현재는 웨스트민스터신학대학원대학교에서 구약학 조교수로 재직하고 있다. 역서로 실비아 슈뢰어, 『성서의 동물들』(CLC, 근간)이 있다.

강호숙 박사

성경적 페미니즘과 생태 실천신학, 그리고 젠더 교회법 모색을 연구하는 실천신학자다. 건국대학교 영어영문학과를 졸업한 후, 총신대학교 신학대학원, 신학석사(Th.M.)와 「교회여성리더십의 이론적 근거와 실천방안 연구」로 실천신학 철학박사(Ph.D.) 학위를 받았다. 총신대학교에서 '현대사회와 여성', 총신대학교 신학대학원에서는 '교회 여성의 이해와 사역'을 강의했으며, 웨스트민스터신학대학원대학교에서 '성경과 여성', '기독 신앙과 성', '여성과 설교'를 강의하였다. 현재는 복음주의 교회연합 공동대표와 여성 신학회 편집위원장을 맡고 있다. 저서로 『여성이 만난 하나님』(2016)과 『성경적 페미니즘과 여성 리더십』(2020)이 있으며, 공저로는 『세월호, 희망을 묻다』(2015), 『성폭력, 성경, 한국교회』(2019), 『혐오를 부르는 이름 차별』(2020), 『생태 위기와 기독교』(2021), 『샬롬 페미니즘입니다』(2021)가 있다.

구자용 박사

총신대학교 신학과와 신학대학원 졸업한 후, 독일 본(Bonn)대학교 신학석사 (Mag.Theol.) 및 신학박사(Dr.Theol.) 학위를 받았다. 현재 주안대학원대학교 구약학 교수로 재직 중이다. 번역서로 뤼디거 룩스의『이스라엘의 지혜』(한국학술정보, 2012)가 있고, 저서로『다윗의 왕위계승사: 전도서를 드라마화한 삶의 이야기』(새물결플러스, 2022), 실비아 슈뢰어, ↑『성서의 동물들』(CLC, 근간)이 있다.

김민정 박사

건국대학교 히브리학과를 졸업한 후 구약성서에 대한 학문적 관심을 두기 시작했고 성공회대학교 일반대학원에서 구약학으로 박사학위(Ph.D.)를 받았다. 현재 성공회대학교 신학연구원에서 연구교수로 재직 중이다. 저서로는『해설이 있는 시편 읽기』(2019),『히브리어 기초』(2020),『출애굽의 여선지자 미리암과 이스라엘의 종교권력』(2020)이 있다. 인간과 사회에 대한 신학과 인문학의 대화에 관심을 두고 연구하고 있다.

김순영 박사

삶의 상황성과 일상을 신학의 자료 삼는 구약성서 연구자다. 백석대학교 기독교전문대학원에서 구약학으로 박사학위를 받은 후 십수 년 동안 백석대 신학대학원과 평생교육원, 안양대 신학대학원, 한영대에서 히브리어와 구약 과목들을 강의했다. 지금은 미주장신대학교 구약학 강사와 비블로성경인문학 연구소 연구원으로 잠언의 지혜와 동아시아 도의 개념 비교, 생태학적인 구약 본문 해석과 연구에 주력하고 있다. 저서로『어찌하여 그 여자와 이야기하십니까』(꽃자리, 2017),『일상의 신학, 전도서』(새물결플러스, 2019) 등이 있다.

박유미 박사

이화여대를 졸업하고 총신대학교 신학대학원을 거쳐 총신대 일반대학원에서 박사학위(Ph.D.)를 받았다. 이후 총신대 학부와 신대원에서 강의하였고 지금은 안양대학교 구약학 겸임교수로 있다. 현재 비블로스성경인문학연구소 소장과 기독교반성폭력 센터 공동대표를 겸하고 있다. 저서로는『이스라엘의 어머니 드보라』(2007),『내러티브로 읽는 사사기』(2018)가 있으며 공저로는 『성폭력 성경 한국교회』(2019),『혐오를 부르는 이름, 차별』(2020),『이런 악한 일을 내게 하지 말라』(2020),『샬롬 페미니즘입니다』(2021)가 있다. 구약과 여성과 생태에 관심을 갖고 연구하고 있다.

오민수 박사

총신대학교 신학과와 신학대학원을 졸업한 후, 독일 킬(Kiel)대학에서「전도서, 잠언의 지혜전개 구분비교」로 신학박사(Dr. theol.) 학위를 취득하였다. 함부르크에서 5년 담임목회자로 봉직 후, 불변의 소명에 따라 귀국하여 대신대학교와 총신대학교에서 '사본학', '히브리어', '오경', '예언서', '지혜서', '시가서', '주경신학', '구약윤리'를 가르쳤다. 또한 기독교 대학(경민대학교, 한국국제대학교)에서 '창의인성'과 '기독교의 이해'를 교수하였으며, 현재는 대신대학교 구약학 조교수로 봉직 중이다. 역서로『세상에서의 삶: 윤리』(2019)와『꾸밈없는 사람들』(2020)이 있다. 저서로는『지고, 지선, 지미 – 아가서 주석』(2021)이 있다.

홍인표 박사

침례신학대학교 신학대학원(M.Div) 및 대학원(Th.M.)을 졸업한 후, 백석대학교 기독교전문대학원에서 논문 「선교 초기 한국교회의 여권의식에 대한 연구: 구한말과 1920년-1930년대를 중심으로」를 쓰고 박사학위(Ph.D.)를 받았다. 서울 개혁신학연구원, 인천개혁총회신학원 객원교수를 역임하였으며, 저서로는 『여성과 한국교회』(2019)와 『자유인 김재준』(2020) 그리고 『강아지 똥으로 그린 하나님 나라』(2021)이 있다. 또한 "사과나무의 소원", "내 마음 하얀 도화지"를 비롯하여 여러 편의 동요를 작시하였다. 현재 단국대학교 대학원 문예창작학과에서 아동문학(Ph.D. cand.)을 전공하고 있다.

| 책임편집자 소개 |

박성철 박사

총신대학교 신학과와 신학대학원을 졸업한 후, 경희대학교 NGO대학원에서 시민사회학으로 석사학위를 받았고 독일 본(Bonn)대학교에서 신학석사(Mag. Theol.)와 정치신학연구로 철학박사(Dr. Phil.) 학위를 받았다. 총신대학교 신학대학원 강사와 햇불트리니티신학대학원대학교 초빙교수를 역임했으며, 현재 경희대학교 공공대학원 객원교수, 하나세교회와 하나세정치신학연구소 대표로 재직하고 있다. 저서로 『종교중독과 기독교 파시즘』(2020)과 공저로 『칭의와 정의』(2017), 『성폭력, 성경, 한국교회』(2019), 『혐오를 부르는 이름, 차별』(2020), 『생태 위기와 기독교』(2021) 등이 있다. 현대신학과 정치신학 그리고 성서 해석학을 중점적으로 연구하고 있다.

본서는 2022년 한 해 동안 비블로스성경인문학연구소 연구위원들이 진행하였던 세미나 "기독교와 대안 경제"의 결과물이다. 세미나에 참여했던 연구위원들은 특정한 경제 체제를 정당화하는 기존의 방식보다는 현존하는 경제 체제의 문제와 그 인식론적 기초를 기독교 신앙과의 연관성 속에서 비판적으로 살펴봄으로써 보다 나은 경제 체제를 향해 나아갈 수 있는 다양한 접근 방식을 고민하였다. 이에 따라 본서는 필연적으로 학제 간 연구 결과일 수밖에 없다.

내용적인 측면에서 본서는 기본소득을 비롯하여 주목받고 있는 대안적 경제 체제에 대한 기독교적 이해에 집중하고 있다. 사실 우리가 살아가고 있는 자본주의 체제의 특성을 조금만 깊이 있게 이해한다면 생태 위기 시대의 도래와 경제 체제 문제 사이에 밀접한 상관관계가 있다는 것을 쉽게 알 수 있다. 그러므로 경제 체제의 변화 없이는 오늘날의 위기를 극복하기 위한 사회 체제를 구성할 수 없다. 기후변화로 인한 인류 존망의 기로가 더 이상 먼 미래의 이야기가 아닌 현재가 되어버렸다. 대안적 경제 체제의 문제는 더 이상 외면할 수 없는 현실이다.

물론 본서의 저자들은 오늘날 필요한 체제의 변화가 과거 냉전 시대의 '자본주의 vs. 사회주의'와 같은 이분법적 이해로 가능하지 않다는 것을 분명하게 인식하고 있다. 세미나 "기독교와 대안 경제"는 그리스도인이 만들어 가야 할 경제 체제가 하나의 정책이나 제도만으로는 실현될 수 없다는 공감대 위에 진행되었다. 본서가 기본소득이나 대안적 경제 체제뿐 아니라 경제에 대한 기독교 윤리적 이해의 문제를 밀도 있게 다루는 이유는 바로 이데올로기적 대립을 종교적으로 정당화했던 과거의 오류에 빠지지 않기 위해서였다. 그 노력의 결과가 성공적이었느냐는 본서의 저자나 편집자가 아닌 독자들에 의해 평가될 것이다.

형식적인 측면에서 본서는 2부로 구성되어 있으며 각각 4개의 글로 구성되어 있다.

제1부는 "기본소득과 그리스도인의 경제윤리"이며, 제1장 ≫만나 사건을 통해 본 기본소득 (강철구)≪, 제2장 ≫레위인의 소득과 노동을 통해 본 기본소득 (박유미)≪, 제3장 ≫"땅의 유익은 모두에게 있는 것, 왕은 경작지에 대해서[만] 섬김을 받을 뿐!"(전 5:9) – 전도서를 통해서 보는 기본소득에 대한 고찰 – (구자용)≪, 제4장 ≫기본소득 논의를 위한 첫걸음 – 교회 헌법은 젠더 평등한가(강호숙)≪로 구성되어 있다. 제1부는 최근 들어 가장 주목받고 있는 경제 주제인 기본소득에 대한 다양한 신학적 담론을 담고 있다.

제2부는 "대안 체제와 그리스도인의 경제윤리"이며, 제1장 ≫21세기 공유경제와 구약의 희년 제도 고찰 – 공생하는 경제를 향하여(김민정)≪, ≫전도서의 소박한 행복과 탈성장(김순영)≪, 제3장 ≫공존(共存)! 그 아름다움에 관하여 – 권정생의 동화 세 작품에 언급된 공존의 가치 – (홍인표)≪, 제4장 ≫복음적 직업과 경제윤리의 실례 – EEK 직업과 경제 부분 번역(오민수)≪으로 구성되어 있다. 제2부는 최근 기본소득과 함께 주목받고 있는 대안적 경제 체제를 기독교 윤리의 관점에서 파악한 다양한 신학적 담론을 담고 있다.

본서에서 다루고 있는 다양한 경제 문제는 비블로스성경인문학연구소의 연구위원들이 꿈꾸는 세상의 한 모습이다. 비블로스성경인문학시리즈 첫 번째 책인 『혐오를 부르는 이름, 차별』을 출간한 이후부터 우리 연구위원들은 현실에 안주하기보다는 기독교 신앙에 기반해서 나아갈 수 있는 더 나은 세상을 꿈꿔왔다. 지금까지의 우리의 여정은 언제나 현실과 이상 사이의 좁은 길을 치우침 없이 달려가기 위한 노력의 결과다. 본서는 자본주의 사회라는 현실을 살아가는 그리스도인이 성서의 가르침을 어떻게 이해하고 수용해야 하는가를 고민한 결과물이다. 앞으로도 우리의 고민이 더 현실적이면서 더 이상적일 수 있기를 소망한다.

2023년 10월
남한산성 아래서
책임편집자 박성철

▶▶ 목차

제2부
대안 체제와 그리스도인의 경제윤리

제1부

기본소득과
그리스도인의 경제윤리

제1장

만나 사건을 통해 본 기본소득

강철구

I. 들어가는 말

지난 몇 년 동안 코로나19는 중·소 상인들을 비롯하여 많은 사람에게 경제적인 위기를 발생시켰고, 그로 인해서 생존 자체가 위협받는 이들이 늘게 되었다. 중앙정부와 지방정부는 재난지원금을 통해서 이러한 위기를 극복하는 데 도움을 주고자 했다. 그러나 이러한 세계적인 대 재앙으로 인해서뿐만 아니라 일상 삶 속에서도 빈곤에 시달려야 하는 수많은 사람이 존재한다. 왜냐하면 생존을 위한 최소한의 소득마저도 부족하기 때문이다.

이러한 이유로 최근 기본소득이 예전보다 조금씩 더 알려지게 되었다. 기본소득이란 "모든 사회성원에게 추가적으로 조건 없이 연령별로 균등하게 지급되는 최소생계비를 뜻한다."[1] 기본소득의 기본적인 전제는 보편성과 무조건성을 특징으로 한다. 이러한 면에서 기본소득은 기타 복지정책과 다르다.

기존 사회복지 제도는 특정한 사람들에게 조건부로 지급된다. 반면에 특정한 조건에 해당하지 않는 사람들에게는 적용되지 않는다. 이로 인하여 복지의 사각지대에서 빈곤에 시달리는 사람들이 나타날 수밖에 없다. 차별적인 분배 체계로 구축된 자본주의가 그 체제의 오류에서 기인한 불평등과 빈곤에 대해서 제대로 된 대응을 하지 못했던 것이다. 그렇기 때문에 기본소득이 사람들에게 관심의 대상이 되고 있다.[2] 기본소득이 사회 구성원들에게 최소한의 소득을 제공함으로 생계와 인권을 보장하고, 사회의 안정성에 기여할 수 있다는 이유에서 사람들이 기본소득을 찬성하기도 한다.[3]

기독교적인 관점에서 봤을 때 기본소득의 전제는 '모든 인간은 이 땅에 존재하는 것 자체로 존엄하며, 인간적인 대우를 받아야 한다'는 것이다. 각 개인의 능력이나 부, 그의 소속이 그 사람을 평가하는 기준이 되어서는 안 된다. 하나님이 창조하시고, 이 땅에 존재하는 모든 생명체는 이 땅에서 그가 누리고, 받아야 할 자신의 몫이 있다. 이 땅에서 삶을 영위하는 어느 누구도 하나님이 주신 공동의 유산을 독차지해서는 안 된다. 땅과 바다에서 나오는 생산물, 지하자원, 공기와 햇볕 등은 누군가의 독점 없이 피조 세계 전체가 누려야 할 공동의 자원이다. 동시에 인간은 그들의 조상들이나, 사회 공동체가 만들어 낸 기본 지식을 바탕으로 현재의 소득을 만들어 가기에 어떤 이의 도움 없이 자기 스스로 부를 생산했다고 말할 수 없다. 기본소득은 이러한 인류 공동의 유산을 통해 벌어들인 재원을 기초로 해서 전 국민 대상으로 현금으로 제공하는 제도다.[4]

구약성경은 창세기 1장 1절에 하나님이 천지를 창조하셨다는 선언으로 시작한다. 이는 이 땅에 존재하는 모든 생명의 기반은 하나님에 의해서 창조되었으며, 그 소유권을 하나님에게로 돌릴 수 있다는 말이다. 그러기에 기본소득의 이론적이고, 신학적인 배경은 성경을 통해서 더욱 강화될 수 있다. 하나님이 세상을 만드신 후에 좋았다고 말씀하셨던 그대로의 세상을 유지하고, 보존할 책임이 인간에게 주어졌다. 생육하고, 번성하라는 말씀(창 1:28; 9:1)은 인류의 생존 자체가 위협받는 상황 속에서는 유지될 수 없다. 인간은 하나님이 주신 세상을 보기 좋은 세상으로 보존해야 할 책임이 있고, 그것은 경제적인 기반이 없이는 불가능하다. 그리고 그 삶은 인간의 자유를 위한 것이어야 한다.

물론 기독교 안에서도 기본소득과 관련된 다양한 논쟁이 존재한다. 기독교인에게 있어서 기본소득과 관련하여 가장 저항이 많은 부분은 노동과의 연관성일 것이다. 일하기 싫으면 먹지도 말라(살후 3:10-15)로 대표되는 노동관은 기본소득을 스스로 이해하고, 타인을 설득하는 데 있어 가장 큰 어려움이다.

본 글은 성경에서 기본소득에 대한 신학적 배경을 찾고, 기독교 내에서 기본소득에 대한 논쟁을 좀 더 생산적으로 진행하기 위한 작은 시도다. 필자는 본 글에서 광야에서의 만나 사건, 그리고 삶의 터전으로의 땅과 관련해서 기본소득의 정당성을 찾아보고자 한다. 물론 이러한 사건들이 기본소득을 직접 긍정하는 것으로 말하기는 어렵지만, 그 속에 숨겨진 의미들을 찾아가는 과정 가운데 그 정당성을 발견할 수 있을 것이다.

II. 기본소득과 관련된 논쟁점

1. 기본소득과 각종 사회보장 혜택과의 관계

크게 보아 기본소득을 찬성하는 사람들 가운데서도 두 가지 의견이 대립한다. 먼저 자본주의를 강조하는 신자유주의의 주장으로 기본소득의 전제는 현존하는 각종 사회보장 혜택(실업급여, 의료보험, 각종 소득공제 등)을 없애야 한다는 입장이다. 이 입장은 기본소득이 모든 사람에게 일관적으로 조건 없이 제공되는 것이기에 기타 다른 사회보장제도가 축소 내지, 폐지되어야 중복되는 지출을 줄이고, 자본주의 사회가 지속될 수 있다고 본다.[5]

반면에 기본소득지구네트워크(BIEN, Basic Income Earth Network)는 2016년 서울 총회에서 기본소득이 복지를 축소함으로 곤경에 처한 사람들의 상황을 악화시킨다면, 기본소득이 기존 복지와 사회서비스를 대체하는 것을 반대한다고 선언했다.[6] 이 말은 기본소득과 사회보장 혜택이 서로 보완하면서 복지의 사각지대를 없애는 방향으로 진행해야 함을 의미한다.[7]

각종 사회보장 혜택은 기본적으로 제한적이고, 조건적일 수밖에 없다. 그러기에 반드시 복지의 사각지대가 발생하게 된다. 기존 사회보장 혜택의 확대만으로는 제대로 된 사회안전망을 확보할 수 없다.[8] 이러한 사회보장제도의 한계로 인해서 기본소득의 필요성이 제기된 것이다. 필자는 기본소득을 기존의 각종 사회보장 혜택과 연계시킬 필요가 없다고 본다. 기본소득은 자격심사를 하지 않고 모든 사회 구성원에게 일정한 돈을 주기적으로 평생 지급하는 반면,[9] 기존의 사회보장 혜택은 개인의 다양한 상황과 여건에 종속된다. 한 개인이 사회보장제도의 혜택을 받기 위해서는 재산이나 건강, 취업 여부 혹은 장차 일할 의사가 있는지 없는지 등 자격심사를 통과해야 한다. 기본적으로 이러한 사회복지제도는 노동을 전제로 한다. 노동을 하느냐, 하지 않느냐가 중요한 기준이 된다는 말이다. 그러나 기술이 발전할수록 인간의 노동은 부차적인 것으로 간주되거나, 필요 없게 된다. 이러한 사회적인 환경이 지속되면 될수록 인간의 노동 가치는 하락하게 된다. 이렇게 노동과 연계된 사회보장제도는 많은 사각지대를 만들어 내며, 모든 사람에게 적용하기엔 한계가 있다.[10] 그러기에 사회보장제도와 기본소득을 연계할 필요 없이 각자의 분야에서 더욱 정교하게 발전시켜 나가는 것이 타당해 보인다.

2. 기본소득과 노동과의 관계

기본소득에 대해서 부정적으로 보거나, 반대하는 데는 다양한 이유가 있다. 그중에서도 가장 논란이 되는 부분은 노동과 관련된 부분일 것이다. 기본소득에 대해 비판할 때 노동의 문제를 빼고 말할 수는 없다. 왜냐하면 만약 어떠한 노동도 없이 혜택이 주어진다면 사람들은 그것을 불공정한 무임승차라고 생각하기 때문이다. 하지만 기본소득의 근본적인 취지는 사람으로 태어난 이상 인류 공동의 자원의 혜택을 받을 권리가 있다는 개념에서 출발한다. 이러한 혜택은 그 사람이 노동을 하건, 노동을 하지 않건 아무런 조건 없이 받을 수 있어야 한다. 그러나 전통적으로 기독교는 노동을 신성시했기에 '일하기 싫으면 먹지도 말라'고 한다. 노동은 선택의 문제가 아니라, 모두가 반드시 해야 하는 의무다. 그런데 기본소득을 반대하는 입장은 기본소득을 통해서 노동과 관계없이 소득이 주어진다면, 노동하지 않는 사람만이 아니라, 열심히 일하는 사람들의 노동 의욕마저 꺾일 수 있으며, 종국에는 노동을 하지 않게 될 것이라고 확신한다. 그렇게 된다면 노동자의 이탈로 인해서 노동시장은 불안정하게 되고, 사회 전체의 생산성이 저하될 수 있을 것이다.[11] 당연히 그러한 사회는 지속가능성에 의문이 제기될 수밖에 없을 것이다.

그러나 이런 노동관은 자본주의 사회가 고도화될수록 힘을 잃는다. 자본주의 사회에서 창출된 소득은 노동소득만으로 채워지지 않기 때문이다. 자본이 자본을 증식하는 시대이기에, 노동 이외의 다양한 방법으로 소득이 늘어날 수 있다. 또한 노동을 꼭 임금노동만으로 한정할 필요도 없다. 기본소득의 도입은 오히려 노동의 의미를 재정립하고, 노동의 가치를 다시 찾아 줄 기회이기도 하다.

성경에서 이야기하는 인간의 노동은 하나님을 대리하는 인간이 하나님의 창조성을 실현하는 귀중한 가치를 지닌 것이었다. 하지만 인간의 탐욕과 어리석음으로 인해서 인간의 노동은 그 본래의 가치를 상실하고 본 궤도에서 이탈하였다. 노동이 노동하는 인간의 삶을 발전시키고 풍요로운 혜택을 주기보다는 불합리한 노동체계 안에서 일부 자본가들에게 그 혜택이 돌아가게 했다. 이로써 인간은 노동으로부터도 소외[12]되는 비극을 경험하게 되었으며, 이러한 현상은 근대 기술혁명 이후 더욱 가속하였다.[13] 이제 노동은 더 이상 창조적 행위가 아니라 물질적 가치로만 평가되었다. 이것은 또한 노동을 임금노동으로만 이해하게 하는 오류를 범하게 만들었다. 기독교에서 강조하는 노동 윤리는 표면적으로는 노동의 존엄을 강조하는 것처럼 보이지만, 실제로는 빈부 간 격차를 가속하며, 자본주의 체제를 유지하고, 상품을 생산하는 임금노동만을 강화하는 방향으로 기울어졌다.[14] 이러한 무한 경쟁을 통한 이윤 추구가 강화되고 지속하는 한, 노동이 인간을 소외시킨다는 사실은 자명해 보인다.[15] 더욱이 현재는 인공지능이 일자리를 대체하는 시대다. 과학문명의 발전으로 일자리를 잃은 수많은 사람의 삶을 어떻게 해야 하는가? 이들의 삶을 누가 책임져야 하는가? 그러기에 기본소득은 더욱 필요해 보인다.[16]

기독교에서 노동의 의미를 강조하는 성경 구절인 "일하지 않으려고 하는 사람은 먹지도 말라"(살후 3:10)는 말은 사실 무조건적으로 노동을 찬양하기 위해서 기록된 것이 아니다. 이 말씀은 종말이 임박했다고 믿은 초대교회 기독교인들에게 종말론적 열정에 휩싸여 일상적인 삶 가운데서 해야 할 노동이나, 생업을 멀리하는 것을 막기 위함이었다.[17]

기본소득은 노동의 가치와 중요성을 무시하지 않는다. 오히려 왜곡된 노동의 가치를 찾아주고, 노동으로부터 소외되는 것을 막아내는 역할을 할 것이다. 기본소득의 도입으로 창조적 노동의 회복이 일정 부분 가능하게 될 수 있다. 더 이상 인간은 노동의 기쁨과 혜택을 빼앗긴 채 자본가들만을 위해서 일하는 기계의 한 부속품처럼 취급받다가 하루아침에 버려져서는 안 된다. 기본소득은 노동자가 자신의 존엄과 가치를 인정받으며, 자신의 능력을 자발적으로 발휘할 수 있는 사회적 구조를 만들어 낼 수 있을 것이다.[18]

노동이 반드시 임금노동일 필요는 없다. 임금노동만이 사회 유지와 발전에 필요한 경제적 가치를 창출하는 것은 아니다. 노동을 광범위하게 정의할 필요가 있다. 우리가 살아가는 세상에는 다양한 종류의 무급노동이 존재한다. 여기서 여성(혹 남성)들의 육아와 가사노동,[19] 그리고 장애인과 노인들에 대한 돌봄을 생각해 볼 수 있다. 인간의 전체 삶에서 행하는 모든 노동이 반드시 임금노동은 아니다. 다양한 형태의 무급노동 또한 우리 사회의 유지와 발전에 상당한 기여를 하고 있음을 잊어서는 안 된다.[20]

곽노완은 기본소득이 "노동중심주의를 대체하여 노동과 소득의 연계를 끊고 자유로운 삶과 자유로운 노동을 촉진하려는 새로운 패러다임"이라고 주장했다. 또한 강원돈은 노동과 소득은 고대의 개념이 아니라고 말한다.

> 역사적으로 볼 때, '노동과 소득의 결합'을 기본원리로 해서 하나의 경제체제가
> 전반적으로 운영되기 시작한 것은 불과 2세기 남짓밖에 되지 않는다. '노동과 소
> 득의 결합'에 바탕을 두고 운영되는 사회를 노동사회라고 한다면, 노동사회는
> 생계를 위해 노동을 하도록 국가가 강제하고, 노동이 토지나 화폐처럼 상품으로
> 팔릴 수 있다는 "허구"가 자리를 잡기 시작한 근대 세계에서 탄생한 것으로 볼
> 수 있다. […]돈벌이 노동을 제외한 삶을 위한 다양한 노동은 삶을 위한 활동으로
> 범주화될 수 있는데, 이 삶을 위한 활동은 근대 사회에서 애초부터 소득으로부
> 터 분리된 노동이었다.[21]

　사회의 모든 구성원에게 기본소득을 조건 없이 제공함으로써 개인은 노동
시장 안에 존재하는 여러 제약에서 자유로워질 수 있다. 개인이 시장소득 이
외의 사회적 소득을 제공받음으로써 노동시장의 가혹한 노동조건을 거부하
는 선택이 가능해진다. 즉 기본소득은 개인이 시장의 '교환가치'와 시간의 '이
용가치'를 판단하고 선택하는 데 도움을 준다. 또한 조건 없이 모든 구성원에
게 보편적으로 제공되는 소득은 기존 공공부조 및 사회보호의 의존적 측면
과는 다르게, 개인이 자신의 필요와 욕구를 채울 수 있는 활동을 스스로 판
단하고 선택할 수 있도록 한다. 기든스(A. Giddens)는 개인이나 집단이 자원
을 받아서 삶을 스스로 계획하고 결정하게 하는 이러한 정책을 '발생적 정
책'(generative policy)의 예시로 제시하였다.[22]
　학자들의 이러한 다양한 주장은 기본소득이 오히려 노동을 더욱 독려하는
방향으로 진행된다는 것을 보여준다. 기본소득은 노동에 대한 가치를 훼손시
키거나, 평가절하하지 않는다. 물론 기본소득이 파생시키는 부정적인 결과가

전혀 없다고는 말할 수 없다. 그러나 사람이 생존하기 위한 기본 조건이 충족된다면 직업과 노동이 퇴화하는 것이 아니라, 오히려 더욱 활기를 띨 수 있다. 자기가 원하는 노동을 통해서 더 많은 부와 더욱 적극적인 사회 활동에 참여함으로써 그의 소망을 이루어 갈 수 있기 때문이다. 이러한 측면에서 기본소득을 반노동적인 제도로 볼 필요는 없을 것이다.

3. 기본소득을 위한 재원 마련에 대한 문제

기본소득을 비판하는 입장에서 기본소득의 도입을 반대하는 또 다른 이유 중 하나는 재정 마련에 대한 문제일 것이다. 노동의 유무와 상관없이 보편적이고, 무조건적으로 일정한 현금을 모든 국민에게 나누어주기 위해서는 엄청난 사회적 비용이 발생하기 때문이다. 그렇다면 기본소득의 재원은 어디에서 마련할 수 있을까? 물론 사회적 합의를 통해서 국가의 일반적인 재원을 사용할 수 있다. 하지만 기본소득에 대한 인식이 부족할 경우에는 조세저항이 가장 적은 공공재를 먼저 생각해 봐야 한다. 즉 기본소득의 재원은 누구의 것이라고 주장할 수 없는 인류 공동의 자산을 분배하는 것으로 그 논의를 시작할 수 있다. 하나님이 만드신 창조 세계의 생명체들은 각자의 삶의 터전에서 자리 잡고, 살아간다. 우리 모두는 살아가는 데 필요한 공동의 자산을 통해서 삶을 영위하고 있다. 강원돈은 반 빠레이스(P. Van Parijs)의 주장을 기반으로 사회적 분배의 대상이 되는 것으로 그 누구의 것으로 돌릴 수 없는 자연 자원들이나 한 개인에게 우연히 속하게 된 능력이나 성질에서 얻은 결과들을 언급한다.[23]

이러한 주장은 인류공동체가 마련해 놓은 공동 유산에서부터 나오는 소득이 기본소득의 재원에 적합하다는 의미다. 인류를 위한 공동의 자산을 공유부(共有富)로 정의할 수 있는데, 공유부는 좀 더 구체적으로 토지, 환경, 지식, 데이터, 화폐 발행권 등 자연으로부터 물려받은 것, 수많은 사람이 오랫동안 기여해서 만든 것, 사회적 협약으로 만들어진 제도 등을 말한다. 이러한 공유부는 인류 공동의 소유이기에 여기에서부터 나오는 수익의 일부도 인류 공동의 재산으로 균등하게 배당되어야 한다.

하지만 최종적으로는 기본소득이 점차 자리 잡아가고, 기본소득에 대한 저항이 어느 정도 완화된다면 공유부 이외의 수단들을 점점 더 넓혀 나가야 한다.[24] 물론 엄밀한 의미에서 세상에 공유부가 아닌 것은 없다고 봐도 무방할 것이다. 그럼에도 공유부에 대한 다양한 논쟁이 있기에 기본소득의 자원을 다변화하는 것은 의미 있는 일이다. 동시에 사회 연대성에 대해서도 더욱 관심을 가지고, 강조해야 한다. 상호연대성이란 상호원조와 상호의존을 내용으로 하며 인간이 생산한 모든 것, 심지어 인간의 인격마저도 사회 결합체의 상호연대성 속에서 생산된 산물로 볼 수 있다. 함께 더불어 살아가야 할 우리 모두가 이러한 연대감을 가지게 된다면 기본소득의 정당성은 더욱 강화될 것이다.[25]

III. 기본소득과 만나, 그리고 땅

기본소득은 인간에 대한 존엄과 자유를 기반으로 한다. 반 빠레이스는 기본소득의 근거를 인간의 자유를 위한 것으로 규정한다.[26] 자유를 위한 구약의 가장 중요한 사건 중 하나가 출애굽이다. 출애굽은 노예였던 이스라엘 백성에게 자유가 선포되고 모든 억압과 굴종으로부터 해방된 사건이다. 출애굽 사건은 하나님이 젖과 꿀이 흐르는 땅 가나안에서 그리고자 했던 이스라엘 공동체의 모습을 짐작하게 만든다.

특히 기본소득과 관련해서 하늘의 양식인 만나 사건은 매우 중요한 의미를 지닌다. 더 나아가서 만나는 결국 이스라엘이 하나님으로부터 분배받은 땅과 관련된다. 이스라엘이 가나안 땅에 도착하자 만나는 그친다. 이러한 변화를 통해서 만나의 의미가 가나안 정착에서는 땅(=땅의 소산)으로 대체되고 있음을 알 수 있다. 이렇듯 만나와 땅은 기본소득의 논쟁점에 대한 신학적 기반을 제공해 주고 있다. 물론 구약성경은 기본소득에 대해서 직접 언급하고 있지는 않다. 하지만 만나와 땅과 관련된 구약의 다양한 규정은 기본소득의 신학적 기반을 마련해주는 중요한 자료로 볼 수 있다.

1. 만나의 보편성과 무조건성, 그리고 노동의 문제

만나는 광야의 이스라엘에게 하나님이 주신 음식이다. 자유와 평화를 찾아 출애굽한 이들에게 만나는 생명 유지와 실질적인 자유를 선사했다.[27] 하나님은 만나를 모든 이들에게 차별 없이 주셨다. 출애굽한 백성들이 약속의 땅을 향하여 가는 광야의 여정에서 가장 중요한 것은 음식을 조달하는 것이다. 만나는 노동의 대가를 전제하지 않으며, 위기에 처한 광야의 하나님의 백성들에게 조건 없이 주어진 양식이다. 그러기에 노동에 대한 신성만을 주장한다면, 만나의 의미를 제대로 이해할 수 없다.

하나님은 광야를 통과하는 이스라엘 백성에게 만나뿐만 아니라 메추라기도 주셨다. 하지만 만나와 메추라기는 하나님이 공급하시는 방법과 시기에서 다소 차이가 난다. 만나는 40여 년간의 광야 여정에서 끊임없이 주셨다면, 메추라기는 비정기적으로 주신 것으로 보인다. 그러기에 여기서는 메추라기보다는 만나에 초점을 맞추고자 한다.

〈출애굽기 16:15-18〉

15 이스라엘 자손이 보고 그것이 무엇인지 알지 못하여 서로 이르되 이것이 무엇이냐 하니 모세가 그들에게 이르되 이는 여호와께서 너희에게 주어 먹게 하신 양식이라

16 여호와께서 이같이 명령하시기를 너희 각 사람은 먹을 만큼만 이것을 거둘지니 곧 너희 사람 수효대로 한 사람에 한 오멜씩 거두되 각 사람이 그의 장막에 있는 자들을 위하여 거둘지니라 하셨느니라

17 이스라엘 자손이 그같이 하였더니 그 거둔 것이 많기도 하고 적기도 하나

18 오멜로 되어 본즉 많이 거둔 자도 남음이 없고 적게 거둔 자도 부족함이 없이 각 사람은 먹을 만큼만 거두었더라

〈출애굽기 16:35〉

35 사람이 사는 땅에 이르기까지 이스라엘 자손이 사십 년 동안 만나를 먹었으니 곧 가나안 땅 접경에 이르기까지 그들이 만나를 먹었더라.

	기본소득	만나
보편성	차별 없이 모든 국민에게 똑같이 지급	차별 없이 모든 이스라엘 백성에게 똑같이 지급
무조건성	조건 없이 모든 국민에게 똑같이 지급	조건 없이 모든 이스라엘 백성에게 똑같이 지급

하나님은 애굽에서 노예 생활을 하던 이스라엘 민족에게 자유를 주셨다. 이러한 자유는 이스라엘의 노력을 통해서 얻어진 결과물이 아니라, 하나님이 주신 선물이다. 하지만 진정한 자유는 억압에서 풀려났다고 해서 저절로

생겨나는 것이 아니다. 자유가 제대로 작동되기 위해서는 몸을 마음대로 움직일 수 있는 공간과 생명을 유지할 수 있는 양식이 전제되어야 한다. 그러나 광야에서의 삶은 신체의 자유는 주어졌지만, 양식이 부재한 공간이다. 이러한 의미에서 진정한 자유가 아니다. 그러기에 하나님은 모든 이스라엘 백성에게 만나를 내려주셨다. 또한 만나는 재산이 있거나, 지위의 높고 낮음을 기준으로 주어지지 않고, 모든 백성에게 평등하게 분배되었다. 즉 출애굽에 참여해서 가나안 땅을 향해서 가는 모든 이들에게 조건 없이 주어진 것이다.[28]

출애굽은 애굽 왕 바로의 억압과 착취 아래서 강제 노동을 해야만 했던 이스라엘 백성을 해방한 사건이다. 하나님의 만나 사건은 엄청난 착취와 노동 속에서도 제대로 된 대우를 받지 못했던 이스라엘에게 놀라운 것이다. 자신의 노동의 가치도 제대로 평가받지 못하고, 누리지도 못했던 이스라엘 사람들은 자신들의 노동으로부터도 소외된 상태였다. 이에 반해 만나는 어떠한 노동도 없이 하나님이 이스라엘 백성에게 주신 음식이다. 노동의 대가 없이 모두에게 주어진 만나 사건은 애굽에서의 노동과 비교해보면, 그 자체로 기적적이며, 놀라운 사건이다.

물론 만나를 모을 때 사람들의 건강 상태에 따라서 적게 모으거나 많이 모을 수 있었지만, 나중에 오멜로 계산해서 모두에게 똑같이 돌아가게 했다. 즉 한 사람이 하루에 먹을 만큼 가족의 숫자대로 분배되었다. 이러한 분배도 하나님이 이스라엘 백성에게 자신의 것을 나누어서라도 평등한 삶을 살게 하려는 의도로 읽힌다. 이스라엘 공동체는 하나님이 주신 만나를 제대로 모으지 못한 이들에게 공평하게 나누어줌으로써 소득분배의 기능을 담당했다.[29]

만나 사건은 광야에서의 기적으로 끝나지 않는다. 만나를 통해서 하나님이 목적하시고, 의도하신 바가 가나안 땅에서도 계속되기를 원하셨다는 것은 땅에 대한 다양한 법과 규례를 통해서 알 수 있다. 이런 의미에서 만나는 이스라엘 공동체가 가나안 땅에 입성해서 그들의 공동체를 어떻게 유지되고 지속할 수 있는지를 보여주는 하나의 지표가 된다.

2. 만나와 땅(땅의 소산)의 관계

여호수아 5장 12절[30]은 이스라엘 백성이 땅의 소산물을 먹은 다음 날부터 만나가 그쳤음을 보고한다. 만나는 비상적 상황에서 이스라엘 백성에게 주어진 하늘의 양식이다. 이러한 하늘 양식은 가나안 땅의 소출을 먹게 되자 그치게 된다. 만나가 광야에서 이스라엘 백성에게 생존을 위한 양식과 자유를 의미한다면, 땅은 자신의 소산물을 이스라엘 백성에게 먹거리와 자유를 위해서 제공한다. 이러한 의미에서 만나는 땅의 소산물로 대체된다고 할 수 있다.

만나가 하늘에서 내리는 것이라면, 땅은 자신의 토지에서 사람들에게 생명유지에 필요한 양식을 제공한다. 그러기에 땅은 이스라엘 경제 활동의 주요기반으로 생존과 삶을 누리기 위한 전제조건이다. 땅은 기본적으로 하나님의 소유이기에 땅에서 나는 것도 하나님이 주시는 것이다. 이렇게 땅은 광야의 만나와 마찬가지로 이스라엘 백성에게 끊임없는 자유를 위한 기초가 된다.

구약성경에 따르면 땅은 누구에 의해서도 독점될 수 없다. 하나님은 땅을 지파와 가문별로 균등하게 배분하게 하셨다. 민수기 33장 54절은 이스라엘의 땅 분배 규정으로 하나님이 얼마나 공정하고, 평등하게 땅을 분배했는지를 알게 해준다.

〈민수기 33:54〉

54 너희의 종족을 딸 그 땅을 제비 뽑아 나눌 것이니 수가 많으면 많은 기업을
주고 적으면 적은 기업을 주되 각기 제비 뽑은 대로 그 소유가 될 것인즉 너
희 조상의 지파를 따라 기업을 받을 것이니라.

	기본소득	땅 분배
보편성	차별 없이 모든 국민에게 똑같이 지급	차별 없이 모든 지파와 가문의 머릿수대로 분배
무조건성	조건 없이 모든 국민에게 똑같이 지급	조건 없이 모든 지파와 가문에게 분배(지역을 제비뽑기로 결정)

하나님이 이스라엘 백성들에게 주신 땅도 만나와 같이 기본소득의 특징
인 보편성과 무조건성에 부합한다. 앞에서 언급한 바와 같이 만나가 땅(땅의
소산)으로 대체되었다고 말할 수 있다. 단지 차이가 있다면, 만나는 직접적인
분배방식이고 땅은 가족 단위의 분배와 노동을 통한 생산물의 분배방식을 취
한다. 직접적이지 않지만, 구약의 땅과 관련된 법령들은 전반적으로 기본소
득을 정당화하는 데 기여하고 있음을 부인하기 어렵다. 땅에서부터 나오는
모든 것은 하나님이 주시는 것으로 땅의 모든 피조물이 함께 누려야 할 공동
의 자산이기 때문이다.

이스라엘의 토지법에 따르면 하나님으로부터 분배받은 토지는 원칙적으로
영구히 타인의 재산이 되도록 사거나 팔 수 없고,[31] 극히 제한적으로 경작권
만을 넘길 수 있다. 이것은 부가 한쪽으로 쏠리는 것을 방지하고 그 땅의 소
유자들이 땅과 땅의 소유물을 함께 누리게 함으로 다시 노동으로부터 소외되
는 것을 막기 위함이다. 땅이 소수에게 독점된다면 땅을 잃은 사람들은 출애
굽 이전의 애굽에서 강제 노동에 시달려야 했던 과거로 돌아가는 것을 의미
한다. 자유민이 아니라 다시 노예의 상태로 떨어지는 것이다.

이러한 이유로 구약성경은 땅에 대한 다양한 규례를 만들어서 이스라엘 백

성이 다시는 노예의 삶을 살지 않도록 기획했다. 하지만 시간이 지날수록 율법과 규정은 왜곡되거나 지켜지지 않게 된다. 성경은 이러한 상황을 염두에 두고 다양한 원리를 보충했다. 대표적인 예가 안식년과 희년 제도일 것이다.

먼저 안식년과 희년의 정신은 땅의 소출과 관련한다. 안식년(레 25:1-7)은 7년마다 땅의 소유자가 땅을 경작하지 않게 함으로 그해에는 가난한 사람들이 밭과 과수원에서 자라는 식물들을 거둬들임으로써 생계를 유지할 수 있었다. 희년법(레 25:8-55)은 빚으로 인해서 종으로 팔렸던 자들이 다시 자유의 몸이 되고 땅을 빼앗겼던 사람들이 다시 땅을 돌려받음으로 가난의 상태에서 벗어나 이전의 상태로 돌아가게 하는 제도다. 희년법 역시 땅에 대한 일반적인 규정처럼 땅의 소유권과 경작권, 향유권이 분리된다는 점을 강조하고 있다.

이러한 제도들은 땅을 기반으로 세워진 것들로 가난한 자들에 대한 하나님의 관심과 사랑의 표현이며 동시에 이스라엘 공동체를 향해선 가난한 이웃에게 관심을 보일 것을 요청하는 것이다. 구약은 레위기뿐만 아니라 신명기 법전(신 12-26장)에서도 이와 비슷한 정신을 언급한다.

> 신명기 법전은 곡식 추수와 포도 따기 계절이 지난 후 남은 것은 레위인, 이민자, 고아, 과부들의 생존을 위해 남겨두어야 할 것을 말씀하고 있다. 토지와 과수원 주인에게는 자기의 수확물을 모두 거두어들일 권리가 없다. 남겨둔 이삭, 포도송이, 감람나무 열매는 부자들이 가난한 사람들에게 베푸는 동정이나 자선 이상의 것이다. 그것은 가난한 사람들에게 관심을 가지시는 여호와의 법적 요구요, 가난한 사람들이 마땅히 요구할 수 있는 그들의 권리인 것이다. 이것이 바로 하나님의 백성인 이스라엘이 살아가야 할 사회적 규범인 것이다. 즉 모든 하나님의 백성이 서로 최소한의 생활을 영위할 수 있도록 보장해 주는 것이 바로 이스라엘 공동체의 기본 원칙인 것이다.[32]

땅은 공공재다. 하나님 이외에 누구도 진정한 의미에서 땅의 주인이라고 말할 수 없다. 김회권에 따르면 "구약성경이 말하는 경제학의 대전제는 모든 토지가 하나님에게 속해 있고, 공동체 구성원에게 경작권이 분여(分與)되어 있다는 사상이다(레 25:23). 이것은 땅에서 발생한 소출은 모든 사람에게 나눠줘야 한다는 것을 함의한다."[33] 그러기에 아무리 가난한 사람이라도 땅에서 얻어지는 소출을 누리는 데서 소외되어서는 안 된다(신 15:11). 비록 땅에 대한 경작권조차도 가지고 있지 못해서 농사를 짓지 못하는 사람들(고아, 과부, 나그네, 레위인 등)일지라도 땅의 소출에 대한 향유권은 보장되어야 한다.

땅은 인간이 창조되기 전에 이미 존재하고 있었다. 광야에서는 하나님이 하늘에서 만나를 내려주셨다면, 가나안 정착 후에는 땅을 통해서 양식을 주셨다. 만나는 가나안을 향해서 전진하는 이스라엘 백성에게 땅에서 나는 양식과 먹거리를 잠시 대신하는 기능을 했다고 볼 수 있다. 그러기에 만나와 마찬가지로 땅에서 나오는 양식은 모두를 위한 것이 되어야 한다. 이것은 기본소득의 정신과 맞닿아 있다고 볼 수 있다. 젖과 꿀이 흐르는 가나안 땅에서 살아가야 하는 모든 사람에게 젖과 꿀이 제공되어야 한다. 출애굽 사건은 어느 특정한 자를 위한 해방의 역사가 아니다. 모두가 자유와 해방을 기쁨과 즐거움으로 누려야 한다.

	하늘의 만나	땅의 양식
출처	하늘	땅
기본정신	차등과 조건 없는 지급	모두에게 배분, 향유

만나와 땅(양식)은 많은 점을 공유한다. 물론 땅은 고된 노동을 통해서 소산물을 제공해 준다. 하지만 만나를 거두는 것도 일정 부분 노동이 필요하다는

것을 부인할 수는 없다. 땅은 뿌리고 가꾸고 거두는 노동이 필요하다면, 만나는 거두기 위해 일정 부분 노동이 투입되어야 한다. 하지만 중요한 것은 만나와 땅은 하나님에 의해서 무상으로 제공되었으며, 분배 또한 소외됨 없이 공정하게 분배되고 향유되어야 함을 말한다는 사실이다.

이렇게 땅과 관련된 구약 신학은 소득의 기반으로서 땅의 공공성과 땅의 소출 향유권을 보장한다는 점에서 현대적인 의미의 기본소득을 지지한다고 볼 수 있을 것이다.[34]

IV. 기독교인들의 기본소득에 대한 의미

창세기 1장 28절에 언급된 "생육하고 번성하여 땅에 충만하라"라는 하나님의 말씀은 인류를 향한 복된 말씀이다. 하나님은 천지창조의 마지막을 인간 창조로 마무리하신다. 창조 세상에 대한 하나님의 평가는 "보시기에 심히 좋았더라"였다. 인간의 임무는 하나님을 대신해서 하나님이 창조하신 세상을 돌보고, 가꾸는 일이다.[35] 아담 이후의 모든 사람은 하나님이 맡겨주신 세상을 보기 좋은 상태로 유지해야 한다. 그럴 때 생육하고, 번성하여 땅에 충만할 수 있다.

사람들이 살아가는 세상에 전쟁과 폭력, 가난과 기아가 만연하다면 생육하고, 번성하는 일은 요원할 것이다. 아담의 후손으로서 우리는 하나님이 말씀하셨던 보기 좋은 세상을 유지함으로 생육하고, 번성할 수 있는 여건을 만들어 내야 한다. 현재 우리 사회는 어떤가? 외환 위기와 코로나19를 경험하면서 빈부의 격차는 점점 깊어지고 있으며, 사회적인 갈등, 출산율 저하, 청년들의 고용 문제 등 다방면에서 사회적인 문제가 야기되고 있다. 이러한 다양한 사회적인 갈등과 문제의 중심에 경제, 즉 먹고 사는 문제가 놓여 있다.

현재 우리 사회가 경험하고 있는 다양한 문제에 대한 해결에 도움을 줄 수 있는 제도가 지금 논의되고 있는 기본소득이라고 할 수 있다. 물론 기본소득이 제도화된다고 해서 모든 문제가 단숨에 해결되는 것은 아니다. 하지만 최소한 지금 당면하고 있는 다양한 문제를 해결할 수 있는 기초를 제공할 수 있을 것이다. 기본소득을 실행하는 것은 하나님의 창조 명령에 부합한 것으로 하나님의 말씀에 대한 인간의 반응과 노력으로 볼 수 있다.

기본소득은 우리 사회의 모든 구성원이 하나라는 연대의식에서 출발한다. 이런 점에서 기본소득은 기독교적인 가치체계와 일맥상통한다. 구약성경의 가르침은 개인의 역량보다는 공동체에 초점을 맞춘다. 안식년, 희년 제도는 모두 시간이 지나면서 계급화되고 계층화되는 이스라엘의 사회구조를 다시 처음 상태로 만드는 제도다. 제한된 재화와 능력의 차이, 그리고 사회적인 환경으로 인해서 공동체 안에서 빈부의 격차가 발생할 수밖에 없다. 그럴 때 하나님이 안식년이나, 희년 등을 통해서 이스라엘이 지향해야 할 방향을 제시해주신다. 이러한 제도를 통해서 알 수 있는 것은 이스라엘을 향한 하나님의 뜻은 공의와 평등에 있다는 사실이다. 경제적인 차이가 발생하게 된다면, 사회적인 통합을 이루어내기가 어렵다. 이스라엘은 가나안 땅에 들어가는 순간 모두가 공평하게 땅을 분배받았다. 개인의 능력이나, 자질의 차이는 중요하지 않았다. 이러한 사실을 통해서 모든 이스라엘 백성은 하나님 앞에서 존중받아야 하는 존재임을 보여준다. 부자와 가난한 자 모두 하나님의 형상으로 창조된 존엄하고, 평등한 존재들이다. 이들 모두에게 차별 없이 일정액의 소득을 균등하게 지급하는 기본소득의 무조건성과 보편성은 창조 세계를 향한

하나님의 뜻과 밀접하게 연관된다.[36]

또한 기본소득의 사상적 기반에는 연대의식이 자리한다. 기독교적으로 본다면 모든 사람은 하나님의 백성으로 형제요 자매라는 믿음이요, 한 지체라는 의식이다. 그러기에 한 사회의 모든 소득은 한 개인이나, 특정한 계층에게 귀속되는 것이 아니라 사회 공동체의 연대 속에서 생산된 것으로 공동의 산물이다. 이렇게 생산된 것들은 모두를 위한 재원으로 사용되어야 한다.[37] 위에서 살펴본 것처럼 구약의 땅과 관련된 다양한 규정은 생산에 초점을 맞추기보다는 소득의 정의로운 분배에 더 강조점을 두고 있다. 이처럼 소득을 생산하는 데 있어서 그 원인과 과정보다는 이미 생산된 소득의 균등한 분배를 강조하는 것은 현재의 기본소득의 원리와 맥을 같이한다.[38]

분배에 대한 강조는 비단 구약성경뿐만 아니라 신약성경에서도 마찬가지다. 가장 대표적인 예가 마태복음 20장의 포도원 품꾼들의 비유일 것이다. 포도원 노동자들이 언제 왔고, 어떤 노동을 했는지 중요하지 않다. 중요한 것은 그가 포도원 일꾼으로 채용되었다는 사실이다. 하나님의 포도원에서는 노동과 소득이 비례하지 않는다. 적은 노동을 했더라도 그는 일상적인 삶을 살아가는 데 필요한 소득이 있어야 한다. 이 비유에는 다양한 이유로 인해서 정상적인 노동을 할 수 없다고 해도 살아가는 데 필요한 최소한의 소득을 보장받아야 한다는 생각이 저변에 깔려 있다.[39] 이러한 생각은 포도원 주인이자 세상의 주관자이신 하나님의 생각이기도 하다. 이 비유는 하나님 나라를 위해 일하는 제자들이 가져야 할 자세로 자족과 감사 외에 함께 더불어 살아가야 하는 이웃에 대한 배려와 돌봄의 가치도 상기시킨다.[40] 포도원 비유를 통해서 드러나는 하나님의 정의는 노동의 양과 무관하게 삶의 필요에 따라 재화를 나누어 줌으로 일상의 삶을 가능하게 하는 것이다. 즉 노동의 양과 그에 따른 보상을 서로 분리하는 반면에 보상과 삶의 필요를 연관시키는 것이 이 비유에서 말하는 하나님의 정의일 것이다.[41] 이렇게 노동을 통해서 소득을 창출한 사람이나 수고하지 않은 사람 모두에게 '기본소득'을 주어 그들이 하나님의 형상으로서 인간의 존엄성에 부합하는 삶을 살아갈 기회를 주는 것은 하나님의 뜻이자, 하나님의 정의에 부합하는 일일 것이다.[42]

또한 기본소득은 노동에 대한 관점의 변화를 요구한다. 노동은 임금노동만이 아니라 다양한 무임금 노동이 존재한다는 사실을 상기시킨다. 임금노동 없이도 살아가는 데 필요한 소득을 국가에서 보장해 주기에 사람들은 더 의미 있고, 건전한 노동을 할 수 있게 된다. 사람들은 더 이상 원하지 않는 노동을 할 필요가 없다. 인간은 이제 노동으로부터 소외될 필요가 없다는 의미다. 하지만 기본소득은 인간으로 하여금 놀고먹으라고 제공하는 것은 아니다. 노동이 그 의미를 찾고 창조적인 노동을 통해서 자신과 공동체에 가치 있는 일을 할 수 있는 기회를 마련해 주기 위함이다. 하나님이 주신 자신의 재능을 통해서 자신과 이웃에게 긍정적인 기여를 한다면 이것보다 좋은 일은 없을 것이다. 이렇듯 하나님이 주신 재능도 공공재로 생각한다면, 기본소득의 정신과 다르지 않다.

V. 나가는 말

기본소득은 모든 사람에게 삶을 위한 기본적인 생계를 보장해 준다. 인간은 경제적인 자유 없이 참된 자유, 인간다운 삶을 영위할 수 없다. 이런 면에서 기본소득은 인간에게 형식적인 자유가 아닌, 실질적인 자유를 보장하는 구체적인 수단이 된다.

무엇보다도 기본소득의 특징은 성경이 말하는 소득분배 방식에 부합한다. 만나와 땅의 분배와 소출에 대해서 살펴본 것처럼 이스라엘을 향한 하나님의 뜻은 하나님의 백성의 강한 연대를 통해서 공동체를 유지하고 보존하는 것이다. 애굽 땅에서 강제 노동에 시달려야 했던 이스라엘 백성에게 만나와 땅은 자유를 의미함과 동시에 생존을 위한 기본 전제가 된다. 출애굽 사건이 아무리 자유와 해방을 위한 사건이라고 하더라도, 이후에 만나와 땅이 주는 의미를 잊는다면, 자유와 평화의 땅인 가나안 땅은 이웃에 대한 억압과 폭력이 존재하는 또 다른 애굽이 될 수 있다. 애굽에서의 삶이 탐욕과 착취를 바탕으로 한 경제에 기반한 생산과 소유에 집중된 것이라면, 출애굽은 이러한 고리를 끊고, 사랑과 사귐을 통한 삶으로의 초대다. 경제적인 평등 없이 진정한 평등을 말할 수 없다. 경제적인 능력 없이 참된 자유를 말할 수도 없다. 가난한 사람이든 부유한 사람이든 모두 하나님이 주신 땅에 각자 살아가야 할 삶의 터전이 존재해야 한다. 젖과 꿀이 흐르는 가나안의 이스라엘 공동체는 폭력과 억압, 경쟁과 갈등이 아니라, 자유와 평등, 사랑으로 이루어진 사회를 지향해야 한다.

이것은 비단 고대 이스라엘 백성에게만 해당하는 이야기는 아니다. 세계 곳곳에서 자본주의 체제의 한계에 대한 다양한 비판이 제기되고 있다. 실업과 빈곤의 문제는 국지적인 문제가 아니라 전 세계적인 문제로 점점 확대되고 있다. 이러한 시기에 기본소득에 대한 논쟁은 환영할 만하다. 특히 한국처럼 경쟁이 만연한 사회에서는 더욱 그러하다. 경쟁에 익숙한 이들에게 기본소득을 설명하는 것은 쉬운 일이 아니다. 그러나 경쟁에서 살아남은 자들도 경쟁이 좋다고만 생각하진 않을 것이다. 경쟁은 필연적으로 순위를 정하고,

뒤에 처진 자들을 양산할 수밖에 없다. 또한 경쟁에 이겨서 선두에 있는 자들도 언제 뒤로 떨어질지 알지 못한다. 이것이 모든 이들에게 기본소득이 필요한 이유이기도 하다.

기본소득과 관련해서 다양한 실험이 세계 곳곳에서 진행되었지만, 지금까지 기본소득을 국가적 차원에서 제도화한 나라는 없다. 그만큼 논쟁적이라는 말이다. 그러기에 출애굽의 전통 속에 있는 기독교가 더욱 적극적으로 기본소득의 필요성에 대해서 알려야 할 것이다. 기본소득은 인간의 존엄성과 자유와 관련된 제도일 뿐만 아니라 구약과 신약의 하나님 말씀에 부합하는 제도로 보이기 때문이다. 좀 더 많은 연구를 통해서 기본소득이 항구적인 제도로서 안착했으면 하는 바람이다. 지금은 국가적 차원에서 논쟁 중이지만, 최종적으로 한 국가를 넘어서 초국가적인 형태로 나아가야 할 것이다.[43]

[미주]

1 곽노안, "기본소득과 사회연대소득의 경제철학: 빠레이스, 네그리, 베르너에 대한 비판과 변형," 「시대와 철학」 18(2007): 185.

2 윤홍식, "기본소득, 복지국가의 대안이 될 수 있을까?-기초연금, 사회수당, 그리고 기본소득," 「비판사회정책」 54(2017): 82.

3 최성훈, "기본소득에 대한 신학적 분석: 인간존중의 가치 실현을 위한 방법론적 의의," 「장신논단」 52(2020): 152.

4 최광은, "'공유부 배당' 기본소득론에 대한 비판적 검토," 「시대와 철학」 33(2022): 183-184.

5 윤홍식, "기본소득, 복지국가의 대안이 될 수 있을까?," 98-99.

6 "2016년 기본소득 지구네트워크 서울 총회 결의," 「기본소득한국네트워크」, 2016년 10월 11일 (https://basicincomekorea.org/biennews_19).

7 한승훈, "기본소득의 복지법제적 검토," 「법제」 694(2021): 145-146.

8 김건위 · 최인수, "기본소득제의 예상 쟁점 및 정책적 실현가능성에 대한 시론적 연구," 「사회적경제와 정책연구」 7(2017): 128.

9 김회권, "기본소득론의 두 토대-자연법과 구약성경," 「신학사상」 195(2021): 79.

10 강원돈, "기본소득 구상의 기독교윤리적 평가," 「신학사상」 150(2010): 187-190.

11 최성훈, "기본소득에 대한 신학적 분석: 인간존중의 가치 실현을 위한 방법론적 의의," 「장신논단」 52(2020): 150.

12 인간이 스스로 생산하는 생산물과 제도들에 의하여 지배받고 자신은 그 혜택으로부터 배제되는 현상을 노동에서의 소외라고 볼 수 있다. 정미현, "노동의 재분배에 대한 여성신학적 고찰-기본소득논의와 관련하여," 「기독교사회윤리」 42(2018): 250.

13 정미현, "노동의 재분배에 대한 여성신학적 고찰," 245.

14 정미현, "노동의 재분배에 대한 여성신학적 고찰," 249.

15 정용한, "기본소득 논의를 위한 성서적 제안: 공관복음서의 희년과 하나님 나라 운동을 중심으로," 「신학논단」 95(2019): 264.

16 인공지능과 노동의 관계에 대해서는 다음을 참조하시오. 곽호철, "실낙원에서 복낙원으로의 귀환: 인공지능과 노동, 그리고 기본소득," 「신학사상」 181(2018): 109-140.

17 강원돈, "기본소득 구상의 기독교윤리적 평가," 「신학사상」 150(2010), 201.

18 정미현, "노동의 재분배에 대한 여성신학적 고찰-기본소득논의와 관련하여," 「기독교사회윤리」 제42집(2018), 258.

19 기본소득과 관련해서 여성들의 노동에 대해서는 다음을 보시오. 정미현, "노동의 재분배에 대한 여성신학적 고찰," 241-264.

20 고재길, "기본소득에 대한 기독교윤리적 연구," 「신학과 사회」 36/1(2022): 195.

21　강원돈, "기본소득 구상의 기독교윤리적 평가," 199-200.

22　백승호·이승윤, "기본소득 논쟁 제대로 하기," 「한국사회정책」 25/3(2018): 56.

23　강원돈, "기본소득 구상의 기독교윤리적 평가", 196.

24　공유부에 대한 전반적인 이해를 위해서는 다음을 보시오. 최광은, "'공유부 배당' 기본소득론에 대한 비판적 검토," 「시대와 철학」 33(2022): 181-220.

25　한승훈, "기본소득의 복지법제적 검토," 130.

26　백승호, "기본소득 모델들의 소득재분배 효과 비교분석," 「사회복지연구」 41(2010), 186.

27　고재길, "기본소득에 대한 기독교윤리적 연구," 198.

28　왕대일, "하나님의 정의와 먹거리-'만나'이야기(출 16:1-36)에 대한 구약신학적 성찰," 「신학과 세계」 제39호(1999): 31-33.

29　박경철, "하나님의 은혜와 시험(1)," 「새가정」 567호(2005): 51.

30　"또 그 땅의 소산물을 먹은 다음 날에 만나가 그쳤으니 이스라엘 사람들이 다시는 만나를 얻지 못하였고 그 해에 가나안 땅의 소출을 먹었더라."

31　신득일, "구약과 땅(토지)," 「고신신학」 20(2018): 27. 희년이 되면 토지를 원래의 주인에게 돌려주어야 한다. "토지를 영구히 팔지 말 것은 토지는 다 내 것임이니라 너희는 거류민이요 동거하는 자로서 나와 함께 있느니라."(레 25:23)

32　원용철, "희년정신과 기본소득," 「주간 기독교」, 2020년 7월 15일(http://www.cnews.or.kr/news/articleView.html?idxno=416).

33　김회권, "기본소득론의 두 토대-자연법과 구약성경," 92.

34　김회권, "기본소득론의 두 토대-자연법과 구약성경," 94.

35　강철구, "창세기 2장 3절의 일곱째 날의 '복 주심'과 시간의 연속성에 대한 연구," 「구약논집」 24(2022): 60-64.

36　김동환, "4차 산업혁명 시대, 기본소득에 대한 기독교 윤리적 고찰," 「기독교사회윤리」 44(2019): 78.

37　한승훈, "기본소득의 복지법제적 검토," 130.

38　김동환, "4차 산업혁명 시대, 기본소득에 대한 기독교 윤리적 고찰," 「기독교사회윤리」 제44집(2019): 56.

39　김상기, "기본소득: 어두운 미래를 밝게 만들기 위해," 「기독교 사상」 699(2017): 128.

40　정용한, "기본소득 논의를 위한 성서적 제안: 공관복음서의 희년과 하나님 나라 운동을 중심으로," 273-274.

41　강원돈, "기본소득 구상의 기독교윤리적 평가," 206.

42　강원돈, "기본소득 구상의 기독교윤리적 평가," 207-208.

43　기본소득의 초국가적인 관점과 관련해서는 다음을 보시오. 필리페 판 빠레이스·야닉 판더보트, "기본소득, 지구화와 이주," 「도시인문학연구」 2(2010): 177-202.

제2장

레위인의 소득과 노동을 통해 본 기본소득

박유미

I. 들어가는 말

4차 산업혁명 시대를 맞이하여 기술 혁신과 인공지능의 발달로 AI와 각종 로봇이 인간의 노동을 대신하는 사회로 점차 변해가고 있다. 로봇과 AI로 인한 일자리 감소와 실업 문제가 점차 사회적 문제로 떠오르고 있다. 일하고 싶어도 일할 곳이 없는 사회로 점점 변하는 중이다. 그리고 신자본주의는 점점 빈부 격차를 심화시키고 있다. 자본이 벌어들이는 소득이 노동 소득보다 많아진 신자본주의 사회에서 자본을 가진 사람들은 점점 부유해지는 반면, 자본을 가지지 못한 사람들은 점점 가난해지게 된다. 이런 변화 속에서 유럽을 중심으로 기본소득이 대안으로 떠오르고 있으며, 현재 우리 사회도 이 문제가 점점 수면 위로 올라오고 있다. 특히 코로나 팬데믹으로 많은 국민이 경제적 어려움에 빠지고 이를 돕기 위해 전 국민에게 지급되는 보조금을 받으면서 기본소득이 먼 이야기가 아닌 우리에게 당면한 이슈라는 것을 느끼게 되었다. 그런데 아직 우리 사회는 기본소득을 '무임승차' 혹은 '게으름을 조장하는 제도'와 같이 부정적으로 생각하며 노동과 소득의 분리를 반대한다. 이렇게 부정적으로 생각하는 제일 큰 이유는 산업혁명 시대에 시작하여 신자유주의 시대에 만개한 "일하기 싫은 자 먹지도 말라"는 구절로 대표되는 소득과 노동을 연결한 사상 때문이다. 즉, 소득은 일의 대가로 얻는 것이며 일하지 않으면 소득도 없는 것이 정당하다는 것이다.

그리고 특히 개신교인이 이런 노동과 소득의 분리를 받아들이기 힘들어한다. 그것은 성경에서 "이마에 땀을 흘려야 먹을 것을 얻을 수 있다(창 3:19)"고 말하거나 "일하지 않으려고 하는 사람은 먹지도 말라(살후 3:10)"고 하기 때문이며 또한 종교개혁 이래 개신교에 깊이 뿌리를 내린 직업윤리와 노동윤리의 영향 때문이다.[1] 그런데 역사적으로 볼 때 노동과 소득의 결합을 기본 원리로 하는 경제 체제가 운영되기 시작한 것은 불과 2세기 남짓밖에 되지 않는다. 즉, 산업혁명 이후 노동이 화폐처럼 상품으로 팔리고 임금을 받게 되면서부터다. 한마디로 노동 사회는 근대의 발명이다.[2]

그러면 여기서 노동과 소득은 반드시 연결되어야 하는지 질문하지 않을 수 없다. 왜냐하면 현재 우리 주위에는 소득과 연결되지 않는 노동이 많기 때문이다. 가장 대표적인 경우가 가사, 육아 같은 여성의 돌봄노동이다. 분명히 강도 높은 노동이지만 이에 대한 소득이 없기 때문에 노동으로 인정되지 않는다. 우리는 이것을 '그림자 노동'이라고 부른다. 만일 소득과 노동이 반드시 연결되는 것이 성경적이라면 수많은 돌봄노동에 대해서도 정당한 소득을 보장해 주는 것이 옳다. 하지만 소득 없는 노동이 비성경적이라며 비판하는 경우는 거의 없다. 또한 일할 능력이 없어서 노동을 못 하는 경우에는 이 구절을 언급하지 않는다. 이렇게 일반적으로 소득과 노동을 엄격하게 연결하는 것이 불가능하다. 그렇기 때문에 노동할 능력은 되지만 적절한 일자리가 없어 일할 수 없는 상황에 대해서도 소득과 노동을 유연하게 적용하는 것이 필요하다.

그리고 성경도 소득과 노동의 연결에 대해 유연한 입장을 보여 준다. 성경에는 소득과 노동을 연결하는 구절도 있지만, 소득과 노동을 연결하지 않는 경우도 종종 등장한다. 가장 대표적인 예는 출애굽 시 광야에서 주어진 만나다(출 16장). 막 출애굽 한 이스라엘 백성은 광야에서 식량을 얻을 수 없었고 굶어 죽을 지경이 되자 하나님이 백성들에게 매일매일 만나를 내려 주시고 한 가족이 하루 필요한 양만큼 가져가라고 명하셨다. 즉, 이스라엘 백성은 광야에서 하나님이 내려 주시는 일용할 양식으로 살았다. 여기엔 어떤 조건도 노동도 없었다. 하나님이 자기 백성의 생명을 보존하기 위해 거저 주신 것이다. 만나 사건은 인간의 생명과 삶을 보존하기 위한 기본소득이 필요하다는 것을 잘 보여주는 사건이라고 할 수 있다. 이뿐만 아니라 사무엘상 30장에서는 전쟁의 노획물은 전쟁의 참전 여부와 상관없이 모두 나누어야 한다는 규례가 나온다. 아말렉과의 전쟁 후 노획물을 성과에 따라 차등 지급해야 한다는 주장이 제기되었다. 즉, 무노동-무임금의 원칙을 적용하자는 것이다. 그러나 다윗은 전쟁의 승리는 하나님의 은혜이기 때문에 몸이 약해 전쟁에 참여하지 못한 군인에게도 전쟁에 참여한 군인과 동일하게 노획물을 나누어야 한다고 판결하고 이것을 이스라엘의 율법으로 만든다. 이렇게 구약에는 소득과 노동을 반드시 연결해야 하는 것은 아니라는 여러 가지 예들을 보여주고 있다.

그러므로 이 글에서는 구약에서 소득과 노동이 유연하게 연결된 또 다른 예를 레위인의 삶의 방식에서 찾으려고 한다. 레위인은 이스라엘 땅에 기업이 없기 때문에 이들의 주 소득원은 백성들이 내는 십일조다. 그런데 레위인은 제사 관련 일을 하기 때문에 막연히 이들이 받는 십일조는 레위인들이 제사와 관련된 일을 한 대가라고 생각한다. 그러나 구약 본문이 말하는 레위인의 소득과 노동의 문제는 그리 간단하지 않다. 그러므로 이 글에서는 구약 본문의 자세한 읽기를 통해 레위인의 소득과 노동이 어떤 관계가 있는지 생각해 보려고 한다.

그리고 레위인의 사역은 역대기 본문을 중심으로 하고 소득에 대한 부분은 민수기와 레위기 신명기에 나오는 레위인과 제사장에 대한 본문을 중심으로 살펴보려고 한다. 역대기에 나온 제사장과 레위인의 규례는 포로기 후기에 기록된 것으로 시기적으로 가장 나중에 기록되었지만, 제사장과 레위인의 사역에 대해 잘 정리된 원칙을 보여주기 때문에 선택하였다. 이 글의 전개는 먼저 십일조를 중심으로 레위인의 소득과 직무 관계를 살핀 후 십일조와 기본소득의 공통점을 지적하고 성경이 기본소득에 대해 열린 입장을 가지고 있음을 말하려고 한다.

II. 레위인 소득의 원칙

레위인은 제사장이 속한 레위 지파 사람이다. 그리고 구약 본문에서 레위인과 제사장을 구분해서 언급하는 경우도 있지만, 레위인 제사장이라는 구문으로 레위인과 제사장을 구분하지 않는 경우도 있다. 그러므로 이 글에서 레위인은 제사장을 포함한 것으로 볼 것이고 만일 제사장과 레위인의 구별이 필요할 경우는 따로 언급할 것이다. 민수기와 신명기에서는 기본적으로 백성의 십일조가 레위인의 소득이라고 말하는데, 두 성경이 이 문제를 다루는 방식이 좀 다르기 때문에, 여기서는 민수기와 신명기 본문을 따로 살펴보려고 한다.

1. 민수기의 레위인 소득 문제

레위인은 기본적으로 노동을 통한 소득이 없다. 이스라엘이 가나안 땅으로 들어가기 전 땅을 나눌 때 레위 지파는 땅을 분배받지 못했다. 민수기 2장과 26장에서 전쟁에 나갈 이스라엘 백성을 계수하는 과정에서 레위 지파는 빠지고 대신 요셉 지파가 에브라임 지파와 므낫세 지파로 나뉘어 12지파를 유지한다. 그리고 26장의 땅을 분배하는 과정에서도 새로 만들어진 12지파만 제비를 뽑아 땅을 분배받았고 레위 지파는 제외됐다. 62절에서 레위인에게는 이스라엘 자손 중에서 그들에게 준 기업이 없다고 선언하며 이것을 분명히 하고 있다. 땅은 농사를 짓고 목축을 하기 위한 것으로 고대 이스라엘에서 가장 중요한 생산 수단이다. 그런데 레위 지파는 이런 생산 수단을 얻을 수 없었기에 기본적으로 생산 활동을 통해 소득을 얻는 것이 불가능했다. 대신 레위인에게는 다른 소득 수단이 주어진다.

1) 레위인의 소득

레위인의 소득이 전혀 없는 것은 아니다. 민수기 18장에서 레위인의 소득을 나열하고 있다. 레위인의 소득은 백성들이 내는 십일조다. 원래 십일조는 하나님의 것이다. 레위기 27장 30절에서 "그 땅의 십분의 일 곧 그 땅의 곡식이나 나무의 열매는 그 십분의 일은 여호와의 것이니 여호와의 성물이라"라고 하였다. 그런데 하나님께 바쳐진 십일조를 레위인의 소득으로 돌린 것이다. 민수기 18장 21절에서 "이스라엘의 십일조를 레위 자손에게 기업으로 다 주어서 그들이 하는 일 곧 성막에서 하는 일을 갚나니"라고 하면서 레위인에게 백성이 내는 십일조를 그들의 소득으로 주었고 이것이 그들의 주 소득원이 된다. 이 사실을 24절에서도 반복하며 강조하고 있다.

그런데 21절에서 '성막에서 하는 일을 갚다'라고 말해 레위인이 받는 십일조가 성막에서 일하는 것에 대한 대가처럼 보인다.[3] 그런데 이 구절을 좀 더 자세히 설명하는 22-23절을 보면, 이제부터 일반인들은 성막에 가까이 갈 수 없고 특별히 레위인만 성막에 가까이 가서 봉사할 수 있다고 한다. 일반인들은 죄 때문에 성막 가까이 가면 죽게 되며 레위인은 성막에 가까이 간 자들에 대한 죄를 짊어지게 된다는 것이다. 23절의 히브리어 '헴 이쓰우 아오남'이라는 구문을 직역하면 '그들이 그들의 죄를 짊어지다'이다. 여기서 3인칭 남성 복수형인 주어 '헴(그들)'과 목적어 '아오남'에 붙은 3인칭 남성 복수형(그들의)이 누구를 지칭하는지가 분명치 않지만, 대체로 주어인 '그들'을 '레위인'으로 그리고 목적어의 '그들'은 '이스라엘 사람들'로 본다(NIV, ESV, 개역개정, 공동번역, 표준새번역).[4] 이 번역을 따르면, 레위인은 백성들이 성막에 가까이 온 죄를 대신 담당한다는 뜻이다. 여기서 이스라엘의 죄를 담당한다는 것은 이스라엘 백성이 성소에 침입하려는 시도를 막지 못하면 그 책임을 전적으로 레위인이 진다[5]는 의미로 보거나 레위인이 백성을 대표하는 의미로 해석할 수 있다.[6] 즉, 여기서 레위인이 성막에서 일한다는 의미는 일반 백성 중에서 이제 레위인만이 성막 가까이 갈 수 있고 성막에서 봉사할 수 있다는 의미다. 그리고 십일조는 모든 이스라엘 백성을 대신해서 성막 일을 담당하게 된 레위인의 수입이다. 이것은 성막에 봉사하는 사람들에게만 십일조를 준다는 것이 아니라 백성을 대신해서 성막 일을 담당하게 된 레위 지파 전체에게 준다는 의미이다.

2) 제사장의 소득

민수기 18장 8-18절은 레위인 중에서 특별히 제사장에게 주어진 몫을 말한다. 제사장의 소득은 크게 '지성물'(9-10절)과 '성물'(11-19절)이다. '지성물'은 소제와 속죄제와 속건제로 드려진 제물 중 제단 위에서 하나님께 태워 드린 후 남은 부분으로 이것은 제사장 가문은 모든 남자가 먹을 수 있으며 성막 영역 내에서 먹어야 한다. 그리고 '성물'은 제사장의 모든 가족 즉, 아들과 딸과 집 안의 정결한 모든 사람이 먹을 수 있으며 성막 이외의 장소에서 먹을 수 있다.

성물의 종류는 거제물과 요제물(11절)과 첫 소산(12절), 특별히 드린 것(14절), 초태생의 대속값(15-18절)이다. 거제물(테루마)은 하나님께 드려진 제물이다.[7] 그리고 요제물(테누파)은 자연에서 얻은 농산물을 드릴 때 흔히 사용되던 봉헌 방식에서 유래된 명칭으로 수확한 농산물을 들어서 제단을 향하여 흔든다는 의미에서 나온 명칭이다(참조, 레 23:11, 20).[8] 그리고 첫 소산은 초실절과 칠칠절에 수확한 것으로 하나님께 바친 가장 좋은 것인데, 이것이 제사장의 소득이 된다. 그리고 특별히 드린 것은 히브리어로 '헤렘'으로 '하나님께 아주 바친 것'이란 의미로, 레위기 27장 28절에 "어떤 사람이 자기 소유 중에서 오직 여호와께 온전히 바친 모든 것은 사람이든지 가축이든지 기업의 밭이든지 팔지도 못하고 무르지도 못하나니 바친 것은 다 여호와께 지극히 거룩함이라"라고 설명한다. 이렇게 백성이 하나님께 영원히 바친 것도 제사장의 소득이 된다. 또한 초태생을 대속한 값은 사람이나 가축의 경우 처음 태어난 것은 하나님의 것이다(출 13:1-2). 그러나 사람이나 부정한 짐승의 경우는 일정한 속전을 받고 대속한다(초태생을 대속한 값은 사람이나 부정한 짐승을 일정한 속전을 받고 대속한 값이다. 원래 사람이나 가축의 경우 처음 태어난 것은 하나님의 것이기 때문이다(출 13:1-2)). 정결한 짐승(소, 양, 염소)은 초태생을 하나님께 제물로 드리는데, 이때 피는 뿌리고 기름은 태워서 하나님께 드리고 나머지 고기는 제사장의 몫이 된다. 이렇게 레위인 중에서 제사장으로 복무하는 경우는 일반 레위인보다 많은 소득을 얻을 수 있다.

결론적으로 레위인과 제사장은 백성들이 하나님께 바치는 성물인 십일조와 제물과 속전이 주 소득원이다. 이것이 '레위인과 제사장은 하나님의 것을 받는다'는 뜻으로 하나님이 이들의 기업이라는 말의 의미이다.

3) 레위인을 위한 성읍

그 외에도 민수기 35장 2-8절을 보면 레위인에게 48 성읍과 초장이 주어진다. 이것은 각 지파에서 4 성읍씩 레위인에게 주는 것으로 레위인은 거주지와 약간의 목초지를 얻을 수 있었다. 하지만 이렇게 얻은 거주지와 초장은 레위인의 기업에 들어가지 않는다. 민수기 35장 2절에서 각 지파는 그들이 받은 기업(나할)에서 레위인이 거주할(야샤브) 성읍과 성읍 주변의 초장을 주라고 명한다. 그리고 그 초장의 범위는 성벽을 기준으로 사방 천 규빗(약 450 미터)이다. 여기서 레위인에게 주어진 성읍은 그들의 소유가 되는 '기업'(나할)

이 아니라 거주할 수 있는 땅이다. 본문은 레위인의 소유권, 기업, 혹은 재산권에 대해서 말하지 않고 그 성읍 가운데서 살면서 가축을 방목할 권리를 말하고 있기 때문이다.[9] 그러므로 48 성읍과 초장은 원래 성읍을 준 지파의 기업이며 레위인이 기본적인 생활을 하기 위한 장소로 주어진 것일 뿐이다. 결론적으로 레위인은 이스라엘 안에서 땅을 기업으로 가질 수 없었다.

2. 신명기의 레위인 소득 문제

신명기에서도 민수기와 동일하게 레위 지파는 이스라엘 땅에 기업이 없고 다만 하나님이 그들의 기업이 되신다고 한다(신 10:9). 그리고 신명기 18장 1절에서 레위 사람 제사장과 레위의 온 지파는 이스라엘 중에 분깃도 없고 기업도 없을지니 그들은 여호와의 화제물과 그 기업을 먹을 것이라고 한다.[10] 여기서 '기업'(나할)은 여호와의 소유물로 여호와께 바쳐진 것을 의미한다. 그리고 14장 3-4절에는 제사장의 소득으로 제물과 첫 소산물만 언급된다. 그러므로 이곳만 보면 레위인의 소득이 무엇인지 분명하지 않다. 신명기에서도 매년 토지 소산의 십일조를 여호와께 드릴 것이라고 명한다(14:22). 하지만 여기서는 여호와 앞에 가져온 뒤 식구들과 십일조를 즐겁게 나누어 먹는 것 즉, 하나님께 감사하며 축제를 즐기는 데 초점이 맞추어져 있다(14:26). 그리고 레위인은 십일조를 가져온 사람들이 챙겨주어야 할 가난한 사람의 명단에 들어간다(14:27). 신명기 다른 곳에서도 레위인은 고아와 과부와 나그네 등 가난한 자들과 함께 언급되며 그들은 기업이 없기 때문에 이스라엘 백성이 레위인을 저버리지 말고 잘 챙겨주어야 한다는 것을 반복하고 있다(12:12; 12:18; 12:19; 14:27; 14:29; 16:11; 16:14; 26:11).

이것은 십일조가 언급되는 신명기 26장의 추수 감사 축제에서도 마찬가지다. 여기서 백성들은 첫 소산을 여호와 앞에 가져와서 감사의 기도를 올린 뒤 레위인과 객과 고아와 과부와 함께 즐거워하라고 한다(26:1-11). 그리고 매 삼 년 십일조는 레위인과 고아와 과부와 객에게 주어 네 성읍 안에서 배부르게 하라고 한다(26:12-13). 즉, 여기서 십일조는 레위인만을 위한 것이 아니라 레위인을 포함한 가난한 자들을 위한 구제금으로 언급된다(참고로 신 14:28-29에도 동일하게 나온다). 그리고 십일조로 가난한 사람을 돕는 것은 하나님의 명령에 대한 순종의 징표(26:13)이며 매우 중요한 의무 사항이기 때문에 반드시 레위인과 가난한 자를 도우라고 강조한다.

이렇게 신명기는 레위인을 가난한 자의 무리와 함께 언급하며 이스라엘 백성의 도움 없이는 생계를 유지할 수 없는 가난한 집단으로 표현한다. 신명기 18장 1절에서 레위 제사장과 레위인의 소득이 언급되어 있기 때문에 이들의 상황을 가난한 사람들과 같은 집단으로 묶는 것은 이상하다. 그렇기에 이것은 이 규정이 제대로 지켜지지 않으면 제사장이 아닌 레위인은 생계가 어려워질 수 있다는 것을 배경으로 깔고 있는 것으로 보인다. 이렇게 신명기는 땅이 없고 제사장직도 받지 못하여 생계가 어려운 일반 레위인을 공동체가 돌보라고 명령하고 있다.[11] 신명기에서는 백성들이 십일조를 제대로 내지 않을 경우, 레위인은 언제든지 경제적 약자로 추락할 수 있다는 것과 십일조가 레위인의 주요 생계 수단임을 분명히 보여준다.

III. 레위인의 노동(직무)

레위인은 소득을 얻을 수 있는 농사나 목축과 같은 노동은 하지 못했지만, 이들도 다양한 일을 하였다. 민수기(18:21, 31)에서는 레위인이 성소에서 일하는 것만을 언급하지만 역대기에 따르면 레위인의 역할은 종교, 사회, 행정, 사법, 교육 등 사회 중요한 영역에서 다양한 역할을 하였다. 이 글에서는 제사장과 레위인의 직무에 대해 가장 정리가 잘된 역대기를 중심으로 살펴보려고 한다. 왜냐하면 레위인의 직무 조직은 역대기에 나오는 것이 최종적인 형태로 정비된 것으로 이러한 구분은 신약시대까지도 이어졌기 때문이다.[12]

1. 제의적 역할

역대기에 나타나는 레위인은 상당히 많은 일을 담당하고 있다. 먼저 성전 제의와 관련하여 레위인 제사장은 제사를 담당하였고 레위인은 제사장을 돕는 역할을 하였다(대상 9:26-34; 23:28-32; 대하 23:18-19; 30:16; 35:11-13). 제사장과 레위인의 직무는 엄격히 구분된다. 제사장은 분향과 제사로 이스라엘을 속죄하고 축복하는 일을 한 반면, 레위인은 성전 기구의 보존과 관리, 진설병과 소제물 준비, 제물의 양과 길이 측정 등 '성막의 일'을 하였다(대상 6:49).[13] 하지만 히스기야 시대에 성전 봉헌식이나 온 이스라엘의 유월절 제사에서 제물의 양이 너무 많아 제사장이 이를 다 감당할 수 없자 레위인이 제사의식에 참여한다. 역대하 29장 34절에서는 레위인이 제사의식에 제사장과 같이 참여하는 것에 대해 레위인의 성결하게 함이 제사장들보다 더 낫다고 긍정적으로 평가한다. 즉, "여호와께 성별된 자들"로서 레위인의 임무는 여호와와 그의 백성에게 봉사하는 데 있다(대하 35:3).[14] 이렇게 레위인이 제사장과 동등하게 제의에 참여하는 모습을 보면 레위인의 지위가 역사적으로 단계적으로 승격되었다는 것을 알 수 있다.[15]

2. 음악 감독과 합창

레위인의 중요한 직무 중 하나는 성전 음악을 담당한 것이다. 역대기에 따르면, 레위인이 성전 음악을 담당하기 시작한 것은 다윗 때로 언약궤가 예루살렘에 영원히 안치되면서 다윗이 이 직무를 레위인에게 부여하였다(대상 6:31-47). 다윗은 레위인이 언약궤를 메고(15:15) 노래하며 여러 악기로 즐거운 소리를 크게 내도록 명한다(15:16-24). 언약궤를 안치한 후 다윗은 언약궤 앞에서 아삽 그룹의 레위인 음악가를 세우고(16:5-7, 37), 기브온 산당에는 헤만과 여두둔 그룹을 세운다(16:42). 다윗은 아삽과 헤만과 여두둔의 지휘 아래 세 그룹의 성전 음악가 제도를 정립한다(대상 25:2, 3, 6). 이렇게 다윗에 의해 성전 음악은 레위인의 고유 직무가 된다. 그러므로 음악가는 제의에 참여하는 레위인이다.

3. 문지기

문지기는 기본적으로 성전 문을 지키며 아침마다 문을 여는 직무가 있다(대상 9:27). 역대기에서 문지기는 언약궤를 보호하는 임무를 하였고(대상 15:23-24; 16:38), 성전이 건축된 이후에는 성전을 지키는 일을 하였다(대상 26:17-18). 이들은 성전세의 징수 및 관리도 하였다.[16] 또한 제사장과 레위인의 몫을 분배하는 것도 문지기의 일이었다(대하 31:17-19). 히스기야 왕은 백성이 드린 성물을 성전 곳간에 보관하고 성물을 분배할 일곱 명의 "동문지기" 레위인을 임명한다(대하 31:14-15). 이렇게 문지기가 성전과 성물을 지키는 것은 제의 사역의 연장선에 있는 것이다.

4. 행정적 역할

역대상 23장 3-4절에 따르면 레위인 중에서 육천 명이 관원과 재판관이고 이들은 성전 밖에서 일하는 것으로 나온다(대상 26:29). 여기서 '성전 밖'은 종교적 역할이 아니라 사회 정치적인 세속적인 일을 했다는 것을 의미한다. 역대하 19장 5-11절에 따르면 "레위 사람들과 제사장들과 이스라엘 족장 중에서 사람을 세워 여호와께 속한 일과 예루살렘 주민의 모든 송사를 재판하게" 하였다. 즉 예루살렘 상급법원에서의 종교 재판은 대제사장이, 일반 재판은 유다 지파의 어른이 관장하며(8절), 레위 사람들은 그들의 '관원'임을 밝히고 있다(11절). 제사장이 재판을 했다는 것은 재판이 단순히 사회적 영역이 아니라 종교적 영역 안에 포함되고, 그렇기에 레위인이 재판과 관련된 일을 한 것으로 볼 수 있다.

5. 교육

역대하에서 여호사밧 왕은 방백들과 레위인과 제사장을 백성들에게 보내어 그들에게 율법을 가르치도록 한다. 이들은 율법책을 들고 유다 전역을 돌아다니며 백성들을 교육하게 된다(대하 17:7-9). 이것은 레위인도 제사장과 마찬가지로 율법을 잘 알고 교육받았음을 의미한다. 역대하 35장 3절에서 요시야 왕은 레위인을 "온 이스라엘을 가르치는 자"라고 부른다. 이것은 레위인이 율법의 해석과 교육에 특별히 헌신하고 있었다는 것을 보여준다. 그런데 히스기야 때는 제사장과 레위인이 율법에 전념할 수 있도록 예루살렘 백성에게 그들의 생활비를 충당하라고 명령한다(대하 31:4). 그리고 이 명령을 따라 백성들이 십일조를 풍성하게 낸다(대하 31:6-10). 이 부분은 제사장을 제외한 레위인의 직무와 소득이 연결되는 유일한 본문인데, 여기서 레위인은 교육에 대한 대가를 따로 받는 것이 아니라 십일조를 받았다고 말한다.

결론적으로 레위인의 직무는 크게 두 가지로 나눌 수 있는데, 첫째는 성전 제의와 직접적으로 연결되는 것으로 제사를 지내고(제사장, 성전 봉사자) 찬양하고(찬양대) 성전과 성물 창고를 관리하고 분배하는 일(문지기)이다. 둘째는 성전 제의에서 파생된 일로 율법을 교육하는 것과 재판하는 일이다. 그러므로 레위인은 이스라엘 사회에서 종교적인 영역에서 다양한 역할을 하였다. 하지만 이들의 노동은 현대적 개념에서 보자면 직접적으로 재화를 생산하는 노동이라기보다는 사회적 관리와 돌봄과 서비스를 위한 노동으로 분류될 수 있다.

IV. 레위인의 노동과 소득의 관계

이 장에서는 레위인의 다양한 직무와 소득의 관계를 생각해 보려고 한다. 1장과 2장에서 언급한 것처럼 레위인의 기본 소득원은 십일조다. 그리고 레위인은 성전에서 봉사하고 찬양하는 것 이외에도 사회 각 분야에서 여러 가지 일을 담당하고 있었음을 보았다. 그런데 십일조가 레위인의 몫이라고 한 본문이나 레위인의 직무가 나온 본문 어디에도 레위인에게 십일조가 어떻게 분배되었는지에 대한 언급이 없다. 일을 하는 사람에게만 십일조가 주어졌는지 아니면 모든 레위인에게 분배되었는지 정확히 말하고 있지 않기 때문이다. 그래서 이 장에서는 레위인의 노동의 특징과 레위인의 정체성과 십일조의 신학적 의미를 살펴보며 레위인의 노동과 소득의 관계를 유추해 보려고 한다.

1. 역대기에 나타난 레위인의 직무 수행 방식

레위인들이 제의뿐만 아니라 이스라엘 사회에서 매우 많은 역할을 했던 것을 보면 레위인의 소득은 그들의 다양한 노동에 대한 대가라고 단순하게 판단할 수 있을 것이다. 하지만 이들의 직무 수행 방식에는 노동과 소득을 바로 연결하기 어려운 요소가 있다.

1) 일하는 기간이 정해져 있다

역대기에 따르면 레위인은 30-50세까지 자신에게 주어진 일을 한다.[17] 그리고 그 이후의 삶에 대해서 역대기는 언급하고 있지 않지만, 민수기에 따르면 50세가 넘은 후에는 원래 주어진 일은 그만하고 인수한 사람이 그 일을 잘 할 수 있도록 돕는 일은 할 수 있다(민 8:26). 그러므로 레위인의 복무 기간은 20년 정도로 제한된 기간만 일할 수 있다. 만일 노동과 소득을 연결한다면 30세 이전이나 50세 이후에는 일을 할 수 없기 때문에 소득을 얻을 수 없게 된다. 이것은 레위인의 소득인 십일조가 레위인의 노동에 대한 대가라고 말하는 것이 쉽지 않다는 것을 알려준다.

2) 직무를 제비뽑기로 정하고 순번제로 한다

제사장의 경우 제사장 전체를 24반차로 나누고 한 반차씩 돌아가면서 성전에서 봉사한다(대상 24:1-19). 그리고 직무를 나눌 때도 제비를 뽑아서 가문 간에 차등을 두지 않았다. 사독 계열인 엘르아살 가문과 이다말 가문 출신 모두에서 성전의 일을 다스리는 자들과 하나님의 일을 다스리는 자가 선출되었다(5절). '성전의 일을 다스리는 자와 하나님의 일을 다스리는 자'라는 표현은 제사장의 구체적인 직무를 가리키기 위한 것이 아니라 전반적으로 이 두 가문 사람을 차별 없이 제사장직을 하게 했다는 것을 나타내는 의도된 표현이다.[18] 엘르아살 가문은 아론을 이은 대제사장 가문이며 사독 계열로 이다말 가문보다는 더 권위가 있는 가문이다. 그러나 여기서는 이런 가문의 명성이나 권위의 차이를 보지 않고 두 가문에서 모두 제사장을 차등 없이 뽑은 것이다. 그리고 제비뽑기는 왕과 방백들과 제사장들과 레위인이 보는 앞에서 공개적으로 이루어졌으며 그 결과는 레위인 서기관이 기록하여 보관하였다. 그리고 레위인의 경우도 제사장과 같이 24반차로 나뉘고(대상 24:20-30) 제비뽑기를 통해 직무를 지정받았다.

이런 제비뽑기 방식을 통해 역대기 저자는 장남 가문이 더 권위가 있고 제물을 많이 얻을 수 있는 직무를 담당하고 막내 가문과 같이 힘없는 가문이 권위가 약하거나 소득을 얻을 수 없는 직무를 담당하는 불공평하고 차별적인 방식으로 제사장직과 레위인의 직무가 나누어지지 않았음을 강조하고 있다. 제사장은 자신이 집전한 제사의 제물을 가질 권리를 갖기에 직무가 소득과 연결되기 때문에 좋은 보직과 덜 좋은 보직과 소득이 매우 적은 안 좋은 보직으로 나뉘게 된다. 그렇기에 일반적으로 힘 있는 가문이 권력을 이용하여 가장 좋은 보직을 맡으려고 할 수 있다. 하지만 제비뽑기는 이런 시도를 원천 봉쇄하기 때문에 가문의 권력과 무관하게 제사장 직무를 나눌 수 있다. 이렇게 제사장직을 24반차로 나누면 당번인 제사장은 1년에 15일 동안 성전에서 봉사하고 나머지 기간은 보조적인 일을 하거나 자신의 거주지로 돌아가게 된다. 즉, 제사장의 공식 업무 기간은 일 년에 15일이다.

이것은 성전 음악가들도 마찬가지다. 성전에서 음악을 담당하는 아삽과 여두둔과 헤만의 후손들과 선발된 음악가들도 24반차로 나누고 일 년에 15일을 성전에서 봉사하였다(대상 25:7-31). 즉, 이들은 일 년에 15일 정도만 일하고 나머지 시간은 자신의 직무를 행하지 않았다. 그들이 그 외 시간을 어떻게 보냈는지 정확하게 알 수는 없다. 성전 음악가는 음악가로 선발되는 기준이 "여호와 찬송하기를 배워 익숙한 자"(대상 25:7)로 음악교육을 받은 사람이 선발된다. 그러므로 레위인 안에는 음악교육을 받는 제자와 이들을 가르치는 스승이 있었기에(대상 25:8) 봉사하지 않는 기간에는 음악교육과 훈련이 이루어졌을 것으로 보인다. 하지만 성전 봉사를 하는 기간을 제외한 모든 시간에 음악을 공부하고 가르쳤는지는 의문이며 교육을 담당했던 레위인은 교육에 대한 대가를 따로 받았는지는 알 수 없다.

2. 레위인의 직무와 소득의 관계

레위인의 직무는 직접 생산하는 노동이 아니라 사회를 유지하는 서비스 노동으로 생산 수단이 없기 때문에 누군가에게 임금을 받아야 생활할 수 있다.

그리고 레위인과 제사장이나 성전에서 일할 기간이 정해져 있다는 것은 현재의 소득과 노동의 개념에서 보자면 일하는 동안은 수입이 보장되지만, 그 이전과 이후 수입은 불확실하며 불확실한 기간이 전체 인생에서 너무 길다는 것이다. 또한 제사장과 레위인과 성전 음악가들은 24반차로 나누어 1년에 15일만 자신의 직무에 봉사한다. 이들 중에 제사장들은 15일 동안 일하면서 제물을 소득으로 얻을 수 있었기에 이런 제물은 그들의 노동에 대한 대가라고 말할 수 있다. 그러나 레위인 성전 봉사자들과 음악가의 경우 그들이 받는 십일조가 1년에 15일 일한 것에 대한 대가라고 말하기는 쉽지 않다. 성경에는 제사장을 제외하고는 직무를 수행하는 것과 그에 대한 임금이 언급되지 않기 때문에 이들의 주 수입원은 십일조인 것이 분명하다.

그리고 십일조가 성전에 봉사하는 사람이나 음악가에게 봉사에 대한 대가로 주어진 것처럼 보이는 예도 있다. 앞에서 본 것처럼 히스기야가 레위인이 교육에 전념할 수 있도록 십일조를 내라고 하였고 백성들이 풍성하게 십일조를 내었다고 한다. 그리고 느헤미야 13장에서도 레위인들이 자신의 밭을 몫을 주지 않으므로 성전에서 봉사하는 레위인과 노래하는 사람들이 각자 자기의 땅으로 도망갔다. 그러자 느헤미야는 이들을 다시 불러서 성전 봉사를 하게 하고 백성들에게는 십일조를 거두어 레위인의 몫을 확보하고 관리들을 세워 이것을 레위인들에게 잘 분배하도록 한다. 여기서 십일조는 레위인들이 일한 것에 대한 대가로 주어지는 것처럼 보인다. 하지만 레위인의 직무의 대가로 받는 소득에 대해 임금이라는 표현을 쓰지 않고 십일조라는 단어를 쓴 것을 보면 다르게 해석할 여지가 있다. 십일조를 거두어 성전 봉사자들의 봉사에 대한 대가로 임금으로 주었다기보다는 레위인이 교육이나 성전 봉사에 전념할 수 있도록 십일조를 거두어 생계비를 주었다는 의미로 해석하는 것이

더 타당해 보인다.

이렇게 볼 때 십일조는 레위인이 직무를 수행한 대가로 받는 임금이라기보다는 생계 걱정 없이 그들이 맡은 직무를 할 수 있고, 설혹 직무를 하지 않더라도 생계 걱정을 하지 않을 수 있도록 지급된 생계비로 보는 것이 적절한 것 같다.

3. 레위인의 정체성과 십일조

1) 레위인의 정체성

십일조가 모든 레위인에게 지급된 생계비라는 근거를 십일조를 받게 된 레위인의 정체성에서 찾으려고 한다. 민수기 3장 12절에서 하나님은 "보라 내가 이스라엘 자손 중에서 레위인을 택하여 이스라엘 자손 중에 태를 열어 태어난 모든 맏이를 대신하게 하였은즉 레위인은 내 것이라"라고 선언하신다. 초태생 규례에 따라 이스라엘 내에서 태어난 것은 사람이든지 짐승이든지 모두 하나님의 것이다(민 8:17). 그렇기 때문에 짐승은 초태생을 제물로 하나님께 바친다. 하지만 사람은 죽여서 바칠 수 없으니 하나님은 레위 지파를 이스라엘에서 태어날 첫 아이를 대신하는 지파로 선택하셨다. 레위 지파는 모든 이스라엘 가운데서 첫 아이로 하나님께 특별히 선택되었기 때문에 모든 레위인은 하나님의 것이다. 이것은 그 지파 구성원 모두에게 주어진 집단적 정체성이며 그가 하는 일과 무관한 존재적 정체성이다.

또한 그들은 이스라엘 안에서 대체 불가능한 존재다. 레위인은 하나님이 이스라엘을 위해 선물로 주신 존재다. 이들은 제사장으로 여호와께 제사를 지내고 성막에서 봉사함으로써 이스라엘 백성이 성막에 가까이 갔을 때 받을 하나님의 진노를 막는 역할을 한다(민 18:5-7). 레위인이 없으면 아무도 성막에 가까이 갈 수 없기에 이스라엘의 제의 제도가 유지될 수 없다. 그리고 제의가 유지되지 못하면 하나님과 이스라엘 관계에 심각한 문제가 생긴다. 그렇기에 에스라는 제2성전이 건축된 유다 땅으로 귀환할 때 성전의 제사를 정상적으로 운영하기 위해 레위인들을 수소문해서 데리고 온다(스 8:15-20). 성전이 지어져도 레위인이 없으면 성전 제사와 관리와 유지가 불가능하기 때문이다. 이렇게 제사와 제의에 관한 직무는 오직 레위인만 할 수 있는 것이기 때문에 이스라엘이 하나님 백성으로서의 정체성을 유지하는데 레위인의 존재는 필수불가결하다. 또한 율법을 가르치는 것과 재판을 하는 것도 제의와 제사에서 파생된 직무이므로 중요한 제의 직무 범주에 들어간다고 볼 수 있다.[19] 이렇게 레위인의 직무는 대체 불가능하기에 레위인을 보존하는 것은 이스라엘 백성의 의무라고 할 수 있다.

2) 십일조의 신학적 의미

십일조는 원래 하나님의 것이다(레 27:30-32). 하나님은 이것을 기업을 받지 못한 레위인에게 기업으로 주시며 하나님 자신이 이들의 기업이 되신다고 하셨다. 하나님은 가나안 땅을 이스라엘에게 선물로 주셨고 각 지파 가문에게 그들의 기업으로 나누어 주셨다(민34:14). 그래서 각 가문은 자신이 받은 기업에서 농사를 지으며 소득을 얻을 수 있었다. 그리고 백성들은 거기서 얻은 소득의 십분의 일을 하나님께 바치며 기업을 주신 하나님께 감사하고 자신들이 하나님의 백성임을 고백하였다. 하지만 레위 지파는 하나님의 것이고 하나님이 기업이 되시기 때문에 하나님의 것인 십일조를 그들에게 주신 것이다. 그러므로 하나님이 하나님의 백성인 이스라엘에 가나안 땅을 선물로 주신 것처럼 십일조는 하나님의 것인 레위인에게 거저 주신 선물이다. 즉, 레위인의 노력이나 노동의 대가로 받은 것이 아니다.

하나님이 레위인의 기업이 된다는 것과 다른 이스라엘 지파에게 가나안 땅을 기업으로 주어 생계를 책임져 주신다는 것은 근본적으로 하나님이 이스라엘에 먹을 것을 주시는 분이라는 사상을 반영한다. 하나님이 이스라엘에 양식을 주시는 분이라는 것이 가장 잘 나타난 것은 출애굽기의 만나 사건이다(출 16장). 광야로 도망 나온 이스라엘 백성이 굶주릴 때 하나님은 만나를 매일 주셔서 생명을 이어갈 수 있었다. 그리고 만나는 하나님이 기업으로 주신 가나안 땅을 차지하면서 멈추게 된다. 만나는 하나님이 이스라엘을 먹이는 분이며 이스라엘의 기업임을 보여주는 상징이라고 할 수 있다. 그리고 하나님이 기업이라는 상징은 레위인에게 준 십일조를 통해 이어진다. 다시 말해서 레위인에게 십일조를 기업으로 준 것은 하나님이 이스라엘의 진정한 기업이라는 것을 알려주기 위한 상징적 제도라고 해석할 수 있다. 이렇게 만나와 연결해서 보면 십일조는 레위인의 직무에 대한 대가라기보다는 직무와 무관하게 모든 레위인에게 준 생계비라고 보는 것이 더 적절하다.

만일 모든 레위인이 십일조를 받을 수 있는 권리가 없고 다만 직무를 담당하는 레위인만 십일조를 받을 수 있다고 가정하면 직무를 받지 못한 레위인은 구조적으로 이스라엘 땅 안에서 다른 사람에게 고용되어 임금을 받는 임금 노동자가 되거나 백성들이 때때로 주는 구제금으로 연명해야 하는 빈곤층으로 정해져 있다는 것을 의미한다. 그리고 이런 가정을 받아들이면 신명기에서 레위인이 백성들의 도움으로 연명하는 가난한 자들 무리에 속한 것으로 나오는 것이 비정상적인 상황이 아니라 정상적인 상황이라고 할 수 있을 것이다. 하지만 지금까지 논의한 것처럼 십일조가 모든 레위인이 받을 수 있는 것이라고 한다면 가난한 레위인의 문제는 십일조를 제대로 내지 않은 이스라엘 백성의 문제이거나 십일조를 공평하게 분배하지 않은 레위 지파의 지도자 문제일 뿐이다.

그런데 십일조의 분배 방식은 구약에 나오지 않는다. 하지만 십일조가 레위 지파의 기업이므로 분배 방식도 이스라엘 자손의 기업 분배 방식과 같다고 유추할 수 있다. 민수기 26장 54절에서 "수가 많은 자에게는 기업을 많이 줄 것이요 수가 적은 자에게는 기업을 적게 줄 것이니 그들이 계수된 수대로 각기 기업을 주되"라는 분배의 원칙이 나온다. 물론 분배 방식은 제비뽑기지만 제비뽑기의 결과는 하나님의 분배 원칙이 반영된 것이라고 본문이 설명한다. 이런 인원수에 따른 분배는 만나 사건에서도 동일하게 나온다(출 16:16). 이것을 보면 십일조도 레위인 가정의 인원수를 기준으로 분배되었다고 보는 것이 합당해 보인다. 누구는 십일조를 통해 소득을 얻고 누구는 십일조를 받을 수 없다면 하나님이 모든 레위인의 기업이라고 말할 수 없다. 십일조가 모든 가정에 공평하게 분배되어야 모든 레위인에게 하나님이 그들의 기업이라고 말할 수 있다.

V. 레위인의 십일조와 기본소득

이제 마지막 장에서 레위인의 십일조를 우리의 주제인 기본소득과 연결하여 생각해 보려고 한다. '기본소득지구네트워크'의 정의에 따르면 "기본소득이란 국가가 모든 사람에게 개인 단위로 자산 심사나 노동 요구 없이 정기적으로 지급하는 현금 급여"이다. 그러므로 기본소득은 보편성, 무조건성, 정기성, 현금성, 개별성 등 다섯 가지 성질을 가지고 있다고 할 수 있다.[20] 이런 기본소득의 특징을 지금까지 살펴본 레위인의 십일조와 비교하면 다음과 같다.

첫째, 보편성은 한 나라나 공동체의 모든 구성원에게 소득을 지급한다는 원칙이다. 이것은 십일조가 모든 레위인의 기업이 된다는 선언(신 18:1)과 기업은 모든 구성원에게 나누어주어야 한다는 원칙과 일치한다.

둘째, 무조건성은 노동하든지 하지 않든지 모든 구성원에게 지급한다는 원칙이다. 레위인이 받는 십일조는 레위인의 기업이기 때문에 노동의 유무와 상관없이 생계를 위해 지급되어야 한다. 레위인의 직무의 종류와 일자리 숫자와 일할 수 있는 기한이 한정되어 있기 때문에 모든 레위인이 항상 일할 수는 없다. 특별히 장애가 있는 레위인은 성소에서 일하는 것 자체가 안되기 때문에 일자리를 얻는 것이 더 어렵다. 이렇게 여러 가지 형편으로 인해 일을 하지 못하는 레위인은 항상 존재하기 마련이다. 그리고 십일조는 이런 레위인에게도 지급되어야 하는 것이다. 만일 십일조가 노동하는 레위인에게만 지급되는 것이라면 많은 레위인은 구조적인 빈곤층에 놓이게 되는데, 이는 하나님이 레위인의 기업이라는 선언과 어울리지 않는다.

셋째, 정기성은 한 번 지급하고 끝나는 것이 아니라 정기적으로 꾸준히 지급한다는 원칙으로 십일조는 일 년에 한 번 매년 백성들이 소득에 대한 감사 의미로 하나님께 바치는 것이다. 그리고 그것을 레위인에게 지급하는 것이기 때문에 매년 정기적으로 지급하는 성격을 가진다.

넷째, 현금성인데 이것은 쿠폰이나 상품권 등 물건을 교환하는 방식으로 지급하는 것이 아니라 현금을 지급해서 받은 사람이 마음대로 사용하도록 하는 것이다. 레위인의 십일조가 어떤 방식으로 지급되었는지 알 수 없지만, 대부분의 십일조는 곡식이나 가축으로 바쳤고 드물게 화폐로 바쳤던 것 같다. 당시에는 곡식과 가축들이 화폐의 역할을 했기 때문에 레위인이 지급받은 곡식과 가축으로 먹거리를 해결하기도 하고 그것을 팔아 생활비로 사용하였을 것이다.[21]

다섯째, 개별성의 원칙은 기본소득은 가구 단위로 주는 것이 아니라 개인별로 주어야 한다는 것이다. 현대사회는 사회 구성의 최소 단위를 개인으로 보기에 이런 원칙이 세워졌다. 하지만 고대 이스라엘 사회의 기본 단위는 가구였기 때문에 기업을 나누는 것과 동일한 방식으로 십일조도 각 가구에 나누어졌을 것이다. 그리고 그것을 가구에 속한 모든 사람이 필요에 따라 나누어 사용하였을 것이다. 그러므로 레위인의 십일조는 현대적 의미의 개별성원칙을 가지고 있다고 말할 수는 없다. 하지만 당시 사회의 기본 단위인 모든 가구에 나누어준다는 면에선 상황에 맞는 개별성의 원칙을 가지고 있다고 말할 수 있다.

이렇게 레위인의 십일조와 현대사회에서 논의되고 있는 기본소득의 원칙은 많은 공통점이 있다. 이것은 기본소득 개념이 성경과 동떨어진 생각이 아니라 성경이 추구하는 목표를 공유하고 있다는 것을 드러내는 것이다. 십일조를 통해 철저히 하나님을 의지하고 살아야 하는 레위인의 삶의 방식은 인간의 노동이나 업적과 무관하게 하나님 나라의 백성이면 누구나 하나님이 먹이시고 입히신다는 것과 인간이 창조된 가장 근본적인 목적은 노동과 생산이 아니라 하나님을 찬양하고 하나님을 섬기는 것임을 잘 드러낸다. 성경이 노동을 경시하지 않지만, 모든 소득이 노동의 대가여야 한다고 주장하는 것은 하나님 나라의 원리와 일치하지 않는다. 오히려 하나님이 땅의 모든 생명을 먹이시고 입히시는 제공자이시며 인간과 모든 생명은 태어나면서 생존에 필요한 것을 얻을 수 있는 권리를 가지고 있다는 기본소득 사상이 하나님 나라의 원리와 어울리는 것으로 보인다.

VI. 나오는 글

레위인의 십일조를 기본소득의 관점에서 살펴보게 된 이유는 노동과 소득을 분리해서 보는 기본소득의 개념이 성경적이지 않다는 주장을 다시 생각해보기 위해서다. 그리고 성경 본문을 살펴본 결과 레위인이 받은 십일조는 기본소득의 특징이 있다는 것을 발견할 수 있었다. 그리고 이를 근거로 기본소득의 개념이 원래 레위인에게 십일조를 준 하나님의 의도라는 것을 드러낼 수 있었다.

그러나 구약에서 레위인은 많은 경우 가난한 사람들이었다. 이것은 원칙과 현실 사이에 상당한 괴리가 있었다는 것을 말해준다. 십일조가 온전히 걷히고 제대로 분배되었다면 레위인은 생활하는 데 크게 부족하지 않았을 것이다. 십일조는 12지파에서 들어오기 때문에 전체 십일조의 양은 한 지파가 벌어들인 소득보다 많다. 1/10을 낸 12지파는 9/10를 가지고 살아야 하지만 레위지파는 12/10를 얻었기 때문에 어찌 보면 다른 지파보다 더 풍족하게 살 수도 있었다. 그리고 만일 3/10 정도를 성전 제의와 관리나 가난한 자를 위해 사용하더라도 레위 지파의 소득은 다른 지파와 비슷한 수준의 생활을 할 수 있는 정도다. 그러므로 레위인이 가난한 것은 이스라엘 사람들이 십일조를 제대로 내지 않았기 때문이다. 자신이 받은 기업과 자신의 노동으로 얻은 소득이 온전히 나의 힘으로 된 것이 아니라 하나님이 주신 은혜로운 선물로 나와 이웃을 위한 것이라 생각했다면 십일조를 열심히 내서 기업이 없는 레위인의 생계를 책임지고 이스라엘 내에 가난한 자들이 없도록 했을 것이다. 그러나 이스라엘 사람들은 기업을 하나님의 선물로 받았고 농사짓기에 적합한 해와 비도 하나님의 은혜라는 것을 잊으면서 더 이상 하나님께 감사하지 않고 십일조를 내지 않은 것이다. 그들은 십일조를 내지 않으면 레위인들의 삶이 어려울 것을 분명히 알면서도 의무적으로 내야 할 하나님의 몫이자 가난한 자들의 몫을 내지 않은 것이다.

그러므로 소득과 노동을 결합한 노동윤리 즉, 일한 사람만이 소득을 얻을 수 있다는 주장은 우리에게 소득을 얻을 수 있는 능력과 재화를 얻을 기회를 주시고 재화를 얻을 수 있도록 하신 하나님의 은혜를 간과한 해석이라고 생각한다. 이스라엘은 가나안 땅을 얻은 것도, 그곳에서 풍부한 소산물을 얻을 수 있는 것도, 전쟁에서 승리하는 것도 모두 하나님의 은혜라고 말한다. 그리고 세상에는 운칠기삼이라는 말이 있다. 어떤 일을 성취하는데 운이 7할이고 노력이 3할이라는 의미이다. 기독교적으로 해석하면 우리가 노동하고 재화를 얻는 데 은혜가 7할이고 인간의 노력은 3할이라고 할 수 있다. 그런데 이런 하나님의 은혜를 망각하고 '일하기 싫은 자 먹지도 말라'라는 구절에서 나온 노동윤리만을 기독교적이라고 말하는 것은 성경을 너무 협소하게 읽는 것이다.

게으름을 경고하는 것도 중요하다. 하지만 게으름을 경계하느라 기독교의 핵심 원리인 모든 것이 하나님의 은혜라는 것과 모든 사람이 이 세상에서 생존할 권리를 가진 하나님의 피조물이라는 것과 가난한 이웃을 네 몸과 같이 돌보라는 하나님의 말씀을 무시하고 성과주의만이 정의로운 방식이라며 노동윤리만을 신봉하는 것은 꼬리가 몸통을 흔드는 격이 아닌가 생각된다. 머지 않아 맞이하게 될 4차 산업 사회에서는 기본소득의 필요성이 점점 더 커질 것이다. 그리고 교회는 이런 사회적 요청에 대해 성실하게 응답할 의무가 있다. 그러므로 교회가 기본소득 문제를 교회의 문제이자 신학의 문제로 받아들이고 모든 사람의 기본 생존권을 보장하기 위해 노력했으면 좋겠다.

[미주]

1   강원돈, "기본소득 구상의 기독교윤리적 평가," 「신학사상」 150(2010): 189.

2   강원돈, "기본소득 구상의 기독교윤리적 평가," 189.

3   실제로 왕대일은 십일조는 레위인이 차지하는 사역에 대한 응분의 대가라고 해석하고 있다. 왕대일, 『민수기』(서울: 대한기독교서회, 2007), 428.

4   이에 대한 자세한 논의는 (e-book) Timothy R. Ashley, The Book of Numbers(Grand Rapids, Mich. : W.B. Eerdmans, 1993), 318.

5   왕대일, 『민수기』, 428.

6   유진 메릴 & 잭 디어/문동학 옮김, 『민수기 · 신명기』(서울: 두란노, 2016), 78.

7   왕대일, 『민수기』, 422.

8   왕대일, 『민수기』, 423.

9   필립 J. 붓드/박신배 옮김, 『민수기』(서울: 솔로몬, 2004), 605.

10 강지숙, "신명기와 에제키엘서의 레위인," 「신학전망」 161(2008), 6-7. 그는 이 구절을 레위인이 모두 제사장이라고 해석한다.

11 붓드, 『민수기』, 348.

12 로디 브라운/김의원 옮김, 『역대상』(서울: 솔로몬, 2001), 421.

13 배희숙, "역대기에 나타난 레위인의 기능 및 그 의미," 「장신논단」 45(2013), 70.

14 배희숙, "역대기에 나타난 레위인의 기능 및 그 의미," 71.

15 배희숙, "레위인을 위한 역대기의 개혁 프로그램," 「구약논단」 21(2006), 70-74.

16 배희숙, "역대기에 나타난 레위인의 기능 및 그 의미," 76.

17 대상 23:3와 민수기 4장에서는 30세 이상 계수한 반면 민수기 8:24-25에서는 25세부터 일하고 50세부터는 일을 쉬라고 말한다. 그리고 26절에서 "그 형제와 함께 회막에서 돕는 직무를 지킬 것이요 일하지 아니할 것이니"라고 하며 그 외의 노동은 금지하고 있다. 회막에서 일을 시작하는 나이가 다양하게 나오는 것은 원칙적으로 30세지만 인원이 모자라는 경우 25세부터 가능한 것은 아닌가 생각한다.

18 브라운, 『역대상』, 421.

19 에스라는 제사장이자 율법학자이자 재판관의 권한을 가지고 있었다(스 7:1-6, 10, 25).

20 정미연 외, 『한국교회 기본소득을 말하다』(서울: 새물결플러스, 2022), 272.

21 단, 레위인 제사장에게 주어진 제사에 사용된 고기는 반드시 가족만 먹을 수 있었다.

"땅의 유익은 모두에게 있는 것, 왕은 경작지에 대해서[만] 섬김을 받을 뿐!"(전 5:9)

– 전도서를 통해서 보는 기본소득에 대한 고찰 –

구자용

I. 들어가는 말

기본소득은 "어떤 조건도 없이 모두에게 지급되는, 보편적이며 무조건적인"[1] 소득이라고 정의할 수 있다. 그러므로 기본소득은 '무조건적'이란 형용사를 붙여 지칭하기도 한다.[2] 동시에 '그런 소득이 필요한가? 왜 그런가?', '명분은 무엇인가?', '그런 소득이 경제에 미치는 영향이 큰데, 그것은 어떻게 할 것인가?', '윤리적인 차원에서 문제가 되지는 않는가?', '도대체 그런 것이 가능하기는 한가?' 등의 질문이 활발하게 제기된다. 이런 질문을 던지는 논쟁 상황에서 신학은 대답해야 한다.[3] 신학의 여러 분과 중에서 특히 구약 성서로부터의 답을 찾아 제시하는 것도 예외는 아니다. 그런데 그 오래전 사회상을 보여주는 구약 성서에서 오늘날 우리에게 적용될 기본소득을 염두에 두고 살펴볼 것이 있을까? 쉽지는 않으나 가만히 생각해 보면 구약 성서 역시 기본소득에 대해서 결코 침묵하고 있지 않다는 것을 발견하게 된다. 특히 구약 성서에 대한 연구가 학문적 영역에만 머물지 않고 오히려 현실을 깊이 파고들어 관여하는 실천적 연구가 되어야 한다는 책임감을 느끼고 보면 더욱 그러하다.[4] 구약 성서의 연구가 이렇게 실제 삶에 영향을 미치는 연구가 되어야 함이 당연하고 바람직한 목표이기에, 현재 진행되고 있는 기본소득에 대한 경제학적 그리고 사회학적 논쟁에 의무감을 가지고 참여해 보고자 한다. 이것이 이 연구의 일차 목표다.

그러나 이 논쟁에 참여하기 전에 선행되어야 할 것은 기본소득의 개념을 구약 성서에서 연구할 수 있는 방법론과 한계를 명확히 하는 것이다. 위에서 정의한 기본소득, 즉 '어떤 조건도 없이' '모두에게' 주어지는 소득이 구약 성서에서 어떻게 제시되고 있는지를 탐구하는 것은 기본소득에 대해 희미한 성서적 근거를 제시하려는 것이 결코 아니다. 그것은 오히려 기본소득의 그 근본 취지가 무엇인지를 확인하는 것이며, 그렇게 함으로써 현재의 논쟁에 신학적 안목을 더하고자 하는 시도다. 왜냐하면 구약이 기본적으로 제시하는 창조 세계에는 그것을 지은 존재, 즉 창조주와 그에 의해 주어진 생명 그리고 그것의 생존을 위한 모든 환경적 조건 – 당연히 경제적 조건을 포함하여 – 인 삶의 제반 여건이 설정되어 있기 때문이다. 우리가 살아가는 세상에서 누군가가 굶주리고 어떤 이유에서든지 기본적인 삶의 조건조차도 허용되지 못한다면 그것은 분명 어떤 형태로든지 간에 불의의 결과라고밖에는 볼 수가 없다. 이것은 구약의 공동체 안에서도 이미 명확하게 확인되는 바이며, 그러므로 구약의 공동체에서도 그 해법이 소위 그 공동체의 신앙이라는 테두리 안에서 끊임없는 연대와 배려로 독려되었다. 그들은 단지 잉여가 발생할 때만 이 일을 하라고 권고받은 것이 아니다. 결코 현대 사회와 같이 풍족하지 못했음에도 이것을 하나님에 대한 신뢰의 표현으로 행하여야만 했다(신 15:7-11 참고).

현대사회에서의 기본소득의 필요성과 가능성을 권정임은 판 파레이스(Philippe V. Parijs)의 글을 인용하며 다음과 같이 주장한다. 그에 의하면 현재 OECD 국가들은 기본소득정책을 당장 시행해도 될 충분한 경제력을 지니고 있으며 기본소득제의 시행을 통해 빈곤, 실업 문제와 여성주의 및 생태주의의 이상을 실현하는 사회정의를 이룰 수 있다.[5] 그런데 왜 우리 사회에는 아직도 이런 사회정의가 실현되지 못하는가? 무엇이 그것을 가로막고 있는 것인가? 아직 충분한 논의가 없어서인가? 아니면 우리의 어떤 '비열한 생각'(레바브 벨리야알: 신 15:9)[6]이 그것을 도무지 허용할 수 없도록 만드는 것인가? 성서가 말하는 바가 기본소득 이념에 어긋나지 않을뿐더러 오히려 부합한다면, 그리고 그것이 명확히 제시될 수 있다면, 성서를 존중하며, 하나님의 의를 자신이 속해 살아가는 공동체와 자신을 위해 적용하고자 하는 사람들이 당연히 이 기본소득에 대한 충분히 긍정의 자세를 가지게 되지 않을까? 그렇지 않다면, 위의 신명기 표현처럼 '벨리알의 마음'을 가진 자가 아니고 무엇이겠는가? 기본소득에 대한 논쟁에서 주의할 것은 그것을 대하는 기본적 자세와 그것을 실제 경제와 사회에서 구현하는 방법을 논의하는 것을 분리하여 생각하는 것이다. 무조건의 반대는 생산적이지도 않을뿐더러 기독교인이 가져야 할 성서적 태도도 아니다. 기본소득에 대한 논의는 이미 구약학계에서 선행적으로 논의되고 있다.[7]

이 글에서는 구약 성서 중에서도 전도서를 기본소득과 연결하여 고찰하고자 한다. 그 이유는 토머스 페인(Thomas Paine)의 '모든 사람에게 주어진 땅에 대한 향유권' 주장을 이어가며, 특히 모세오경의 땅 신학을 기초로 기본소득에 대한 옹호 주장을 펼치는 김회권의 주장[8]이 전도서의 사상과 연결된다고 판단하기 때문이다. 그것을 위해 먼저 전도서에 경제 개념이 포함되어 있는가를 논하고, 이후 전도서가 제시하는 '땅의 유익'의 개념과 창조주로부터 주어진 '몫'의 개념이 기본소득의 개념과 부합함을 주장하고자 한다.

II. 전도서의 경제 개념

전도서는 경제서가 아님에도 불구하고 특이하게도 경제적 개념인 '유익'의 관점에서 질문을 던지며 시작한다. 전도서의 모토(motto)인 '헛되고 헛되며 헛되고 헛되니 모든 것이 헛되다'(1:2)란 선포 이후 던져지는 첫 질문은 '해 아래에서 수고하는 모든 수고가 사람에게 무엇이 유익한가?'라는 것이다. 여기 사용된 '수고'(아말)는 이어서 언급되는 '유익'(이트론)과 연관하여 볼 때 경제적 관점에서의 개념으로 볼 수 있다. 엘리자베스 비른바움(Elisabeth Birnbaum)과 루드거 슈빈호르스트-쉔베르거(Ludger Schwienhorst-Schönberger)는 특히 '수고'(아말)를 그것을 통해 획득한 '재물/소유물'(Besitz)로 번역하며, 이것과 더불어 여기에 사용된 '유익' 그리고 '수고하다'의 세 개념을 전도서의 중심 개념으로 본다. 전도서의 이 질문은 전도서 전체에 기본 바탕을 마련해 주는 1-3장 구성의 기본 틀을 이룬다. 왜냐하면 거의 동일한 질문이 1장 3절과 3장 9절에서 반복되기 때문이다. 비른바움/슈빈호르스트-쉔베르거가 구성적 측면에서 발견한 구조는 다음과 같다.[9]

1, 3	이끄는 질문: 유익?	} 지혜자로서의 코헬렛
	1, 4-11 우주에 대한 노래	
	1, 12-2, 26 왕의 트라베스티	왕으로서의 코헬렛
	3, 1-8 시간에 대한 노래	
3, 9	이끄는 질문: 유익?	} 왕으로서의 코헬렛

이 구조는 유익에 대한 질문을 경제적 개념으로 파악할 때 왕의 트라베스티와 함께 전도서의 기본 틀을 경제적 관점에서 보게 하는 매우 중요한 틀이다. 이 두 질문 사이에 끼어 있는 왕의 트라베스티도 명확하게 경제적 개념을 내포하고 있다.[10] 물론 이것은 일면 왕의 취미로서 어떤 행위에 대한 서술로 볼 수도 있겠지만, 실상은 단순히 한 왕만의 욕망 실현을 서술하고 있다고 보기보다는, 인생이 삶에서 갈구하여 도달할 수 있는 최댓값, 즉 최고의 권력과 능력을 소유한 존재가 도달할 수 있는 최고의 한계점에 대한 서술로 보아야 한다. 4절에 언급된 '나의 행위/사업'(마아싸이)의 구체적인 모습은 6절까지의 집들(바팀), 포도원들(케라밈), 동산들(가노트)과 과원들(파르데심),[11] 삼림(야아르)의 조성과 소와 양 떼의 소유로 볼 수 있고, 7절은 그것을 가꾸고 돌보는 데 실질적으로 필요한 노동력으로서 사들인 남녀 노비들, 집에서 난 종들에 대한 언급 그리고 8절의 은, 금과 왕들이 소유한 보배와 여러 지방의 보배를 쌓는 것까지로 볼 수 있다.[12]

슈빈호르스트-쉔베르거는 4-9절 사이에 무려 9번이나 사용된 전치사 '리'(for)에 주목하며, 여기에 언급된 왕의 행위를 철저히 왕 자신의 유익에 연관된 행위로 해석한다.[13] 비른바움/슈빈호르스트-쉔베르거도 왕이 백성을 위해 쏟는 노력으로 볼 여지는 전혀 없다고 판단한다.[14] 이 판단은 왕의 트라베스티에 사용된 1인칭 화자의 목소리를 고려할 때 당연하며, 이것은 사람의 경제적 측면에서의 욕망과 그 성취를 위한 노력으로 이해할 수 있다. 주목할 만한 것은 이 시도에 대한 11절의 종합적 판단이다. 이것은 왕의 트라베스티에 등장하는 가상의 왕 자신의 적나라한 평가로 그 핵심은 무익한 것, 즉 '유익이 없는 것'(에인 이트론)이란 표현에 있다. 이것을 단적으로 전도자가 가진 경제 개발에 대한 회의적 관점이라고 섣불리 판단할 수는 없으나, 전도서를 경제적 관점에서 판단할 때 간과할 수 없는 표현임은 틀림없다.[15]

전도서가 재물에 대해서 비판적 태도를 갖는 것은 책의 여러 곳에서 쉽게 확인된다.[16] 특히 모아 쌓는 어리석음에 대한 비판이 두드러진다. 그러나 이런 비판과 함께 전도서의 또 다른 축으로 제안되는 삶의 태도인 "먹고 마시며 수고하는 것"(2:24)은 재물과 아무런 상관없이 제안되는 것인가? 그것이 하나님의 손으로부터 나와서 사람의 마음을 기쁘게 하는 것, 즉 하나님의 선물(맡타트 엘로힘; 3:13)로 지칭될 때, 재물은 그것과 무관한 것인가? 다른 곳에서 전도자가 제안하는 바, '수고하는 두 손에 가득하나, 바람을 잡는 것과 같음'(멜로 호프나임 아말 우레우트 루아흐; 4:6하)보다 더 나은 것으로 제안하는 '한 손에만 가득하고 평온함'(멜로 카프 나하트; 4:6상)에 재물은 도대체 어느 정도 허용되는 것인가? 소위 모든 사람에게 공평하게 분배되는 재물과 부요함으로 특정된 '그의 몫'(헬레코; 5:19)은 또다시 '하나님의 선물'로 지칭된다. 즉 하나님의 선물에는 분명 재물이 연관되어 있다. 결론적으로 전도서의 경제 관념에 재물은 기본적으로 전제되어 있다고 할 수 있다. 구체적으로 이 재물이 사람에게 어떻게 규정되어 있는지는 전도서의 두 본문에서 좀 더 상세하게 논의해 볼 필요가 있다.

III. 전도서 5장 9절

전도서 4-6장은 특히 재물과 소유의 문제를 폭넓게 다룬다. 이 논의의 중심에는 특이하게도 하나님 경외에 대한 종교적 비판의 그림(5:1-7)이 놓여 있다. 이 논문이 집중적으로 분석하고자 하는 첫 번째 본문인 5장 9절과 연관된 8절의 '빈민 학대'를 어떤 경제적 약탈의 그림으로 해석할 수 있는지는 명확히 단정지을 수 없다. 또한 그것과 구성적 관점에서 동일선상에 있는 것으로 볼 수 있는 본문인 4장 1절 이하의 압제당하는 자들에 대한 언급과 그들의 눈물에 대한 그림 역시도 그렇다. 그러나 전도서 4-6장의 전체적 주제인 재물과 소유에 대한 비판과 연관지어 생각하고, 또 우리가 분석하고자 하는 9절이 경제적 개념을 가지고 있으므로 이 학대를 경제적인 면에서의 악한 행위로 보는 것에 큰 문제는 없다. 즉 '빈민의 학대받음'(오쉐크 라쉬)은 정치적 탄압의 개념보다는 경제적 수탈의 개념으로 이해할 만하며, 왕의 통치하에서 펼쳐지는 불의와 나쁜 경제(Misswirtschaft)의 모습이 '정의와 공의를 짓밟음'으로 언급된 것이다.[17]

전도서 5장 8-9절은 현재에도 명확한 해석이 제시되지 못하고 있는 난해구절에 속한다.[18] 특히 9절은 전도서에서 갑작스럽게 언급되어 무엇을 말하고자 하는지를 파악하기 힘든 모호한 구절 중 하나다.[19] 그러나 위의 판단을 기초로 전도서 5장 9절을 경제적 관점에서 살펴보면, 그 모호한 의미가 좀 더 분명해진다.

> 9a 그러나 땅의 유익은 모두에게 [있는 바로] 그것.
> 9b 왕은 [종에 의해] 경작되는[섬김을 받는] 밭에 대해서만 [유익을 얻는다.]

9a절에서 주목할 표현은 '땅의 유익'이다. 특히 '유익'은 경제적 관점에서 사람이 획득하여 그에게 남겨진 어떤 가치나 유용한 무엇으로 해석할 수 있다.[20] 전도서 1장 3절의 '무엇이 유익한가'(마-이트론)란 질문에서도 관찰되는 단어이다. 그런데 이 단어를 '얻는 것'(Gewinn)[21]으로 번역하면 '땅의 유익'은 '땅으로부터 얻는 것', 즉 '땅으로부터 얻는 경제적 소득'으로 이해할 수 있다. 그런데 이 '땅의 유익'이 '모두에게 있다'는 것이다. 9b절에는 모든 사람을 의미하는 '모두'(콜)와 대비되는 개념인 '왕'이 언급된다. 모든 땅이 왕에게 귀속되어 있지만, 그중에서도 왕에게는 '들판'(싸데)이 그것도 '네에바드'로 수식된 특별한 땅이 연결된다. '네에바드'는 '섬김을 받다'(종결형으로서의 ni. 완료형) 혹은 '경작이 되는'(ni. 분사형)의 이중적 의미로 해석될 수 있다. ni. 완료형을 취하면, 왕은 '들'(싸데)에 대해서[한정해서] 섬김을 받는 존재라는 의미이며, ni. 분사형을 취하면, 왕은 경작지에 대해서[만](레싸데 네에바드) 그렇다는, 즉 '땅의 유익을 얻는다'는 의미가 된다. '들'(싸데)[22]을 전반절의 '땅'(에레츠)과 구별하여 좀 더 명확한 의미를 생각해 본다면, 이것은 경작지의 개념과 가깝고, [왕의] 사유지 혹은 제도적 관리 하의 땅이라고 할 수 있다.

그에 반해 '땅'(에레츠)은 말 그대로 누구에게나 허용되는 자유로운 땅, 누구나 이용이 가능한 땅의 개념이라고 할 수 있다. 여기서 언급되는 '땅'(에레츠)은 직접적으로 뒤따르는 '밭/경작지'(싸데)와 견주어지고, 이어서 행정적으로 편성된 지역의 개념으로 이해할 수 있는 '지방'(메디나)과 대비된다.[23] 이 대비가 의미하는 것은 땅이 한편으로는 실제로 왕에게 귀속하지만, 왕의 실제 통치가 미치지 못하는 곳이며, 다른 한편으로는 모든 사람에게 허용되는 자유로운 영역이라는 사실이다. 왜냐하면 왕에게 속한 통치 영역인 '밭/경작지'과 '지방'은 각각 '남녀 노비'(2:7)와 관원들에 의해 섬김과 관리가 필요한 곳이며 그것이 없다면 막강한 권력을 가진 왕일지라도 자신이 통치하는 곳으로부터의 유익을 얻을 수 없기 때문이다. 그러므로 왕은 경작되는[섬김을 받는] 밭에 대해서[만] 유익을 얻을 뿐이다.

이 해석의 의미를 좀 더 명확하게 하기 위해 슈빈호르스트-쉔베르거의 해석을 참고할 필요가 있다. 그가 해석한 대로 8절을 나쁜 경제의 구조로 보고, 그리고 그가 제시한 두 가지의 해석 가능성 중 두 번째 해석에서 파악한 대화의 구조를 살펴보면 아래와 같다.[24]

8a절	*코헬렛의 관찰:*	
	빈민에 대한 학대	A
	정의와 공의 강탈	B
8b절	*왕정 시스템의 변호자의 대답:*	
	상급 기관을 통해 이루어지는 감시 시스템	B′
9절	»왕이 통치하는 나라«의 제도적 장점	A′

이 대화의 구조에서 눈에 띄는 것은 전도자의 관찰, 즉 경제적 수탈이 이루어지는 나쁜 경제 상황에 대한 관찰과 진술에 대해서 왕정 시스템에 속한 사람의 변호가 이루어진다는 것과 8절에서 그 제도의 장점이 언급된다는 것이다. 즉 적절한 감시의 시스템이 작동하므로 모든 사람에게 적절한 분배와 유익이 있을 것이라는 말이다.[25] 이런 뒤틀린 경제 구조 속에서도 '땅의 유익', 즉 땅으로부터 나오는 식량의 개념으로 이해할 수 있는 소산물, 즉 경제적 개념의 '유익'(이트론)은 모두에게 있다는 것이다. 하지만 이 구절이 이렇게만 끝나버리면, 그러면 이 나쁜 경제의 시스템에 대해서 수긍하라는 의미인가? 제도적 모순을 통해 빚어지는 불의에 대해서 전도자는 이런 억지 주장을 끝으로 종결되는 이 논의를 그대로 둔다는 말인가? 그렇다면 겉으로 보기에 전도

자가 '매우 소극적이고, 비겁한 것 아닌가?'라는 의구심을 떨쳐 버릴 수가 없다. 전도자의 적절한 판단과 처방은 도대체 어디에 있다는 말인가?

여기서 베른트 빌메스(Bernd Willmes)의 해석을 비판적으로 살펴볼 필요가 있다. 그는 9절을 "전체로서의 땅의 유익은 이것인데, 즉 왕이 경작되는 땅을 통치한다는 것이다"로 해석하며, 일관되게 왕에게 비판적 입장을 취한 전도자가 자신의 직무에 소홀한 관원들(8절)과는 달리 최종적 책임을 저버리지 않는 왕의 통치를 옹호한다고 해석한다. 이것은 슈빈호르스트-쉔베르거가 제시했던 위의 해석과도 궤(軌)를 같이한다. 그러나 이 해석은 오히려 빌메스 자신의 책 제목에 반하는 해석으로 보인다. 그의 책이 '아이러니적 지혜 비판'이라는 핵심어를 담고 있기에 더욱 그렇다. 아쉽게도 그는 여기서 전도자의 아이러니적 비판을 읽어 내지 못하는 것으로 보인다.[26]

김순영도 8절[한, 9절]을 왕과 권력자가 야웨 신앙을 수호하는 이스라엘 공동체에서 마땅히 행할 덕목과 연관하여 해석한다.[27] 그러나 김순영은 이스라엘의 역사 및 현실 속에서 그리고 여기 주인공 솔로몬의 왕으로서 삶 속에서 그의 영광스러운 지혜와 부의 축적이 가져다준 명성과 그 허구성을 염두에 두고, 현실에서 공평함이 드러나지 못하는 권력 문제와 그 아래 면면히 흐르는 진실에 시선을 고정한 전도자의 모습을 바르게 주목한다. 이것은 그녀의 말대로 "일찍이 빈곤과 억압을 불러오는 제왕적 권력과 관료제의 한계를 똑똑히 살피며 사회의 부조리를 고발한 것"이다.[28] 이것이 아이러니적 비판이 아니고 무엇이겠는가?

슈빈호르스트-쉔베르거가 9절을 이데올로기 비판으로 해석하는 것은 옳은 방향이다.[29] 즉 그 아래에서 학대당하는 빈민들의 삶에 대한 관찰과 그것을 개탄하는 전도자의 목소리가 반박되고(즉 '이상히 여기지 마라'), 또한 왕정하에서 고안된 감시 시스템을 들어 변증하고자 할 때, 전도자는 우선 이 주장을 비꼬는 목소리로 인용[30]하고 이후 9절을 가지고 신랄하게 비판한다. 그러므로 9절의 첫 단어인 접속사 '베'는 '그러나'로 해석하는 것이 마땅하다. 그러나 "유익은 왕에게 속한 땅에 유용하게 작용하지만, [즉 왕에게나 유익을 주지만, 그러나] 사람들에게는, 적어도 빈민들에게는 그렇지 않다"(Der Gewinn kommt dem Land zugute, das dem König gehört, nicht den Armen).[31] 즉 왕이 줄 수 있는 유익은 제한적이며, 그것은 선전일 뿐, 땅의 유익은 하나님으로부터 모두에게 주어져 있으므로, 나쁜 경제의 폐해와 선전에 속지 말 것을 강력히 비판한다고 볼 수 있다.[32] 안네테 쉘렌베르크(Annette Schellenberg)도 이 해석에 동조한다. 그녀는 이 본문 해석에 대해서 다음과 같이 말한다.

> 높은 사람을 지켜보는 더 높은 사람이 매번 있다는 전도자의 언급은 긍정적일 뿐만 아니라 부정적일 수도 있다. 곧 결국에는 정의가 지켜진다는 위로일 수 있지만, 전도자가 살던 시대의 통치 체계에 대한 비판일 수도 있다. 임금의 한계가 있는 권력에 대해 앞서 언급된 비판(4:13-16 참고)에 따르면, 두 번째 풀이가 더 가능성이 있어 보인다. 그렇다면 이 단락을 마무리하는 문장(5:9)은 반어적인 표현으로 이해될 수 있다.[33]

정리하면 9절에는 '땅의 유익'을 차별 없이 얻을 수 있는 모든 사람과 단지 '경작지'에 대해서만 권리를 주장하고, 노비들의 노동을 통해 획득되는 차원의 소득만을 받을 수 있는 제한적인 왕의 모습이 대비되고 있다. 경제적 수탈의 학대와 압제에 관해서 감시 시스템이 작동하므로 이상히 여기지 말라는 선행하는 구절에 대해서 전도자는 아이러니를 사용하여 오히려 더 강하게 비판하고 있다. 전도자는 당대에 옹호되는 경제 시스템에 대해서 날카로운 시각으로 신랄한 비판을 가할 뿐 아니라, 적절한 대안을 제시하고 있다고 보아야 한다. 그 대안은 아래의 전도서 5장 18절을 통해 더 자세히 논의될 수 있다.

IV. 전도서 5장 19절

　땅의 유익이 모든 사람에게 공평하게 있다는 것은 현대산업사회의 실제 소득과는 괴리가 있을 수 있다. 그러나 전도서를 통해서 확인하고자 하는 것은 그 기본 취지이다. 그리고 그 기본 취지는 전도서의 다른 여러 개념과 연결된다. 왕이라고 할지라도 인간이 땅에 대한 소유권 자체를 주장한다는 것이 얼마나 우스꽝스러운 주장인지가 무엇보다도 먼저 전도서 1장의 우주의 노래에서 드러나고 있다. '한 세대는 가고 한 세대는 오되 땅은 영원히 있다'(전 1:4)는 영원히 존재하는 땅을 짧은 한계 속에 있는 인간이 소유할 수 없음을 적나라하게 부정한다. 땅과 그 땅으로부터의 유익은 온전히 그것을 지으신 분에게 속하고, 그분이 그 땅의 유익으로 모든 사람을 살린다는 것을 명확히 한다. 또한 땅의 유익은 전도서의 '몫'(헬레크)의 개념과도 연결된다. 전도서의 '몫'(헬레크)은 관습과 법에 따라 생겨난 것이며, 사회적으로 규정된 개념으로, "하나님께로부터 삶에 정해진 것, [즉] 운명"과도 같은 것이다.[34] 이것을 경제적 시스템의 기초적 토대로 본다면, 인간이 살아가는 사회에 성립된 경제 제도가 뒤틀리기 이전 혹은 그것과 전혀 상관없이 모든 사람에게 주어진 것으로 서술되는 하나님의 분복(分福)과 그것에 대한 모든 사람의 만족과 기쁨은 오히려 이 뒤틀림 자체를 극복하는 유일한 요소로 작용할 수 있다.

토마스 크뤼거(Thomas Krüger)에 의하면, 전도서 5장 18-19절은 3장 10-22절 중 특히 12-13절에 언급된 '최고의 행복'(~보다 그들에게 더 좋은 것이 없음; 에인 토브 밤 키 임)이 무엇인가에 대한 규정 지음과 4/5장의 다양한 사회적 현상(특히 경제적인 면에서)에 대한 분석으로부터 하나의 사회정치적 프로그램을 발전시키기 시작한다. 그 프로그램은 부자뿐 아니라 가난한 자도 그들에게 허용된 부에 대한 몫을 요구할 권리를 갖는 것이다.[35] 크뤼거의 이 주장은 전도서 3장부터 5장을 수미상관적 구조로 묶어서 볼 안목을 제공한다. 특히 3장 12-13절과 5장 18-19절 사이에는 동일한 혹은 유사한 서술들(아래의 음영 처리된 부분)이 반복되며, 그 사이에는 3장 14b절과 5장 1절 이하에 각각 하나님 경외에 대한 진술이 자리 잡고 있다. 즉 이 구조하에서 보면, 사람의 경제적 활동의 핵심에 하나님 경외 사상이 있어야 한다. 빌메스는 5장 17-19절을 세 번째 신학적 본문으로서 첫 번째 신학적 본문인 3장 10-15절에 대한 확장된 설명으로 이해할 수 있다고 본다.[36] 그렇다면 3-5장에는 모두 세 개의 신학적 본문이 자리하고 있으며, 전도자가 우리 삶의 경제적 문제에 대한 논의의 토대를 신학적 진술에 두고 있다고 볼 수 있다.

[첫 번째 신학적 본문]

3:12 나는 알았다. 그들이 살아가는 동안 기뻐하고 좋은 일을 하는 것 외에 그들에게 더 좋은 것이 없다는 것을.

3:13 그리고 또한 모든 사람이 먹고 마시고 그가 수고하는 모든 일에서 좋은 것을 보는 것, 그것이 하나님의 선물이다.

3:14b 그리고 하나님은 그들이 그의 앞에서 경외하도록 하기 위해 [그렇게] 행하신다.

[두 번째 신학적 본문]
5:1-5:7 하나님 경외에 대한 명확한 진술

[세 번째 신학적 본문]
5:19aα 또한 모든 사람이 있다.[37] 하나님이 그에게 큰 부[38]를 주시고, 그에게 그것을 먹고 그의 몫을 챙기도록 허락하셨다.
5:19aβ 그리고 그가 하는 수고에서 스스로 기뻐하도록 [허락하셨다.]
5:19b] 그것이 [바로] 하나님의 선물이다.

이제 분석하는 전도서 5장 19절을 보기 전에 먼저 전도서 5장 10절 이하를 보면, 거기에는 결코 채울 수 없는 인간의 경제적 욕망과 그것을 채우고자 하는 활동의 불합리성 그리고 한계가 언급된다. 대표적인 그림은 은을 사랑하는 자가 은으로 만족하지 못하는 것과 풍요(하몬)[39]를 사랑하는 자가 소득(테부아)[40]으로 만족하지 못하는 것 그리고 재산이 증식됨에 따라 생기는 부수적인 문제들에 대한 지적이다. 게다가 소유주가 자신이 가진 재물로 인해 당하는 해와 재난으로 인해 모두 잃어버리게 되는 부의 문제 등이 추가로 언급되는 중에 인상적으로 부유하지 못한 노동자가 누리는 상대적인 마음의 평안을 언급하는 "운명의 아이러니"(Ironie des Schicksals)[41]의 맥락에서 모든 사람에게 주어지는 경제적 개념의 몫[42]이 논의된다.

19aα절은 세상에 존재하는 '모든 사람'에게 하나님이 주신 '큰 부'가 있음을 먼저 서술한다. 그 부는 사람의 소유에 초점이 있지 않고, 그가 그것을 누리는지 그렇지 않은지에 초점이 있다. 즉 하나님의 허락하신 큰 부와 그것으로 인한 행복은 전도자에게는 "소유의 모드가 아니라 현재적 경험의 모드"이다.[43] 그 큰 부로부터 사람은 먹는 것과 그의 몫을 챙기는 것과 그의 수고하는

일을 통해 기뻐할 것을 허락받는다. 그것은 '선하고 아름다운 것'(5:17; 토브 아쉐르-야페)이며, 3장 11절의 '때에 맞게 적절한 아름답게 만든 모든 것'(야콜 아싸 야페 베일토)이다.[44] 여기서 하나님으로부터 주어진 큰 부는 놀랍게도 전도서 2장 9절과 대비된다.[45] 그러므로 이것은 한 개인에게만 쌓인 재물이 아니라, 전혀 다른 성격의 것이다. 한편으로 어쩌면 모든 사람에게 공히 할당된 공동의 부, 공공의 재산이라고 할 수도 있다.[46] 다른 한편으로 하나님으로부터 시대별로 주어진 특정된 산업의 유익이라고도 할 수 있다. 그 공공의 재산으로부터 각각의 사람은 먹을 것을 받고 그의 몫을 챙길 권리가 있다. 왜냐하면 하나님이 그렇게 만들었기 때문이다. 이것은 인간이 헤칠 수 없는 천부적 권리이다. 그것이 전도자가 말하는 모든 사람에게 주어진 경제적 행복의 가능성이다. 전도자가 말하는 그런 시스템이 우리 사회에 작동한다면 사람은 각자에게 분담된 노동의 자리에서 즐겁게 일을 할 수 있다. 이것이 전도서가 제시하는 행복한 인간의 삶이다.

V. 나가는 말

전도서를 통해 기본소득에 대한 논의를 이루기 위해 우선 고찰하였던 전도서의 경제 개념에 대한 연구는 앞으로 더 많은 진전을 이루어야 한다. 특히 이 논문에서 미처 다루지 못한 왕의 트라베스티의 경제학적 관점에서의 분석은 이후의 연구로 미루어야 한다. 또한 이 연구가 직접적으로 다룬 5장의 두 본문 외에도 이 두 본문이 속한 더 큰 틀인 3-6장에 대해서도 좀 더 심도 있는 연구가 필요하다. 전도서 5장 9절은 명백히 왕과 그 왕의 통치 아래에 있는 경제 시스템과 그 시스템하에서의 빈민에 대한 학대를 신랄하게 비판한다. 전도자의 비판의 핵심은 확실히 아이러니의 사용을 통해 이루어진다. 겉으로 드러나는 모호함으로 인해 도대체 무엇을 의미하고자 하는지 모르지만, 좀 더 세밀한 분석을 통해 가까이 들여다보면 그것이 무엇을 말하고자 하는지가 확연히 드러난다. 땅에서 나는 유익은 마치 오늘날의 기본소득을 지칭하는 것으로 볼 수 있다. 즉 누구에게나 공평하게, 필요한 만큼 얻어지는 소득이며, 어떤 경제적 관리 없이도 없을 수 있는 소득이다. 물론 오늘날 기본소득의 도입은 다양한 문제 해결을 위해 더 세밀한 관리와 통제가 권력으로부터 나와야 한다는 차이점이 있다. 하지만 오늘날 우리가 논하고 있는 기본소득의 기본 취지는 동일하다. 왜냐하면 오늘날의 기본소득도 땅에 대한 공평한 향유권을 기본 토대로 하고 있기 때문이다.

전도서 5장 19절은 땅의 유익에 대한 활용권이 재물의 형태로 좀 더 구체화한 진술이다. 하나님이 어떤 사람에게든지 허락한 재물과 부요, 즉 '큰 부'는 인간 행복의 필수 조건이다. 이것은 인간의 소유와 확보로 가능한 것이 아니라, 하나님의 사용 승인으로만 가능하다. 즉 인간의 한계 밖에 있는 조건이다. 그러나 이 조건에서만 인간은 행복을 누릴 수 있을뿐더러 수고함 가운데 즐거워할 수 있다. 오늘날 경제적 불평등과 빈부 격차가 갈수록 커지는 상황에서 인간의 행복이란 소수에게만 제한된 이상이 되어 버렸다. 그러나 전도서가 제시하는 이상은 이것이 하나님의 허락으로 모두에게 다시 가능하다는 것이다. 어떻게 가능하겠는가? 그것은 무조건 주어지는 소득, 즉 기본소득을 통해 가능하다. 기본소득이 아무런 일도 하지 않는 사람에게 무조건 주는 소득은 아니라는 것을 우리는 잘 알고 있다. 그러나 기본적인 일과 그 일을 추구하는 데 필수적인 소득과 삶의 보장이 필요하다. 그것이 개인에게 허용된 큰 부가 아니라, 모든 사람에게 허용된 기본적 삶의 보장이라고 할 수 있다.

2022년에 새로운 정권이 들어서면서 기본소득에 관한 학계 논의들이 잠시 소강상태에 있는 것으로 보인다. 그러나 한편으로는 당연히 그러려니 했던 바에 비해, 삶에 직결된 중요한 기본소득에 대해서 신학이 활발히 논의에 참여하고 있음을 확인한 것은 매우 기쁜 일이다. 구약학 분야에서 비록 충분치는 않으나, 기본소득에 대한 연구가 착실히 진행되고 있음도 확인할 수 있었다. 특히 논의가 전혀 있지도 않았던 전도서에서 기본소득에 대한 논의를 끌어냈다는 것도 기쁜 일이다. 비록 이 논의가 아직은 매우 모호한 단계에 있으며 이제 연구의 첫걸음을 떼는 수준이지만, 앞으로 더욱 활발한 논의가 이루어져서 깊은 연구 없이 기본소득과 관련된 주장이 신학이라는 이름으로 주장되지 않도록 해야 할 것이다. 앞으로 실제적인 삶의 문제에 대한 구약학의 참여가 더욱 활발해지길 기대한다. 특히 경제적인 부분에 대한 연구 중에서도 기본소득에 대한 연구가 구약학 분야에서 더욱 활발해지길 기대한다.

[미주]

* 이 글은 구약논단 제87집(2023년 3월)에 실렸던 논문을 대중적 읽기를 위해 약간 수정한 것임을 밝혀 둠.

1 권정임, "기본소득과 젠더 정의: 젠더 정의를 위한 사회재생산모형," 「마르크스주의 연구」 제10권 4호 (2013년), 106, 각주 1).

2 파레이스와 판데르보호트는 이것을 "재산 조사나 근로 의무 같은 조건 없이 모두에게, 개인 단위로, 정기적으로 지급되는 현금 소득"으로 정의한다. 필리프 판 파레이스 · 야니크 판데르보호트/홍기빈 옮김, 『21세기 기본소득: 자유로운 사회, 합리적인 경제를 향한 거대한 전환』(서울: 흐름출판, 2018), 14. 원제는 Philippe Van Parijs/Yannick Vanderborght, *Basic Income: A Radical Proposal for a Free Society and a Sane Economy* (Cambridge: Harvard University Press, 2017).

3 테오 준더마이어는 현실의 여러 문제에 대해서 신학이 사실상 아무런 영향을 미치지 못하는 것에 대해서 다음과 같이 말했다. "경제와 정치에서 우리는 기본적으로 국민과 국가의 상호의존성을 경험하고 있다. 휘발유 주유기에 표기된 가격이 매주 변동되고 러시아 어느 산업 도시에서 발생하는 ≫인간의 실수≪가 독일연방공화국 수백만 사람의 생활 습관에 몇 달 동안이나 영향을 미치지만, 그러나 신학은 이런 상황으로부터 도출되어야 할 꼭 필요한 결론을 거의 이끌어내지 못한다." Theo Sundermeier, "Konvivenz als Grundstruktur ökumenischer Existenz heute," in Wolfgang Huber/ Dietrich Ritschl/Theo Sundermeier, *Ökumenische Existenz heute*, Bd. 1 (München: Chr. Kaiser, 1986), 49. 준더마이어의 염려와 달리 한국 사회 내에서는 기본소득에 대한 신학적 논의가 활발하게 전개되고 있음이 반갑다. 아직 더 많은 연구가 있어야겠으나, 지금까지 진행된 연구를 다음에서 참고하라. 강원돈, "기본소득 구상의 기독교윤리적 평가," 「神學思想」 제150집(2010년 가을), 177-215; 김학철, "한 데나리온의 애환(哀歡): 기본소득과 경제인권의 성서적 근거," 「기독교사상」 제690집(2016년 6월), 56-65; 김성호, "탈노동 시대의 기독교 사회복지 실천: 근로연계복지정책의 대안으로서의 기본소득 개념을 중심으로," 「ACTS 신학저널」 제36집(2018년), 437-466; 오단이 · 서봉근, "종교개혁의 관점에서 바라본 기본소득의 의미와 적용," 기독교사회윤리 제40집(2018년), 121-145; 정미현, "노동의 재분배에 대한 여성신학적 고찰: 기본소득 논의와 관련하여," 「기독교사회윤리」 제42집(2018년), 241-264; 정용한, "기본소득 논의를 위한 성서적 제안: 공관복음서의 희년과 하나님 나라 운동을 중심으로," 「신학논단」 제95집(2019년 3월), 251-279; 최성훈, "기본소득에 대한 신학적 분석: 인간존중의 가치 실현을 위한 방법론적 의의," 「장신논단」 제52권 3호(2020년 9월), 141-165; 정용택, "보편적 기본소득의 바울신학적 정당화: 참여소득 이론을 중심으로," 「신학논단」 제109집(2022년 9월), 175-220; 정미현 외, 『한국교회, 기본소득을 말하다: 기본소득에 관한 신학과 사회과학의 대화』(서울: 새물결플러스, 2022) 등.

4 서명수는 "구약학은 신학의 큰 테두리 안에 있고, 신학은 불가피하게 당대 문제에 어떤 형태로든 반응하고 대답해야 할 의무가 있기에 구약학 역시 이 점을 간과하거나 초월해서는 안 될 것이다."라고 하였다. 서명수, "뉴 노멀 시대에 구약학이 지향해야 할 방향에 대한 고찰," 「구약논단」 제85집(2022년 9월), 357-358. 강성열 또한 구약학자로서 코로나19로 인해 경제적 고통이 심화된 것을 해결할 방안을

한국 교회와 신학자 모두가 같이 고민해야 함을 피력하였다. 강성열, "코로나 위기 시대와 구약신학의 과제," 「구약논단」 제82집(2021년 12월), 234. 김순영도 무엇보다 생태 재난으로 비롯된 전 지구적 차원의 경제적 불평등 해소의 길을 잠언을 통해 탐구하고 있다. 김순영, "불평등 사회의 생태적 전환을 위한 잠언의 지혜," 「구약논단」 제81집(2021년 9월), 209-210.

5 권정임, "기본소득과 젠더 정의: 젠더 정의를 위한 사회재생산모형," 109.

6 이것은 특히 공동체에 적대적인 악의의 의미를 지닌다. Wilhelm Gesenius, *Hebräisches und Aramäisches Handwörterbuch über das Alte Testament*. 18. Auflage (Berlin/Heidelberg: Springer, 2013) (이하 Gesenius18로 표기함), 152 참고.

7 구약과 관련한 기본소득 연구는 주제 면에서 볼 때, 주로 구약의 토지제도와 희년을 중심으로 진행되나, 그 외에도 다양한 주제가 기본소득과 연관하여 연구되고 있다. 이에 관해 다음의 논문을 참고하라. 이영재, "오경에 나타난 레위인의 기본소득," 「기독교사상」 제690집(2016년), 66-77; 김상기, "[성서의 눈으로 보는 세상살이 10] 기본소득: 어두운 미래를 밝게 만들기 위해," 「기독교사상」 제699집(2017년 3월), 122-133; 조혜신, "희년법 원리의 제도적 구현 가능성에 관한 小考: 기본소득 제도를 중심으로," 「신앙과 학문」 제23권 3호(2018년), 263-294; 김회권, "기본소득론의 두 토대: 자연법과 구약성경," 「神學思想」 제195집(2021년 겨울), 65-108.

8 김회권, 윗글, 82-87, 89, 92를 참고하라.

9 Elisabeth Birnbaum/Ludger Schwienhorst-Schönberger, *Das Buch Kohelet* (NSK.AT 14/2; Stuttgart: Verlag Katholisches Bibelwerk, 2012), 49 참조. 볼드체 강조는 임의로 추가되었음.

10 왕의 트라베스티를 경제적 측면에서 분석하는 것은 추후 진행되어야 할 필요한 연구 과제로 남겨둔다.

11 슈빈호르스트-쉔베르거에 의하면, '동산'은 사람의 식량 공급을 위한 식물, 채소와 과실수를 위한 것으로 그리고 '과원'은 그와는 반대로 다양한 외래의 희귀한 나무들이 심긴 왕의 정원으로 이해할 수 있다. Ludger Schwienhorst-Schönberger, *Kohelet* (HThKAT; Freiburg/Basel/Wien: Herder, 2004), 210.

12 4-8절을 한 단위로 보고 단락 구분을 하는 것에 관해서 Thomas Krüger, *Kohelet (Prediger)* (BK XIX, Sonderband; Neukirchen-Vluyn: Nerkirchener Verlag, 2000), 138을 참조하라.

13 Schwienhorst-Schönberger, *Kohelet*, 210.

14 Birnbaum/Schwienhorst-Schönberger, *Das Buch Kohelet*, 78.

15 이에 관해, Diethelm Michel, *Qohelet* (EdF 258; Darmstadt: WBG, 1988), 91을 참고하라. 그는 프랑크 크뤼제만(Frank Crüsemann)에 동의하며, 1:3의 '유익'에 대한 질문은 전도자의 사상 안에서 전형적인 "계산적인 기본 태도"을 확인해 주는 것이며, 유다의 귀족 계층에 유입된 것으로 순전히 경제적 유익과 수익성을 추구하는 프톨레마이오스 왕조의 통상 행위가 이 사상과 연관성이 있음을 부인하지 않는다.

16 2:26; 4:8; 5:10-12, 13-14; 6:2 등.

17 Schwienhorst-Schönberger, Kohelet, 288.

18 Michel, Qohelet, 144와 Schwienhorst-Schönberger, 윗글, 320-321의 두 가지로 제시된 해석의 가

능성을 참고하라.

19 개인적으로 여기에 속한다고 판단하는 구절로 1:15, 6:10 등을 들 수 있다.

20 Birnbaum/Schwienhorst-Schönberger, *Das Buch Kohelet*, 50. 또한 Rainer Braun, *Kohelet und die frühhellenistische Popularphilogophie* (BZAW 130; Berlin/New York: Walter de Gruyter, 1973), 47을 참고하라.

21 Gesenius 18, 516 참고.

22 '이르'(성읍)에 딸려있는 개념.

23 구자용, "'힌네, 디메아트 하아슈킴!'(전 4:1b): 사회 정의와 인권에서의 차별에 대한 전도서의 교훈," 「미션 네트워크」 제7집(2019년), 131, 각주 8) 또는 구자용, "8장. "보라, 압제당하는 자들의 눈물을!"(전 4:1b): 사회 정의와 인권에서의 차별에 대한 전도서의 교훈," 비블로스성경인문학연구소, 『혐오를 부르는 이름, 차별: 차별에 대한 인문학적·성서학적 비판』(고양: 한국학술정보, 2020), 168, 175의 각주 201) 참고하라.

24 Schwienhorst-Schönberger, *Kohelet*, 322.

25 대부분의 학자들이 이 관점을 옹호한다. Michel, *Qohelet*, 91; George A. Barton, *The Book of Ecclesiastes* (ICC; Edinburgh: T. & T. Clark, 1971), 127; Helmer Ringgren und Walther Zimmerli, *Sprüche/Prediger* (ATD 16/1; Göttingen: Vandenhoeck & Ruprecht, 1962), 191; Aarre Lauha, *Kohelet* (BK XIX; Neukirchen-Vluyn: Neukirchener Verlag, 1978), 104-105를 참고하라. 라우하는 그러나 곧바로 이런 단순한 해석이 문맥에 맞지 않음을 인정한다.

26 Bernd Willmes, *Menschliches Schicksal und ironische Weisheitskritik im Koheletbuch: Kohelets Ironie und die Grenzen der Exegese* (BThSt 39; Neukirchen-Vluyn: Neukirchener, 2000), 154-155.

27 김순영, 『일상의 신학, 전도서: 지금, 여기, 행복한 일상을 위한 코헬렛의 지혜 탐구』(서울: 새물결플러스, 2019), 166.

28 윗글, 167-168.

29 그것도 프톨레마이오스 왕조의 이데올로기에 대한 비판으로 본다. Schwienhorst-Schönberger, *Kohelet*, 323-324.

30 비른바움/슈빈호르스트-쉔베르거는 전도자가 이것을 아이러니적 어조로(mit einem ironischen Unterton) 인용하는 것이라고 한다. Birnbaum/Schwienhorst-Schönberger, *Das Buch Kohelet*, 140.

31 Schwienhorst-Schönberger, 윗글, 324 그리고 Birnbaum/Schwienhorst-Schönberger, 윗글, 140을 참고하라.

32 로핑크(Norbert Lohfink)도 이 본문을 3:16-22 그리고 4:1-6과 관련하여 사회비판적 부분으로 해석한다. 이에 관해, Norbert Lohfink, *Kohelet* (NEB; Würzburg: Echter Verlag, 1980), 41-42를 참고하라.

33 대한성서공회, 『취리히성경해설 성경전서 개역개정판』(서울: 대한성서공회, 2021), 986. 원제는 Evangelisch-Reformierte Landeskirche des Kantons Zürich, *Erklärt: Der Kommentar zur Zürcher Bibel* (Zürich: Theologischer Verlag, 2010).

34 M. Tsevat, "ḥālaq II," ThWAT II, 1015-1016.

35 Krüger, *Kohelet* (Prediger), 232.

36 Willmes, *Menschliches Schicksal und ironische Weisheitskritik im Koheletbuch*, 156, 각주 133을 참고하라.

37 여기서 '갂'의 역할은 앞에 서술된 종류의 사람과 구별하는, 즉 그와는 다른 이런 종류의 사람이 '또 한편에서는' 존재함을 말하고자 하는 표현으로 해석할 수 있다.

38 동의어인 '오쉐르 우네카심'을 '재물과 부' 혹은 '부와 부'로 번역하지 않고, 함께 묶어서 '큰 부'로 번 역함.

39 '하몬'은 '풍부', '재산의 많음'을 의미함. Gesenius18, 281 참고

40 '테부아'는 소득, 즉 '거둠으로 얻은 소득'으로 '땅의 소득'으로도 볼 수 있다. 그러므로 9a절의 표현 을 화폐경제와 물물교환 경제 시스템을 표현하는 것으로 이해할 수 있다. 이에 관해, Schwienhorst-Schönberger, *Kohelet*, 327을 참고하라.

41 Willmes, *Menschliches Schicksal und ironische Weisheitskritik im Koheletbuch*, 158.

42 몫은 이미 18절에 언급되지만, 그것의 경제적 개념은 19절에 언급되고 있다.

43 Birnbaum/Schwienhorst-Schönberger, *Das Buch Kohelet*, 149.

44 빌메스의 관점을 참고하라. Willmes, *Menschliches Schicksal und ironische Weisheitskritik im Koheletbuch*, 160.

45 이 관점에 관해서는 Barton, *The Book of Ecclesiastes*, 128을 참고하라.

46 필자가 사용한 이 개념은 경제학에서 말하는 사유 재산의 반대 개념으로서의 공유 재산을 말하는 것 은 아니다. 마치 자연법에서 말하는 각 사람이 행복할 권리를 갖고, 그 행복을 위해 소유해야만 하는, 즉 필요한 만큼의 재산 개념이라고 할 수 있겠다.

제4장

기본소득 논의를 위한 첫걸음, 교회 헌법은 젠더 평등한가?

강호숙

I. 들어가는 말

오늘날은 4차 산업혁명에 따른 노동 불안정과 실업, 신자유주의로 인한 불평등 심화, 여기에다 기후 위기 인식으로 공유부 원리에 기초한 '탄소세' 법제화 문제가 더해지면서, 인간 생존에 필요한 최소한의 소득을 조건 없이 보장해야 한다는 '기본소득' 이슈가 세계적인 관심을 불러일으키고 있다. 특히, 기본소득을 둘러싼 다양한 학문연구 가운데, 여성 혹은 성별 분업에 미치는 영향과 관련한 연구가 가장 두드러진다고 할 수 있다.

대표적인 학자 줄리에타 엘가르테(Julieta Elgarte)와 알마즈 젤레케(Almaz Zelleke)는 기본소득 제도에서 몇 가지 보완책이 마련된다면 다른 어떤 제도보다도 성별 분업의 완화와 성평등 증진에 이바지하리라 보고 있다.[1] 기본소득의 대가로 알려진 필리프 판 파레이스(Philippe Van Parijs)도 젠더 평등의 중요성을 언급하는 가운데, 기본소득이 모든 남성과 여성이 자신의 삶과 직업에 쉽게 접근할 수 있는 필수 도구라고 밝혔다.[2] 아울러 한국 네트워크 운영위원인 한신대 권정임은 가정과 사회에서 젠더 차별적 노동 분업을 해체하며 젠더 정의[3]를 실현하는 제도적 조건으로서 기본소득을 강조하였다.[4] 이외에도 여성 신학자 정미현은 판 파레이스가 정의한 기본소득의 '*개인적*', '*보편적*', '*아무 의무도 부과되지 않는*' 이 세 가지 의미를 개혁주의 원리와 여성주의 시각으로 해석하였다. 그녀는 기본소득의 도입은 첫째, 경제 불평등 해소에 도움이 되며 둘째, 돌봄노동, 가사노동 등 무임금/저임금 노동의 가치 인정과 노동 문화를 개선하며 셋째, 노동 시간의 유연화를 통해 여성의 은사에 따른 선택적 사회 참여 확대와 효율성이라는 긍정적 효과가 있음을 전망하였다.[5]

그렇다면 기본소득 담론과 제도, 그리고 입법 정책을 펼칠 수 있는 이념적 기초와 토대는 무엇일까? 그것은 대한민국 헌법에서 남성이든, 여성이든 '인간답게 살아갈 권리'인 생존권과 인권, 평등과 자유, 정의와 민주적 질서라는 요소와 원리들이 명시되어 있어야 한다는 것이다. 특히 제11조 1항을 보면, "모든 국민은 법 앞에 평등하다. 누구든지 성별, 종교 또는 사회적 신분에 의하여 정치적, 경제적, 사회적, 문화적 생활의 모든 영역에 있어서 차별을 받지 아니한다"[6] 하여 '법 앞에서의 평등'을 다루고 있다. 이춘희는 우리 헌법상 민주적 기본질서는 헌정의 민주주의 체제로서 자유와 평등, 공공복리(복지)를 그 핵심 이념으로 하고 있는 바, 기본소득은 자유와 평등의 밑바탕이 될 인간의 기본적인 생존을 위한 조건이라는 측면에서 민주적 기본질서를 적극적으로 보장하며 공고히 하는 제도라고 피력하였다.[7] 이처럼 대한민국 헌법의 평등 조항은 기본소득 제도 마련을 위한 규범적 해석과 실제적 토대가 되고 있다. 필자는 이 글에서 헌법의 평등 요소 가운데 특히 '젠더 평등'에 주목해보려 한다. 이는 십계명과 그리스도 복음의 강령이 남녀 모두 하나님의 형상을 입은 존엄한 존재로서의 평등성, 하나님 나라 공동체 일원으로서의 유기체, 그리고 상호호혜적 실천윤리를 제시하고 있는 바, 교회 헌법은 성경의 정신에 기초한 상위법으로서 교회 구성원 모두를 위한 젠더 평등한 법체계와 토대가 갖춰질 때, 기본소득을 논의할 수 있기 때문이다.

그런데 문제는 남녀 모두 하나님의 형상을 입은 존재라는 기독교 교리와 '만인사제설'의 종교개혁의 '직분 평등'과 인간성 회복의 정신을 계승한다는 작금의 복음주의[8] 내 교회 헌법은 전혀 젠더 평등하지 않다는 데 있다. 실례로, 남성은 '항존직', 여성은 '임시직'으로 구분된 젠더 불평등적인 교회법 규정 때문에, 여성 사역자를 위한 기본소득 담론과 제도를 펼칠 수 있는 인권적 토대나 근로권을 전혀 찾을 수 없다는 것이다. 또, 현재 복음주의에 속한 교단 헌법(합동, 통합, 고신)에서는 성범죄 목사를 징계하는 조항이 없는 데다가,[9] 법을 잘 모르는 비전문가 남성 목회자들에 의한 인맥 중심의 '밀실 재판'과 2차, 3차 언어 폭행이 이뤄지면서,[10] 성폭력과 젠더 불공정이 횡행하고 있다.

이에 필자는 여성의 인권과 성 인지 감수성, 그리고 민주적 질서와 남녀동등 직분에 따른 근로 권리가 보장되지 않는 젠더 불평등한 교회 헌법으론 여성 사역자를 위한 기본소득 담론과 입법 정책을 마련할 수 없다는 비판적 입장을 가진다. 아울러 기본소득 논의의 첫걸음으로써 작금의 젠더 불평등한 교회 헌법을 여성의 주체적 입장과 경험을 반영한 '성경적 페미니즘 관점'으로 살피려는 목적을 가진다. 우선 성경적 페미니즘 관점을 "복음주의 안에서 여성이 주체성과 대표성을 갖고서 '성경과 젠더', '교회와 젠더', '교회법과 젠더'라는 세 가지 틀로써 교회 헌법을 해석하려는 여성주의적 관점"으로서 정의를 내리려 한다.[11] 성경적 페미니즘 관점에서 취하는 '성경과 젠더', '교회와 젠더', '교회법과 젠더'라는 세 가지 인식적 틀을 가지고, 대한예수교장로회 합동총회와 통합총회, 고신교단이 발행한 세 권의『교회 헌법』을 중심으로 가부장적 성서해석으로 연유된 신앙고백과 교회 직분(교회 정치와 의사 결정권), 권징 조례 가운데 일부 내용을 재고해보려 한다. 또한, 기독교 반성폭력센터가 내놓은 '한국교회 성 인지 감수성' 실태조사[12]를 참고하면서 법원의 성추행 판결과 장로교단의 성추행 처리를 비교해보고, 여성 사역자의 인권, 노동권, 행복추구권(자아실현)을 위한 교회 헌법에 대해 살핀 후, 젠더 평등한 교회법 개정과 기본소득을 위한 몇 가지 실무 대안을 마련해볼 것이다.

II. 젠더 불평등한 교회 헌법개정의 역사와 문제점

1. 젠더 불평등한 교회 헌법개정의 역사

법은 사회구성원의 권리와 의무의 행동 기준을 정해 놓은 규율이자 사회질서로서 시대마다, 국가의 정책과 사회문화의 요구에 따라 개정되어왔다. 젠더 법학자 프랜시스 올슨(Frances E. Olsen)에 따르면, 법이란 인간 활동의 한 가지 형식이며 사람들에 의해 계속되는 실천으로서 개별적이고 문맥적 이상으로 추상적이고 원리 원칙적이지 않으며, 정치와 논리, 기타 인간 활동과 분리될 수 없는 인간사회 그물코의 불가결한 일부이다.[13] 그런데 예장합동과 통합, 고신교단 교회 헌법 연구의 주체와 범위, 그리고 방법론 모두 남성 신학자나 남성 목회자의 경험과 필요에 따라 헌법개정이 이루어짐에 따라 여성의 관점이나 젠더 평등적 요소를 찾아보기 어렵다.

　대한예수교장로회 합동 교단 교회법의 역사를 보자면, 1907년 9월 17일 평양 장대현 교회당에서 조직된 한국장로교회 제1회 노회(독노회) 시, 신경과 규칙을 정식 채용한 것이 최초의 헌장이었다. 1912년 9월 1일 평양 '여자 성경학원'에서 대한 예수교 장로회 총회가 조직된 후, 1917년 서울 승동교회에서 소집된 제6회 총회에서는 웨스트민스터 헌법 책을 번역하여 출판하였다. 그 후 몇 차례 정치와 예배 모범 일부를 수정하였고, 2017년 정치 및 권징 조례에 대한 개정안, 그리고 어린이 세례 관련 내용을 논의한 후에 현재 개정판에 이르게 되었다.[14] 또, 통합교단의 교회법 역사를 보면, 1907년 평양 장대현 교회당에서 시작된 최초의 헌장을 필두로, 1921년 제10회 총회에서 신경, 소요리, 정치, 권징, 예배 등 '조선장로회 헌법'을 채택하였다. 그 후에도 정치 일부와 권징의 전면 개정, 직분의 자격과 재판의 원칙, 책벌의 원칙, 상고 재판국의 파기환송의 원칙, 웨스트민스터 신앙고백의 전면 개정, 그리고 정치 부분에서 목사 청빙과 연임 청원 등의 헌법개정을 거듭한 끝에, 현 개정판에 이르게 되었다.[15] 복음주의 내 교회 헌법에 관한 연구도 남성 목회자의 관점과 입장에 따라 개정되었고 교단총회 임원 선출 방법, 교회 정치, 직분 사용 설명서와 같이 남성 항존 직분 중심의 연구가 대부분이다. 대표적으로 보수주의 신학자 고 박윤선 박사의 "교회와 그 헌법"이라는 논문에서는 교회법을 예수님의 왕권에 근거를 두면서 목사의 위치와 총회의 위치, 그리고 직분들의 권한을 제도화하는 일을 명확히 해야 할 것을 주장하고 있다.[16]

　하지만 근대헌법 형성에 사상적 일조를 했던 기독교의 자유, 평등, 인권 존중 사상은 하나님의 속성으로부터 온 가치로서 종교의 자유는 교회가 국가와 투쟁하여 얻어낸 기본권이었다.[17] 또한, 대한예수교장로회 합동총회 정치

총론에 의하면, 장로회 정치는 교인들이 장로를 선택하여 당회를 조직하고 그 당회로 치리권을 행사하게 하는 주권이 교인들에게 있는 민주적 정치이다. 따라서 교회 헌법은 목사의 권한과 지위에 몰두하기보다는 교회의 남녀 구성원의 자유와 평등, 그리고 민주적 질서에 더 관심을 가져야 한다. 이성배는 교회법 개정이 교회 남녀 구성원의 일치를 깨는 갈등 해소 방법을 도출해야 하며, 장래의 발전을 저해하는 유혹에 항거해야 하고, 교회법이 상황의 변화와 다원성이라는 현대 상황의 요구에 맞게 조정되는지 피드백이 필요하며, 교회 구성원의 갈등 해소와 신앙 성숙을 꾀하는 데 주력해야 한다고 주장하였다.[18]

2. 복음주의 내 교회 헌법의 문제점

루터파 로웰 C. 그린(Lowell C. Green)은 교회법과 관련하여 성서 해석자의 폭정과 '오직 성경'의 단순한 적용이 신앙고백의 권위를 파괴할 수 있다고 지적한 바 있다.[19] 교회 헌법에서 다루는 신조와 신앙고백, 교회 직분과 교회 정치, 그리고 권징 조례의 근간은 성경해석에 있는데, 지금까지 종교개혁자들이 외친 '오직 성경'은 남성의 성경 읽기로 천착하면서 남성적 권위를 합리적, 객관적 진리로 여기는 결과를 초래하게 된 것이다. 하지만 십계명과 신명기법, 그리고 그리스도의 복음이 과거 이스라엘 시대와 유대 사회에 주어졌다 해도, 현대사회의 눈높이에 맞는 인권 수행과 젠더 평등을 위한 교회 헌법이 되려면 남녀 구성원의 요구와 합의에 따라 개정되어야 할 필요가 있다.

그런데 작금의 교회 헌법에서 다루는 신조와 신앙고백, 교회 직분과 교회 정치, 그리고 권징 조례를 보면, 남성 목회자 관점과 입장만 반영해오다 보니

시대착오적이며 젠더 불평등한 요소가 두드러진다. 필자가 보는 세 교단 헌법의 문제점은 다음과 같다. 첫째, 세 교단의 교회 헌법 모두 1912년 9월 1일 평양 '여자 성경학원'에서 '대한 예수교 장로회 총회'가 조직되어 작성되었음에도[20] 여자의 성서해석을 배제한 채, 남자의 성서해석에 의한 교회법으로 유지해왔다는 점이다. 둘째, 한국장로교회는 웨스트민스터 신앙고백을 교리의 표준으로 삼고 있는데, 17세기 당시 정교분리에 몰두했던 시대 상황으로부터 나온 신앙고백을 그대로 옮겨 놓은 채,[21] 개인의식과 양심의 자유, 인권과 평등, 그리고 교회의 사회적 책임과 공공윤리보다는 여전히 국가에 대한 교회의 자유와 권리만 강조하는 전근대적인 특징을 벗어나지 못한다는 점이다. 셋째, 문자적 성서해석으로 남녀의 직분 위계에 따른 젠더 차별적 노동 분업, 진리와 문화의 혼동, 그리고 성(聖) 속(俗)의 이분법 속에서 교회법의 젠더 공정성과 젠더 현실성을 찾아보기 어렵다는 점이다.

III. 교회 헌법 재고: 신조, 교회 직분, 권징 조례

1. 성경적 페미니즘 관점의 세 가지 인식적 틀이란?

이 글은 성경적 페미니즘 관점을 '성경과 젠더', '교회와 젠더', '교회법과 젠더'라는 세 가지 인식적 틀로서 취하려 한다. 첫 번째 인식적 틀인 '성경과 젠더'는 여성주의적 성서해석에 따른 젠더 평등한 교회법 적용에 관심을 가지는 관점이다. 낸시 퍼치스-크라이머(Nancy Fuchs-Kreimer)는 성경은 모든 삶이 전체에 속하며 거룩함을 요구하고 있기에, 당대에 통용되는 페미니즘과 젠더의 현실성을 간과하는 [해석]을 할 때, 삶의 괴리현상이 일어날 수 있음을 우려하였다.[22] 사사기 19-21장에 대한 '이스라엘 왕의 부재'라는 가부장적 권위에 초점을 둔 성서해석이 이를 보여준다고 하겠다. 이는 가부장적 해석은 본문에서 자세히 기술하고 있는 성폭력과 강제 혼인, 여성의 성적 대상화, 윤간, 토막살인과 같은 테러적인 젠더 폭력 문제들을 덮음으로써 여성의 인권과 젠더 정의를 놓쳐버렸기 때문이다.[23] 따라서 성경 속에서 페미니즘적 가치와 젠더 요소를 발견하여 기존의 가부장적 성서해석을 재해석해야 신조와 교리, 신앙고백을 포함한 교회법 개정을 통해 여성의 인권과 젠더 정의, 젠더 권력에 의한 성폭력 문제와 젠더 이슈 쟁점과 노동권, 그리고 '교단 내 성폭력 특별 방지법'이라는 시행령 적용까지 나아갈 수 있다.

두 번째 인식적 틀인 '교회와 젠더'는 남녀의 동등 대표직과 교회 헌법개정 권한, 그리고 법의 권위와 젠더 수행성의 유사성에 관심을 가지는 관점이다. 현재 복음주의 내 교회 헌법은 대부분 남성에게 대표직과 의사 결정권, 그리고 교회 헌법개정 권한을 주어, 성별에 의한 공(公)과 사(私)의 분리와 성역할 분업을 교리처럼 여기고 있다. 여기서 법의 권위와 젠더 수행성의 유사성에 주목한 주디스 버틀러(Judith Butler)의 견해에 주목하게 된다. 그녀에 따르면, 법의 힘은 법 자체로부터 나오는 게 아니라 법이 권위 있다고 믿는 사람들의 신념과 행동에서 나오는 것과 마찬가지로, 젠더에 대한 신념과 반복적인 젠더 수행성은 제도 권력의 역학 관계에서 이뤄진다는 것이다.[24]

이는 기독교 반성폭력센터(이하 '기반센')가 발표한 2021년, '한국교회 성 인지 감수성' 설문조사 결과에서도 드러난다. '여성과 남성이 맡아야 할 일은 어느 정도 구분하는 게 좋다'(성역할 분업)라는 질문에 대해, 교인 60.2%, 목회자 67.2%가 동의하고 있으며, 그 이유는 '남녀의 신체적 차이'라고 답했다. 또한, 출석하는 교회가 '양성 평등하냐'는 문항에서 교인 70-80%가 '그렇다'라고 답했으며, 담임 목사 군에서도 만족하는 것으로 조사되었다.[25] 이처럼 제도적 권위를 갖는 남성 목사들의 젠더에 대한 신념은 교회법의 권위로 작동하여 교인들의 반복적인 젠더 수행성에 막대한 영향을 미치므로, 동등 대표직에 따른 교회 헌법개정 권한은 남녀 모두에게 주어져야 할 것이다.

세 번째 인식적 틀인 '교회법과 젠더'는 젠더 법학에서 활용하는 여성 보호와 모성보호 및 돌봄노동, 성 주류화와 성 인지 감수성 정책에 관심을 가지는 관점이다. 현재 「헌법」은 모성보호를 법의 목적 중 하나로 규정하고 있으며, 국가, 지방자치단체 또는 사업주는 임신, 출산 및 수유 중인 여성을 특별히 보호하여 불이익을 받지 않도록 규정하고 있다.[26] 또한, 남녀고용평등법 제8조에서는 혼인 임신, 또는 출산을 사유로 퇴직을 강요해서는 안 된다고 규정하고 있다.[27] 따라서 여성 사역자에게 혼인 임신 또는 출산 등의 사유로 퇴직을 강요하지 않도록 근로조건을 명시해야 하며, 남녀 고용 평등과 일, 여성보호와 모성보호, 그리고 성 주류화와 성 인지 감수성 정책을 교회법에 적용해야 하겠다.

2. 성경적 페미니즘 관점으로 교회 헌법의 신조, 교회 직분, 권징 조례 재고

1) 신조와 신앙고백, 요리문답 재고

합동총회 헌법과 통합총회 헌법 신조 5번에서는 "세상 모든 사람이 한 근원에서 나온즉 다 동포요 형제다"라고 되어있으며, 합동 헌법의 대요리 문답

74번과 통합 헌법의 요리문답 34번에서는 "양자 됨"에 대해 다루고 있다.[28] 이는 신앙고백서를 그대로 옮겼거나 신약 성서에도 '형제들아'라는 호칭이 자주 사용된 것을 문자 그대로 가져온 것으로 유추된다. 그런데 문제는 신조나 요리문답에 '형제'나 '양자 됨'이라는 단어를 표기함으로써, '남성성'이 하나님의 이미지를 대변하며, 남성적 권위를 궁극적인 상징으로 인식하도록 만든다는 데 있다. 남성적 하나님 이미지와 상징이 모든 인간의 궁극적 기준과 신앙의 고백이 될 수 없으며, 남성이 이해한 하나님을 강요하는 것 역시 온전한 하나님 이해라 할 수 없다.[29]

고신 헌법의 [고백적 진술]을 보면, 이혼, 동성애와 동성결혼, 성전환, 낙태, 그리고 생식세포나 체세포를 이용한 인간 복제 같은 젠더 이슈를 반대한다고 진술하고 있으며, 낙태에 대한 진술에서도 "인간은 태중에 잉태되는 순간부터 인간이다[...]태아가 장애 상태에 있거나, 부도덕한 성적 관계로 생겨난 태아라 할지라도 우리에게는 낙태할 수 있는 권리가 없다"라고 진술하고 있다.[30] 하지만 오늘날 태아가 사람인지 아닌지의 문제는 의학적, 법률적, 종교적, 사회적으로 여전히 미해결 상태에 있다. 성경은 낙태에 관해 많이 다루고 있진 않으나, 출애굽기 21장 22-25절은 낙태 관련 규정을 다룬다. 이 본문은 모(母)에 의한 낙태가 아닌 외부인에 의해 낙태된 경우를 언급하고 있긴 하나, 낙태와 관련한 교회법을 재고하는 데 있어 실마리를 찾을 수 있다. 22절은 "서로 싸우다가 아이 밴 여인을 다쳐 낙태케 하였으나 다른 해가 없으면 그 남편의 청구대로 반드시 벌금을 내되"라고 말씀한다. 여기서 "남편의 청구대로 반드시 벌금을 내야 한다"라는 규정은 "소를 도적질하면 다섯으로 갚고, 양 하나에 양 넷으로 갚으라"는 규정(출 22:1)과 비교할 때, 아내와 태아를 남편의 소유물로 여겼던 당시 이스라엘의 가부장 문화가 반영됐다손 치더라도, 분명한 건 가해와 피해를 정확히 가르고 있으며 생명의 중함과 가해 배상에 대한 막중한 책임을 청구하는 법 규정이라는 점을 알 수 있다.

오늘날 낙태는 여성의 개인 사정, 가정 문제, 건강 문제, 경제적 상황과 함께 사회적, 법률적, 의학적, 심리적, 윤리적, 신학적으로 얽혀있는 복잡한 젠더 이슈다. 성경적 페미니즘 관점으로 볼 때, 고신 헌법의 낙태 진술이 젠더 불공정하다고 생각하는 이유는 다음과 같다. 첫째, 성폭력을 저지른 범죄행위와 임신에 가담한 남성의 성적 책임에 대해선 묻지도 않으면서, 여성에게만 죄책을 씌우기 때문이다. 둘째, 성경 속 인권에 대한 가르침이 있음에도 (신 25:1-3; 고후 11:24), 여성의 인권에 대한 무관심은 물론, 여성의 어려운 처지에 대한 연민과 긍휼을 찾아볼 수 없기 때문이다. 셋째, 모자보건법 14조에서 '성폭력에 의한 낙태'를 허용한 현행 법 규정까지 무시하면서, 게다가 출산 후 미혼모 가정 보호와 입양, 양육과 보살핌에 대한 어떠한 대책도 마련하지 않은 채, 낙태를 여성의 이기적인 자기 결정에 의한 '살인'으로 몰아가고 있기 때문이다.

법학자 이병규에 따르면, 낙태는 헌법 제10조에 의거한 '태아의 생명권'과 헌법 제37조 2항에 의거한 '모(母)의 자기 결정권'에 대한 기본권 제한의 법이 서로 충돌하는 사안이다. 그는 한국의 높은 낙태율이라는 현실적 문제와 태아의 생명권과 모의 자기 결정권이라는 두 법의 충돌 간격을 풀 수 있는 헌법적 논의의 방도로서 임신 초기의 '기한 규제형' 도입을 제안한다. 이는 여성과 태아의 관계성이 보장되는 범위 안에서 태아가 모체 밖에서 독립된 생존이 가능할 수 있는 규제의 지표가 된다고 본 것이다.[31] 따라서 교회는 인간 모두가 동등한 성적 주체로서 사랑으로 연합하여 생명을 잉태하고 양육하며 남녀 각자가 성적 습관과 성 활동에 책임질 수 있도록 협력해야 한다.

2) 교회 직분, 교회 정치, 헌법 개정위원 재고

교회의 항존직은 목사직과 대표직, 의사 결정권과 교회 헌법개정 위원의 자격을 지니기에 중요하다. 합동 헌법에서 목사의 자격은 "총신대학교 신학대학원을 졸업하고[...]연령은 만 29세 이상자로 한다"로 되어있다.[32] 고신 헌법은 "목사는 성경에서 규정한(딤전 3:1-7, 딛 1:5-9) 감독(장로)의 자격을 갖춘 남자 성도로서[...]본 교단이 인정한 신학교육 과정을 이수한 자"로 하여, 남자만 목사와 장로가 될 자격이 있다고 규정하고 있다.[33] 합동과 고신교단의 항존직은 목사, 장로, 집사(장립)에게 부여되나, 통합교단의 항존직 안에는 목사, 장로, 집사(장립), 권사가 속해 있다. 그런데 세 교단 헌법의 직분 항목에서 주목할 부분은 '언권'(의사 결정권)을 가진 '원로'라는 직분 호칭은 오직 남성에게만 부여되고 있다는 점이다. 항존직에 '권사'가 포함된 통합교단조차도 '원로 권사'라는 호칭이 없다. 통합교단의 여성 총대 비율은 2019년 기준으로 1.7%(1,500명 중 26명)이다.[34] 이런 상황에서 통합교단은 "총회는 개정위원 15인 이상을 선정하여 개정안을 작성케 하되 목사가 과반이어야 한다"[35]라고 규정하고 있는데, 이는 여성 목사와 장로들이 교회 정치에 가담하거나 헌법 개정위원이 될 가능성은 매우 희박하다는 걸 알려준다.

3) 권징 조례 재고(성범죄 목사 징계 조항을 중심으로)

합동 헌법은 권징의 목적을 "진리를 보호하며 그리스도의 권병과 존영을 견고하게 하며 악행을 제거하고 교회를 정결하게 하며 덕을 세우고 범죄자의 신령한 유익을 도모하는 것"이라 고 규정하고 있다.[36] 통합 헌법도 합동 헌법의 권징의 목적과 유사하다. 이 글에서는 복음주의에 속한 세 교단 헌법의 권징 사유 가운데 '성범죄 목회자 징계' 조항이 없다는 데 주목하려 한다. 이는 교단 헌법의 권징 사유를 "성경상의 계명에 대한 중대한 위반"이라고 해놓고선, '성폭력 범죄'를 명시하지 않음으로써, 오히려 사회법에서 실형을 받은 성범죄 목사 편을 드는 악법으로 작동하고 있기 때문이다. '기반센'이 발표한 '한국교회 성 인지 감수성' 설문 결과에 따르면, 성범죄를 저지른 목회자 치리 여부를 묻는 항목에서, 교인들은 '영구적으로 제명해야 한다'라는 응답이 90%인 데 반해, 목회자 50%는 '회개를 보이면 복권할 수 있다'라고 응답하였다.[37] 이를 볼 때, 남성 목회자들은 그리스도를 따르는 리더로서의 모범을 보이기보다는 목사의 권위 의식에 매몰되어 교인보다 사회적 감수성과 성 인지 감수성이 현저히 떨어짐을 알 수 있다.

아울러 목사 후보생의 자격에서 "무흠 세례교인으로서 당회장의 추천으로 노회장의 허락을 받아 신학대학원에 재학 중이거나 졸업한 전도사로서[…] 학업과 신덕이 불량하거나 노회의 지도 감독을 따르지 아니할 때는 노회장의 허락을 취소할 수 있다"[38]라고 규정하고 있는데, '성범죄 전력 조사' 없이 목회자를 양성·배출하는 건 교인의 과반수를 차지하는 여성 교인들에게 있어 위험천만한 일이 아닐 수 없다. 우리 사회는 교육기관에 종사하는 자들에게 경찰에 의뢰하여 성범죄 전력을 확인하는 신원 절차를 의무화하고 있다. 따라서 목사 후보생 자격 요건에 '성범죄 신원 검증'과 '성폭력 예방 교육'을 이수해야 목회할 수 있다는 항목이 반드시 교단 헌법에 명시될 필요가 있다.

3. 법원의 성 인지 감수성과 관련한 성추행 판결사례와 교단의 성추행 처리사례 비교

1) 성폭력 범죄에 취약한 교단 헌법

한국의 근대 법제사에서 볼 때, 성폭력 범죄에 대한 입법은 치열한 논쟁을 불러일으켰고, 인권 의식의 확산과 함께 빠른 속도로 반(反)성폭력 관련법과 제도가 마련됨으로써 우리 사회에 깊이 자리 잡은 가부장적 질서를 어느 정도 바꾸는 역할도 하였다.[39] 또한, 여성단체에 의한 낙태죄 폐지와 '재생산권' 보장의 법체계, 그리고 2019년의 '#미투' 운동은 강간죄 구성요건 재구조화를 위한 형법 개정 운동의 과제로 설정되어, 기존의 남성 관점에서 쓰인 성폭력의 개념과 구성요건을 사법 체계 내 젠더 관점에서 어떻게 정책에 담을 것인가를 고민하게 되었다.[40]

법률에서는 성폭력의 개념을 정하고 있진 않으나, 판례를 보면 상대방 의사에 반해 타인의 '성적 자기 결정권'을 침해하는 행위로 인정하고 있다. 성폭력에는 기본적으로 형법, 성폭력 범죄 처벌 등에 관한 특례법(성폭력특별법), 아동. 청소년 성 보호에 관한 법률(청소년성보호법) 등 법률로 정한 범죄들을 포함하며, 여기엔 언어적 성희롱도 포함된다.[41] 성폭력의 유형에는 강제추행, 성희롱, 강간과 유사 강간, 통신 매체를 이용한 음란 행위, 카메라 등을 이용한 촬영, 아동. 청소년 강간 및 강제추행, 스토킹 등이 있다.[42] 여성가족부가 2018년에 작성한 공공기관의 성희롱 사건처리 매뉴얼에 따르면, 성희롱 · 성폭력 사건 발생-〉성 고충 상담창구 접수(상담실행-조사요청)-〉심의위원회 소집(조사분과 위원회 구성-조사-〉조사보고서 작성 및 보고)-〉심의위원회 심의 · 의

결(성희롱 불·인정-피해자 보호조치와 가해자 조치/징계-재심의 의결)-〉사건 종결의 절차로 진행된다.[43]

　그런데 남성적 권위를 기반으로 하는 복음주의 내 교회 헌법은 성희롱과 성추행을 포함한 성폭력에 어떤 유형이 있는지 전혀 관심도 없거니와, 도리어 '성범죄 은닉 시스템'[44]을 가동하여 은폐하기에만 급급하다. '기반센'이 발표한 '성폭력 인식'에 따르면, 60-65세 남성일수록 '가벼운 성적 농담이나 신체 접촉도 성희롱이다'와 '단톡방, 문자 메시지, SNS 등에 상대 외모에 대해 언급하는 것도 성희롱일 수 있다'라는 항목에 대해서 비동의율이 높았다. 반면에, '남자는 성 충동이 일어나면 통제할 수 없다'와 '성폭력은 노출이 심한 옷차림 때문'이라는 항목에 대해선 동의율이 높게 나타났다.[45] 이는 의사 결정권을 갖는 남성들이 성추행과 성희롱과 같은 성폭력 유형에 대한 인식도 부족하거니와, 가해자 목사 편만 드는 가부장적 교회 권력 구조의 위험성과 성희롱적 언어폭력이 자행될 수 있음을 보여준다고 하겠다.

2) 법원의 성추행 판결과 '성 인지 감수성' 없는 교단의 성추행 처리 비교

　법원의 성추행 판결에서 '성 인지 감수성'이 등장하게 된 건 안희정 전 충남도지사에 대한 류영재 판사의 판결문 "성폭행 피해자의 진술 신빙성 판단과 사실 인정론"에서였다. 이는 법의 판단 과정에서 헌법 원리의 충돌과 성별 권력 구조를 살피겠다는 선언이었는데, 성평등을 추구하는 헌법 가치가 젠더 권력 구조를 직시할 때 달성될 수 있다고 본 것이다.[46] 최근에 합동 교단의 노회장인 최00 목사가 청년 5명을 성추행한 사건이 발생하였다. 의정부지방법원은 1심에서 가해 목사에게 징역 3년 형을 선고하여 법정구속하였으며, 80

시간 성폭력 치료 프로그램 이수 명령을 내렸다. 법원은 성 인지 감수성에 기반하여 가해 목사를 엄벌하고 피해자들의 증언을 인정하는 판결을 했다.[47]

이와는 반대로, 합동 교단의 성추행 징계와 처리 절차에서는 여성의 인권이나 성별 차이에 따른 불평등 상황을 인지하는 성 인지 감수성이 전혀 작동하지 않았다. 합동 교단 소속의 해당 노회는 가해 목사가 2심에 항고 중인 관계로 최종결론이 난 후에 처리하겠다는 답변을 내놓았다. 피해 여성들은 충성파 교인들의 폭언과 함께 2차 피해를 보았고, 심지어 피해자들의 부모까지 교회를 떠나라는 압박을 당했다.[48] 이에 피해 여성들이 노회에 호소했으나, 해당 노회는 성추행 노회장 최 목사를 감싸면서 "성폭력으로는 면직 안 돼 [...]총회는 교회법상 할 수 있는 게 없다"면서 고소장을 각하하였다. 게다가 현직 노회장 최 목사 성추행 사건을 맡은 해당 노회 조사처리위원회는 성폭력 피해자들의 입장을 전혀 고려하지 않은 채, 합동 헌법 권징 조례 제9장 97조와 노회 규칙을 근거로 교단 소속 목사와 장로를 변호인으로 선임할 수 있으며 출석요구에 불응하면 고소를 취하한 것으로 처리하겠다는 일방적인 공지를 하였다.[49]

하지만 이것은 재판 절차의 오류다. 합동 헌법 권징 조례 제97조는 재판국이 구성되어 하급 치리회 판결이 존재한 후 불복하여 상소하는 상황이 발생했을 때만 적용할 수 있기 때문이다.[50] 이처럼 합동 노회의 법적 판단은 오로지 가해 목사를 위한 '아전인수식' 헌법 적용으로 오히려 남성 목사의 성폭력을 조장하고 있다. 그러나 교회법의 잣대는 "의인을 '의롭다' 하고 악인을 '정죄'하라"(신 25:1)는 말씀대로, 가해와 피해를 가름으로써 법적 처벌을 받을 수 있도록 해야 하며, 피해자의 인권을 보호해 주어야 한다. 아울러 재판과정은 공정성과 합리성, 그리고 평등성과 투명성이 확보되어야 할 것이다.

IV. 여성 사역자의 인권, 노동권, 행복추구권을 위한 교회법과 기본소득

인권이란 인간으로서의 기본적인 권리와 자유를 말한다. 대한민국 「헌법」 제34조 1항은 "인간다운 생활할 권리"와 헌법 제10조는 "인간의 존엄과 가치" 및 "행복추구권"의 조항이 있으며, 「국가인권위원회법」은 "국가인권위원회를 설립하여 모든 개인이 가지는 불가침의 기본적 인권을 보호하고 그 수준을 향상함으로써 인간으로서의 존엄과 가치를 실현하고 민주적 기본질서의 확립에 이바지함"(제1조)을 목적으로 밝히고 있다.[51] 또한, 「헌법」 제32조 4항에서는 "여자의 근로는 특별한 보호를 받으며, 고용·임금 및 근로조건에 있어서 부당한 차별을 받지 아니한다"라고 하여, 특히 여성의 근로조건을 구체적으로 명시하고 있다.[52] 이처럼 대한민국 「헌법」과 「국가인권위원회법」은 남녀의 인권과 자유를 보장함과 동시에, 노동권과 행복추구권을 보장하고 있다. 이춘희는 기본소득이라는 국민의 기본적 권리가 가지는 잠재력을 무시할 수 없으며, 자유롭고 평등한 공동체인 민주공화국의 사회경제적 기초로서 훌륭히 기능할 수 있다고 하였다.[53]

애석하게도 복음주의 내 교회 헌법은 여성에게 인권과 노동권, 그리고 행복추구권을 보장해주기는커녕, 공사 영역 분리 이데올로기로 여성의 인권을 침해하면서, 남녀 위계적 직분 설정으로 고용 불평등과 부당한 처우, 게다가 성폭력과 성희롱을 정당화하는 젠더 불평등한 법이 돼버렸다. 이는 2018년, 총신 신대원 여 동문회가 156명을 대상으로 설문조사를 한 결과에서도 확인되는데, "사역 중 가장 큰 어려움이 무엇인가(복수 응답)"라는 물음에서 '남성 사역자와의 관계(서열 의식에 따른 차별과 권위주의)'라는 답변이 62%로 가장 많았으며, '여성이라는 이유로 사역 배제(예: 설교, 성경 공부, 행정 등)'도 거의 비슷한 수치인 60%로 나타났기 때문이다. '사례비 차별'에 대해선 48%가 응답하였고, '교인들의 차별적 태도'에 대해선 32%가 뒤를 이었다. 또한, 여성 사역자들이 합동 교단에 가장 필요한 것으로 '여성 목사 안수 혹은 합법적 강도권 부여'와 '여성 사역자에게 공평한 기회 제공과 대우 부여'를 꼽았다(각각 37%). 이외에도 '남녀평등과 여성 사역자에 대한 인식 개선과 신학 정립'(12%), '교단의 도덕성 강화'(7.6%) 순위였다. 아울러 여성 사역자의 몸매와 외모에 대한 차별과 비하 발언도 지적하였다.[54]

요지는 합동, 고신, 합신 교단의 교회 헌법이 교회 직분에서 여성을 '항존직'이 아닌, 인권 사각지대이자 젠더 차별적 노동 분업의 진원지인 '임시직'(비정규직, 무임 노동 또는 그림자 노동[55])에 제한해 놓음으로써, 직위, 임금, 퇴직, 해고 문제에서 불평등과 성차별의 악순환을 일으키고 있다는 점이다. 현재 복음주의 내 교회 헌법은 남성에게 대표직과 법 개정권이 주어짐에 따라, 여성 사역자들은 고용 불평등에 노출되어 있으며, 당회, 노회, 총회에서 신분 보장이나 신변 보호, 노후 대책이 마련되지 않은 열악한 환경과 부당한 처우로 인해 기초 생활 유지도 어려운 실정이다. 그리고 여성 사역자의 임신은 퇴직 사유의 '영 순위'가 돼버렸다. 게다가 남성 사역자와 똑같이 신학교육을 받았음에도, 직업적인 전문성 발현과 자기 계발은 꿈도 꾸지 못하며, 젠더 불평등한 교회에서 무관심, 무소속, 불공정과 성차별적 대우에 시달리고 있다.[56]

장귀연에 따르면, 인권이란 하나의 개별 권리가 아니라 전체 인권의 토대 가치이다. 노동이 인간 삶의 일부분이라고 한다면, 비정규직이나 어떤 고용 방식이든 모두가 행복하고 즐겁게 일할 수 있는 세상이 되어야 한다.[57] 젠더 평등한 교회 헌법이 실현되려면, 우선 남녀 각자의 자유로운 선택과 신학교육에 따라 목사직을 수행할 수 있도록 '동등 대표직'을 부여해야 하며, 하나님 나라 공동체 일원으로서 여성의 주권과 대표성을 갖고서 교회의 공적 활동에 참여할 수 있도록 직분의 자유와 의사 결정권, 그리고 동등한 처우와 노동권, 더 나아가 행복추구권을 실현할 수 있도록 젠더 평등한 법적 제도와 교회 문화를 정착해야 할 것이다.

V. 나가는 말: 젠더 평등한 교회법 개정안과 기본소득을 위한 실무적 대안

작가 버지니아 울프(Adeline Virginia Woolf)는 가부장적 영국 사회에서 대학 강의는 들을 수 있었으나, 여자라는 이유로 학위를 받을 수 없었고 여성의 글쓰기를 독립적인 직업으로 인정받지 못해, 생활고와 성차별이라는 이중의 벽에 부딪히게 되었다. 이에 그녀는 굶어 죽지 않을 정도의 최저생계비가 아니라, 귀족들이 누린 '노동으로부터 자유로운 삶, 품위 있는 삶'을 여성들도 누려야 한다고 주장하게 되었다.[58] 앞으로 고용 방식이 점점 더 다양해져, 정규직과 구분해 부르는 비정규직이라는 말도 없어질지 모르겠으나, 정규직이든 비정규직이든, 중요한 건 모두가 행복하고 즐겁게 일할 수 있는 세상이 되어야 한다.[59] 기본소득의 적극적인 지지자이자 여성주의 정치학자인 캐롤 페이트만(Carole Pateman)은 기본소득이 비정규직 노동자, 실업자, 여성, 장애인 등 모든 사회적 약자와 소수자들이 전면에 함께 나설 수 있는 훌륭한 연결 고리가 될 수 있다고 하였다. 그녀는 기본소득을 실현한다는 것은 현존 사회보장 제도를 급진적으로 개혁한다는 것으로써, 신자유주의를 극복하는 대안 사회

프로젝트로서의 위상을 갖는다고 강조하였다.[60]

　그런데 기본소득에 대한 신학과 사회과학의 학제적 연구를 위한 설문조사를 보면,[61] 기본소득 도입에 찬성하는 신앙적 이유로서 '기독교 신앙은 근본적으로 약자 보호 정신이 담겨 있기 때문'이라는 응답이 56.9%로 가장 높은 결과가 나왔다. 이는 기본소득개념이야말로 성경에서 면면히 흐르는 천부인권과 평등, 그리고 그리스도 복음에 부합하는 제도라고 보는 데 무리가 없음을 보여주는 것이다. 구약성경 창세기를 보면, 고대 근동의 신관과 문화와는 전혀 다른 점이 발견되는데, 그것은 하나님께서 고대 근동의 신처럼 인간을 지배하고 노동시키기 위해 인간을 창조한 게 아니라, 인간을 자유롭고 안식할 수 있는 존재로서 창조하셨다는 것이다. 특히, 고대 근동의 문화에선 왕만이 '신의 형상'이라고 한다면, 성경은 남자와 여자 모두 하나님의 형상을 입은 존재임을 말씀한다. 이로써 성경은 남녀의 존엄과 평등사상을 지지하고 있음을 보여준다. 아울러 예수의 탄생 소식은 가난한 자들과 눌린 자들, 그리고 종교적, 윤리적으로 주변에 밀려난 사람들에게 제일 먼저 전해졌는데, 여기엔 여성들이 상당히 많이 속해 있었음을 유의할 필요가 있다(눅 4:18).

　이노우에 도모히로는 기본소득이 공동체의 모든 구성원(특히, 비정규직 노동자, 실업자, 여성, 장애인)에게 공통적인 사회경제적 조건을 보장함으로써 국민주권을 실질화하여 민주공화국의 기초를 수립할 수 있도록 해주며, 여성이 안고 있는 심각한 인권 문제를 해소하는 수단이 된다고 하였다.[62] 반면, 페미니스트들 사이에선 뿌리 깊은 젠더 불평등 구조 속에서 '기본소득이 젠더 평등을 실현하는 데 공헌할 수 있을지'와 기본소득이 '노동의 성별 분업을 완화할 수 있을지'를 두고 논쟁이 일어왔다.[63] 그럼에도 필자는 서두에 언급한 바와 같이, 줄리에타 엘가르테와 알마즈 젤레케가 기본소득 제도에 보완책을 마련한다면 다른 어떤 제도보다 성별 분업의 완화와 성평등 증진에 이바지한다는 주장에 동의한다. 아울러 정미현 교수가 언급한 것처럼, 기본소득의 도입으로 경제 불평등 해소와 노동 가치 인정과 노동 문화 개선, 그리고 여성의 은사에 따른 선택적 사회 참여 확대와 효율성이라는 긍정적 효과가 있으리라 기대한다.

해서 한국 교회 안에서 기본소득 담론과 제도, 그리고 입법 정책을 펼치려면 교회 헌법에 남성이든, 여성이든 '인간답게 살아갈 권리'와 인권, 정의와 민주적 질서를 보장하는 법적 지위와 자유, 노동권과 행복추구권 조항과 정책들이 구체적으로 마련되는 게 급선무이다. 아울러 기본소득 담론이 세계적인 이슈로 부상하는 이때, 교회 헌법은 대한민국 헌법보다 더 높은 윤리 수준의 상위법이 되도록, 남녀 구성원의 민주적인 합의를 거쳐, 실행 가능한 젠더 평등한 입법과 정책으로 개정되어야 할 것이다. 끝으로 젠더 평등한 교회법 개정안과 기본소득을 위한 몇 가지 실무 대안을 제시하면서 본 글을 마무리하려 한다.

첫째, 교회 헌법에 남녀동등 대표직과 직분 호칭, 교회 헌법개정 권한, '여성 할당제' 비율을 명시하여 여성 대표자의 법 이론과 법 실행으로의 적극적인 참여와 항존 직분에서 젠더 형평이 이뤄지도록 개정되어야 한다. 둘째, 신조와 신앙고백에 나오는 가부장적 호칭을 '형제자매', '자녀 됨'(혹은 '양자녀 됨'), '형제자매를 향한 사랑'이라는 젠더 포괄적인 용어로 수정해야 한다. 셋째, 목사 면직조항에 '성폭력 범죄'를 반드시 첨가해야 하며 교단 내 성폭력 상담센터 마련 및 성폭력 목사에 대한 범 교단 차원의 '원스트라이크 아웃' 제도를 명시해야 한다. 넷째, 신학교에 여성 교수 인력을 확충하고 결혼과 이혼,

출산과 낙태, 가정폭력과 간통, 성 정체성과 성역할, 동성애와 성폭력과 같은 젠더 이슈에 대한 교리적 진술은 여성 신학자들의 경험과 관점을 반영하고, 사회적, 법률적, 윤리적인 차원을 고려하여 수정되어야 한다. **다섯째,** 교회 헌법에 여성의 인권과 노동권, 그리고 행복추구권(자아실현)을 보장하는 젠더 평등한 법 실무이론 즉, 남녀 동일 가치노동, 동일 임금 원칙 적용과 여성 사역자의 임신 또는 출산에 대한 배려와 근로조건을 명시함으로써 여성 사역자의 자유와 인권, 모성보호와 노동권이 원만히 이뤄지도록 협력해야 한다. **일곱째,** 교회 헌법의 원리인 양심의 자유 보장과 신앙 성숙을 돕는 독립기구로서 '교회 헌법 소헌 제도'와 '기본소득 위원회'가 설립되어야 한다. 이때, 구성위원의 성비 비율을 포함한 젠더 법 실무이론이 구체적으로 명시되어야 할 것이다.

본 글을 계기로 복음주의 내 교회 헌법만 아니라, 한국 개신교의 인권 정책과 성 인지 감수성을 갖춘 젠더 평등한 교회법 연구의 기반이 마련됨으로써 기본소득 담론과 제도 및 입법 정책이 활발히 논의될 수 있는 날이 속히 오기를 희망한다.

[미주]

* 이 글은 필자의 논문 "교회 헌법은 젠더 평등한가?-성경적 페미니즘 관점에서의 교회 헌법 재고", 「신학과 사회」 36/2(2022), 269-306에 기초하였으며 기본소득과 연결하여 일부 수정되었음을 밝힌다.

1   캐롤 페이트만도 최저생계비 수준 이상의 기본소득이라는 전제 조건이 충족된다면 기본소득은 분명히 여성의 자유 증진에 크게 이바지할 거라는 입장을 가진다. 최광은, 『모두에게 기본소득을』(고양시: 박종철 출판사, 2013), 62-63.

2   필리프 판 파레이스 · 야니크 판데르보호트/홍기빈 옮김, 『21세기 기본소득』(서울: 흐름출판, 2021), 6, 23, 28-37.

3   젠더 정의는 페미니스트들이 젠더 불의에 저항하고자 젠더 간 사회 정의에 대한 요구로서 부상하였다. 젠더 정의를 정교한 이론으로 제시한 학자로는 낸시 프레이저(Nancy Fraser)가 꼽힌다. 그녀는 사회적 분배와 정체성 인정, 그리고 '동등 대표참여'를 추가하는 삼차원적인 젠더 정의 개념을 제시하였다. 낸시 프레이저 · 액셀 호네트/김원식 · 문성훈 옮김, 『분배냐, 인정이냐?: 정치 철학적 논쟁』(서울: 사월의 책, 2014), 45-6, 55-81을 참조하라.

4   권정임, "기본소득과 젠더 정의: 젠더 정의를 위한 사회 재생산모형," 「마르크스주의 연구」 10/4(2013): 105-41.

5   정미현, "기본소득 논의에 대한 여성 신학적 성찰," 『한국교회, 기본소득을 말하다』(서울: 새물결 플러스, 2022), 188-223.

6   한국산업인력공단, 『공인노무사 시험용 법전』(울산광역시: 한국산업인력공단, 2022), 11-12.

7   이춘희, "기본소득에 대한 헌법적 검토," 「성균관 법학」 29/3(2017): 256.

8   이 글에서 사용하는 '복음주의'는 보수 신학, 개혁주의, 근본주의를 표방하면서, 여성의 인권과 젠더 이슈엔 관심이 없는 데 반해, '반동성애'에만 쏠려있는 장로교에 속한 교단(합동, 통합, 합신, 고신)을 지칭한다.

9   대한예수교장로회총회, 『헌법 합동』(2018 개정판), 150; 대한예수교장로회총회, 『대한예수교장로회총회(통합)』(2019, 한국장로교출판사), 213-214; 이광호, 『교회 헌법 해설』(서울: 교회와 성경, 2018)에서는 성범죄에 대한 권징 항목이 없다.

10   이용필, "교회 재판을 재판한다①-유전무죄 무전유죄, 이현령비현령, 인맥 재판...," 「뉴스앤조이」, 2020. 9. 17일 기사(2021.11.1. 접속).

11   이 글에서 사용하는 '성경적 페미니즘'이라는 용어는 보수주의 성경관에 입각하여 여성의 입장과 관점을 반영한 여성주의적 성경 읽기를 통해, 하나님 형상을 입은 존엄한 주체로서 여성의 정체성과 역할, 그리고 기독교 신앙을 해석하겠다는 의지와 목표를 가지며, 정의와 인류애, 하나님 나라를 위한 교회의 남녀 파트너십, 궁극적으론 하나님의 형상 회복, 즉 인간성 실현을 지향한다. 성경적 페미니즘에 관해선 강호숙, 『성경적 페미니즘과 여성리더십』(서울: 새물결플러스, 2020)을 참조하라. 단, '성경적 페미니즘'은 보수신학자 웨인 그루뎀(Wayne A. Grudem)이 여성 신학과 페미니즘을 비

판하면서 사용한 '복음주의 페미니즘'(Evangelical Feminism)과는 구별됨을 밝힌다. Wayne A Grudem, *Evangelical Feminism and Biblical Truth: An Analysis of More Than 100 Disputed Questions* (Washington DC: Crossway, 2012).

12 기독교 반성폭력센터는 여론조사 전문기관인 '지앤컴리서치'에 의뢰하여 2021년 8월 30~9월 9일 간 전국 개신교인 1,000명(신도 800명과 목회자 200명)을 대상으로 교회 성 관련 인식, 교회 내 양성평등, 교회 내 성희롱/성폭력 경험, 성희롱/성폭력 예방 교육, 한국교회의 성범죄 대처 시스템, 목사의 성 스캔들에 대한 의견 등을 묻는 설문조사를 실시하였고, 공간 새길에서 '21년 11월 18일에 결과발표 포럼을 개최한 바 있다. 기독교 반성폭력센터, 「개신교 성 인지 감수성 여론조사 결과 및 포럼 발표집」 2021년 11월 18일(장소: 공간 새길)을 참조.

13 프랜시스 올슨/카키시마 요시코 편역, 김리우 옮김, 『법의 성별: 올슨 교수의 미국 젠더 법학』(서울: 파 랑새미디어, 2016), 24-30.

14 대한예수교장로회총회, 『헌법 합동』, 서문 참조.

15 대한예수교장로회총회, 『대한예수교장로회총회(통합)』, 서문 참조.

16 박윤선, "교회와 그 헌법," 「신학 정론」 4/2(1986): 324-333.

17 황규학, "헌법과 교회의 관계," 「기독교 사상」 제640호(2012): 38-45.

18 이성배, 광주가톨릭대학교 신학연구소, "교회법의 개정," 「신학 전망」(1970), 90-102.

19 Lowell C. Green, "The Discipline of Church Law and the Doctrine of Church and Ministry," *LOGIA* 9 (1998): 35-45.

20 대한예수교장로회총회, 『헌법 합동』, 서문.

21 웨스트민스터 신앙고백서는 종교개혁 이후 125년 동안의 개신교 신학을 집대성했다. 하지만 이 고백서는 역사적 산물로서, 인종 차별, 도시화, 산업화, 민주화, 남녀평등, 대중 언론, 복잡한 인간관계 등은 당시 사람들의 관심 주제가 아니었다. 최종휴, 『웨스트민스터 신앙고백 비교 해설』(서울: 부흥과 개혁사, 2013), 13-20.

22 Nancy Fuchs-Kreimer, "Feminism and Scriptural Interpretation: A Contemporary Jewish Critique," *Journal of Ecumenical Studies* 20/4(1983): 534-548.

23 강호숙, "보수기독교 내 젠더 인식과 젠더 문제에 관한 연구: 성경적 페미니즘의 필요성을 중심으로," 「신학과 사회」 34/2(2020): 128-37.

24 주디스 버틀러는 프란츠 카프카(Franz Kafka)의 《법 앞에서》에 대한 자크 데리다(Jacques Derrida)의 해석에서 법의 권위와 젠더 수행성의 관계가 유사하다는 단초를 제시한다. 주디스 버틀러/조현준 옮김, 『젠더 트러블』(서울: 커뮤니케이션북스, 2016), 12-3.

25 기독교 반성폭력센터, 「개신교 성 인지 감수성 여론조사 결과 발표집」, 2021. 11. 18일 기자회견 및 포럼(공간 새길), 11-12, 28-30, 85-7.

26 김엘림, 『성차별 관련 판례와 결정례 연구』(서울: 에피스테메, 2013), 11-26.

27 한국여성노동자회, 2016년 자료, kwwnet. org('21. 12. 20일 온라인 검색).

28 대한예수교장로회총회, 『헌법 합동』, 5; 대한예수교장로회총회, 『대한예수교장로회총회(통합)』, 147-148.

29 강호숙, "하나님은 남성인가요, 여성인가요?: 페미니즘 시각으로 본 하나님의 이미지와 젠더 정체성," 『샬롬, 페미니즘입니다』(서울: 서울YWCA, 2021), 52-54.

30 이광호, 『교회 헌법 해설』, 84-5.

31 이병규, "낙태에 대한 헌법적 논의," 「법학 논총」 28(2012), 135-68.

32 대한예수교장로회총회, 『헌법 합동』, 155.

33 이광호, 『교회 헌법 해설』, 134-142. 통합 헌법의 목사 자격은 "흠 없는 세례교인(입교인)으로 7년이 지난 30세 이상 된 자로서 총회 직영 신대원을 졸업한 후 2년 이상 교역 경험을 가진 자"로 정하고 있다. 대한예수교장로회총회, 『대한예수교장로회총회(통합)』, 182.

34 김아영, "올 교단 여성 총대 수, 줄거나 그대로," 「국민일보」, 2019년 10월 31일 기사.

35 대한예수교장로회총회, 『대한예수교장로회총회(통합)』, 208-9.

36 대한예수교장로회총회, 『헌법 합동』, 205-220.

37 기독교 반성폭력센터, 「개신교 성 인지 감수성 여론조사 결과 및 포럼 발표집」, 39-46.

38 대한예수교장로회총회, 『대한예수교장로회총회(통합)』, 274.

39 정현미, "젠더 평등 실현을 위한 형법적 과제," 「젠더 법학」 9/1(2017): 33-64.

40 김민문정, "여성단체가 함께하고픈 젠더 법학의 도전과 과제," 「한국 젠더 법학회 학술대회 자료집(2019), 13-17.

41 기독교 반성폭력센터, 뉴스앤조이, 『교회 성폭력 해결을 위한 가이드북: 미투 처치투 위드유』(서울: 뉴스앤조이, 2018), 22-35.

42 앞의 책, 23-25.

43 여성가족부, "공공기관 성희롱 사건처리 매뉴얼 개발(2018)," 2019.7.18.['22. 2. 24 접속].

44 성범죄 은닉 시스템에 대해선 강호숙, "교회 리더의 성(聖)과 성(性)에 관한 연구: 성의 사각지대를 형성하는 교회 메커니즘(church mechanism) 문제에 대한 실천신학적 분석," 「복음과 실천신학」, 47(2018), 9-43을 참고.

45 기독교 반성폭력센터, 「개신교 성 인지 감수성 여론조사 결과 및 포럼 발표집」, 7-8.

46 천관율, "한국 사회 흔든 '성 인지 감수성'," 「시사IN」, 2019. 3. 14일 기사.

47 이용필, "청년들 여러 차례 강제 추행한 목사 징역 3년…피해자들 홀로 고통 감내하며 외상후스트레스장애 겪어," 「뉴스앤조이」, '21. 11. 22일 기사.

48 이은혜, "예장합동 현직 노회장, 청년 5명 성추행 의혹…피해자들 '아빠라 부르라며 부적절한 스킨십'," 「뉴스앤조이」, '20. 1. 28일 기사.

49 합동 교단 헌법 권징 조례 제9장 97조는 "상소인 자이거나 대리할 변호인은 상회 정기회 개회 다음 날에 상회에 출석하여 상소장과 상소 이유 설명서를 상회 서기에 교부한다...믿을 만한 증거를 제출하지 못하면 상소를 취하한 것이라 인정하고, 본회의 판결은 확정된다"이다. 대한예수교장로회총회,

『헌법 합동』, 231.

50 이은혜, "노회장 성추행 조사 과정에서 드러난 목사 · 장로들의 성 인지 감수성," 「뉴스앤조이」, '20. 3. 11일 기사.

51 이외에도 「국가인권위원회법」 제2조 3항에서는 "평등권 침해의 차별 행위를 합리적 이유 없이 성별, 종교, 장애, 나이, 사회적 신분, 출신 지역, 출신 국가, 민족, 용모 등 신체 조건, 기혼, 미혼, 별거, 이혼, 사별, 재혼 등 혼인 여부, 임신 또는 출산, 가족 형태 또는 상황, 인종, 피부색, 사상 또는 정치적 의견, 전과, 성적 지향, 학력, 병력 등의 이유에 근거해, 고용에 불리한 대우, 재화. 용역. 교통수단. 상업시설. 토지, 주거시설과 관련된 불리한 대우, 성희롱과 성적 굴욕감 또는 혐오감을 가하는 행위"로서 규정하고 있다. 김엘림, 『성차별 관련 판례와 결정례 연구』(서울: 에피스테메, 2013), 154.

52 한국산업인력공단, 『공인노무사 시험용 법전』(울산광역시: 한국산업인력공단, 2021), 14.

53 이춘희, "생존권을 통한 민주공화국 원리의 실현-기본소득을 중심으로," 「공법연구」 47/2(2018): 147-172.

54 최승현, "예장합동 여성 사역자들, 역할 제한에 사례비 차별까지," 「뉴스앤조이」, 2018.10.30 기사.

55 그림자 노동은 임금으로 보상받지도 못하고 시장으로부터 가계의 독립성을 지키는 데 공헌하지도 않는 노역 형태로서, 주로 비 자급적 가족 공간에서 주부가 행하는 가사노동이나 돌봄노동을 말한다. 그림자 노동에 대해선, 이반 일리치/노승영 옮김, 『그림자 노동』(고양시: 사월의 책, 2020) 참조하라.

56 강호숙, 『성경적 페미니즘과 여성 리더십』(서울: 새물결 플러스, 2021), 406-410.

57 장귀연, 『비정규직』(서울: 책세상, 2009), 94-95.

58 오준호, 『기본소득이 세상을 바꾼다』(고양시: 도서 출판 개마고원, 2017), 65-68.

59 장귀연, 『비정규직』(서울: 책세상, 2009), 135-136.

60 최광은, 『모두에게 기본소득을』(고양시: 박종철 출판사, 2013), 64-65, 227.

61 "기독교인의 기본소득 인식 설문조사"는 2020년 대한민국 교육부와 한국연구재단의 일반 공동 연구 지원 사업의 지원을 받아 수행된 연구로 ㈜ 한국리서치에 의뢰하여 2021년 6월 15일부터 6월 30일까지 전국 성인 남녀 기독교인(개신교, 천주교, 정교회) 1,000명을 대상으로 CAWI(Computer-Assisted Web Interview) 방식으로 실시하였다. 이에 대해선 정미현, "기독교인의 기본소득 인식 설문조사에 관한 결과 보고서," 『한국교회, 기본소득을 말하다』(서울: 새물결 플러스, 2022), 360-399를 참조하라.

62 이노우에 도모히로/김소운 옮김, 『AI 시대의 기본소득 모두를 위한 분배』(파주: 여문책, 2019), 26.

63 이지은, "기본소득과 젠더 평등," 「월간 공공정책」 184(2021): 26-28.

제2부

대안 체제와
그리스도인의 경제윤리

제1장

21세기 공유 경제와
구약의 희년 제도 고찰
- 공생하는 경제를 향하여 -

김민정

I. 들어가는 글

우리의 경제 활동에는 타인과 공동체에 대한 고려가 얼마나 작용하고 있는가? 자본주의 사회의 여러 가지 한계에 따라 변화의 물결이 이는 가운데 우리는 변화를 해석하고 지향점을 조절하도록 요구받고 있다. 지난 19세기에 노동에서 기계로의 전환을 가져온 1, 2차 산업혁명은 자본주의를 새로운 경제 시스템으로 자리 잡게 했다. 그리고 21세기를 맞이하여 디지털과 AI 혁명에 의한 3, 4차 산업혁명은 자유 시장경제 시스템의 변화를 야기했다.[1] 긍정적인 변화의 예로는 기본소득(basic income) 도입 주장과 공유 경제(sharing economy) 플랫폼의 활성화를 들 수 있다. 기본소득이나 공유 경제 같은 경제모델이 모든 부분에 있어서 합리적이거나 실현 가능하다고 할 수는 없다. 그럼에도 불구하고 '실업 문제와 빈곤의 확대, 분배 갈등과 계층화, 물질 만능주의, 그리고 인간 소외' 등 자본주의적 질주의 폐해가 만연한 상황에서 대안을 발견하고 발전을 도모하는 것은 유의미한 일이다. 더욱이 코로나(COVID19) 팬데믹 이후 우리 사회에서 점점 더 '함께 생존하고 잘 살아갈 공생의 길'은 요원해지고 있다. 그리스도인은 성서의 가치를 따라 현실을 조명하고 방향을 조절해야 할 필요가 있다.

기독교와 자본주의는 당연히 단순 이항 대립의 구도 아래 있지 않다. 오히려 더 긴밀한 조우가 필요한 영역들이다. 경제 시스템을 해석하면서 성서의 지혜에 주목하는 것은 어떤 의미가 있을까? 신학이나 철학적 고찰이 제시하는 가치나 방향성과 같은 요소들은 경제학과 어떻게 관계를 지을 수 있을까? 칠레 출신의 경제학자 만프레드 막스 네프(Manfred Max-Neef)는 경제학이 인간의 최고선인 행복을 위한 지식으로 출발한 도덕 철학의 후예라는 점과 초기의 위대한 경제학자들이 모두 도덕 철학자였음을 상기시킨다.[2] 인간 삶의 모든 영역과 마찬가지로 경제 활동과 경제 시스템은 정의나 공공성을 도외시할 수 없다. '시장경제가 선한 삶의 원리에 종속되어야 하고, 우리가 이 선한 삶에 대한 신학적 방향성을 강화해야 한다'는 다니엘 M. 주니어(Daniel M. Bell)의 주장은 이 연구에 힘을 실어 준다.[3]

이 글은 성서가 현대 사회의 경제 시스템에 대한 도덕적 매개변수(the moral parameters)로서 지향해야 할 가치를 제공할 수 있을지와 이미 익숙한 시스템에 대한 성찰과 재고를 위한 여지를 만들어 줄 수 있을지를 기대하는 마음으로 두 영역을 고찰한 것이다. 구체적으로 자본주의의 한계 상황에서 부상하는 공유 경제의 특징을 이해하고 구약 성경의 희년 제도와 비교할 것이다. 이를 통해 오늘날 그리스도인이 숙고할 경제 윤리로서 공생의 가치를 조명하고자 한다.

II. 21세기 공유 경제

1. 자본주의의 한계와 폐해

자본주의는 사회적 생산 활동을 통해 자본을 창출하는 경제 시스템이다. 이윤추구를 목적으로 자본이 지배하는 이 경제 체제는 현대인의 삶에 막강한 영향력을 미쳐왔다. 1950년대에 출간되어 오늘날까지 주목받는 논의 중에 '자본주의는 생존 가능한가? 지속할 것인가?'라는 질문이 있다.[4] 이 질문은 자본주의 경제 체제가 문제를 안고 있으며 변화가 필요함을 암시한다. 조셉 슘페터(Joseph Alois Schumpeter)는 '개인의 삶의 질을 향상하기 위해 고안해 낸 이 대단한 체제인 자본주의가 비판받는 이유가 다름 아닌 자본주의 자체의 성공에 있다'라고 말한다. 그리고 기업이 창조하는 새로운 소비재의 생산, 운송, 시장 거래, 조직의 과정을 일명 '창조적 파괴'(creative destruction)라고 부르기도 한다. 여기서 창조와 파괴는 표면적으로는 쉽게 이해되지 않는 상반된 개념이다.

창세기에 의하면 창조는 혼돈 가운데 질서를 잡아가고 공허한 공간을 채운 역사(창 1:2)로서 '하나님이 보시기에 좋았더라'(God saw that … was good)고 말씀하신 선한(*towb*, good) 것이었다(창 1:4, 10, 12, 18, 21, 25). 인간은 선하게 지어진 풍성한 세계에서 생존을 시작해서 문명을 발전시켜 왔다. 이 과정에서 발생한 자연에 대한 인간의 지배와 정복에 따른 생태계 파괴는 성서의 지향점이 아니다. 기독교 신학은 린 화이트(Lynn White)의 영향력 있는 주장 이후 이 세계에 대한 청지기 정신과 보존하는 역할에 대한 방향을 견지해 가고 있다.[5]

그러나 우리의 현실은 과도한 생산과 소비에 따라 환경 파괴, 과(過)소유, 물질 만능주의 등의 폐해가 양산되고 있는 형국이다. 슘페터가 '창조적 파괴'라고 표현한 것은 이런 의미일 것이다. 물론 그동안 인류가 구축해 온 자본주의 시스템 자체를 파괴적인 것이었다고 말할 수는 없다. 자본주의는 사유재산의 인정으로 개인의 독립과 주체성을 확보하고 시장을 통해 경제 활동을 조율해 왔다.[6] 하나의 시스템인 시장경제가 부도덕한 것이 아니라 그것의 가속화 속에서 폐해가 드러났음이다. 우리가 재고하고 해석해야 할 지점은 여기서 동력으로 작용한 인간의 욕망과 이기주의 그리고 그 결과로서 인간 소외이다.

1) 인간의 욕망과 소유

이제 자본주의 시스템과 인간의 욕망에 관해 이야기해 보자. 우리의 일상은 더 많은 것을 지속해서 새롭게 소비하고 소유하는 굴레에 갇혀 있다고 해도 과언이 아니다. 편리함을 내세운 일회용 소비문화와 욕망을 자극하는 광고는 기업의 전략이며, 이것이 소비와 낭비를 조장하고 있기 때문이다. 이 경제 시스템은 사람의 선택에 선행하고 오히려 수요를 형성하는 방식으로 돌아간다. 사람이 만든 체제가 우리의 삶을 위해 구동되는 것이 아니라 역으로 자본의 목적(capital ends)이 인간의 욕망을 움직이고 있는 형국이다. 더 많은 것을 소유하려는 인간의 욕망은 창조에서 드러난 하나님의 뜻과 대립한다.

여기서 시몬 베이유(Simone Weil)의 '창조와 비움'에 대한 해석은 생각할 거리를 제공한다. 베이유에 따르면, 하나님의 창조는 하나님이 자신을 비우고 물러나심으로(withdrawn) 피조 세계를 허용하신 것이다. 완전하고 무소 부재하신 창조주 안에 피조 세계를 창조한 것은 확장이 아니라 축소와 비움에 해당한다. 이 창조는 하나님의 힘과 전능하심이 아니라 자기 비움과 타자를 위한 긍휼과 사랑에 의한 역사이다.[7] 이 관점에서 볼 때 하나님이 사랑으로 자기를 내어주신 세계에서 인간은 반대로 가고 있는데, 끝없이 자기를 채우기 위한 질주를 하고 있다.

인간의 욕망과 소유의 문제는 현대인의 병리적 현상으로도 설명된다. 제임스 월먼(James Wallman)은 무소유의 반대 개념인 '과소유'가 현대사회의 질병이라고 말한다. 그는 지나치게 많은 것을 가지고 있는 과소유를 정신적 난치병으로 보고 새로운 조어 'stuffocation'을 제시한다. 'stuffocation'은 물건을 뜻하는 'stuff'와 질식을 의미하는 'suffocation'을 합성하여 '지나친 물건은 사람의 목을 조른다'는 의미를 지닌다.[8] 물론 자본주의가 아니라면 인간의 욕망이 문제가 되지 않는다는 주장은 망상일 것이다. 성서는 이미 소유에 대해 많은 언급을 하고 있는데, 예수 그리스도는 "삼가 모든 탐심을 물리치라 사람의 생명이 그 소유의 넉넉한 데 있지 아니하니라"(눅 12:15)라고 말씀했다. '인간의 존재냐 소유냐'를 돌아보게 하는 이 말씀은 본래 타고난 인간의 탐심이 언제든지 사람의 존재를 넘어서는 가치로 치환되어 오해될 수 있음을 말해준다.[9] 자본주의는 이 본성을 가장 잘 이용하고 있는 경제 시스템이다.

그렇다면 소유는 인간의 욕망과 갈증을 해갈해 주는가? 아이러니한 것은 욕망에 따른 많은 소유가 도리어 인간 자신을 소외시키고 있는 현실이다. 개인주의에 치우친 소유에 대한 무제한적 자유는[10] 끝이 없으며 그것이 강하게 작용할수록 타인을 외면하게 한다. 유한한 재화가 내게 쌓인다는 것은 누군가의 결핍으로 연결되지만, 사람들은 고려의 대상이 아니라고 여긴다. 서로가 '그것이 내게 이득이 되는가?'를 생각하면서 선택하는 가운데 인간 존엄은 간과되어 간다. 대부분의 사람은 자신들이 생산하는 재화와 분리되거나 지배되고 노동이 만족으로 이어지지 못하는 가운데 타인과의 관계는 이해타산적 관계로 한정되어 있다.[11] 이러한 인간 소외(alienation, estrangement)의 핵심은 '공생'을 도모하지 않는 작금의 자본주의적 질주에 있다.

2) 보이지 않는 손과 신적 정의

질주를 조율할 브레이크는 없는 것인가? 시장경제에서 가격을 결정하는 보이지 않는 손(an invisible hand)은 그 대답이 될 수 없다. 이는 정의를 향해 이끄는 신의 손이 아니며 경제 윤리에 영향을 받는 변수도 아니기 때문이다.[12] 시장경제를 조정하는 계약 역시 인간 사이에서 일어나는 모든 경우와 상황을 해결하는 방법이 되지 못한다. 불완전한 체제와 불확실한 상황에서 중요한 변수가 있다면 그것은 인간 자신인데, 경제 활동의 무게를 어디에 두고 얼마만큼 상호성을 자각할 것이냐 하는 것이 관건이다.[13] 따라서 인간의 자율에 의한 보이지 않는 손이 신적 정의를 외면하지 않게 하는 노력이 필요하다.

그렇다고 자유시장 체제를 바꾸어 중앙집중 계획과 규제를 강화하는 것은 대안이 아니다. 낸시 폴브레(Nancy Folbre)는 '우리의 민주적 지배 구조가 사랑, 의무, 호혜라는 사회 가치와 어떻게 맞물려 있는지를 보고 여기에서 계획과 시장을 관리해야 한다'고 말한다.[14] '돌봄 경제학'(Care Economy)을 대안으로 제시하는 폴브레의 주장은 신적 정의에 대한 인문학적 표현이라 하겠다. 이제는 성장이 아니라 성장에 따라오는 그림자인 도태와 소외의 영역을 돌보는 경제학을 통해 공생을 도모해야 할 때다.

성서는 신적 정의로서 공생과 돌봄의 가치를 강조하고 선언한다. 특별히 경제적 약자에 해당하는 이웃 보호를 강조하고 임금과 빚, 이자 등에 대한 구체적인 실천 조항들을 강조한다(출 22: 25~26, 레 19:13; 25:36~37; 23:19~20, 신 26:12~13; 15:1~3, 9, 약 5:4 등). 하나님이 자기 백성을 통치하시는 목적은 의로움(righteousness)과 공의(judgement)에 있으며 정의로운 공동체를 향해 있다(시 89:13-14; 사 5:5-7, 16; 9:5-7; 11:1-4; 61:1-11). 곧은 길과 방향으로서 윤리적 표준을 벗어나지 않는 '의로움'(tsedeq, righteousness)과 법적 용어로서 판단의 준거가 되는 '공의'(mishpat, judgement)를 경제 활동과 시스템에 적용한다면 어떤 방식이어야 할까?[15] 적어도 과소유로 인한 불균형을 묵과하지 않고 공생의 가치를 생각하게 할 것이다.

21세기에 들어와서 소유의 문제에 새로운 시각을 제공하는 경제 시스템이 대두되고 활성화되었다. 경제학자 제레미 리프킨(Jeremy Rifkin)은 2000년대에 접어들면서 향후 경제는 소유 중심이 아닌 접근, 즉 공유 위주로 변화하리라 전망했었다.[16] 생산과 공급의 패턴이 아니라 공유를 표방하고 협력적 경제 활동을 강조하는 공유 경제(sharing economy)의 의의와 한계를 이 글의 방향성 아래 논해보자.

2. 진행형인 공유 경제(Sharing Economy)

'공유 경제'(Sharing Economy)는 2008년 하버드 대학교의 로렌스 레식(Lawrence Lessig) 교수가 주창하면서 사용된 용어로서 2010년 무렵 그 개념이 정립된 현재 진행 중인 경제 시스템이다.[17] 이것은 간단히 말해서 상용화된 인터넷 플랫폼을 매개로 잉여의 물건이나 공간 등의 재화와 서비스를 대여하는 경제 활동이다.[18] 예를 들어 운송 수단을 공유하는 우버(Uber)나 그랩(grab)

그리고 숙박 공간을 공유하는 에어비앤비(Airbnb), 또는 네이버 굿즈(Neighbor goods) 같은 무료 물품 공유 사이트를 비롯하여 온라인으로 공예품을 거래하는 엣시(Etsy), 요리계의 우버와 같은 '키친 서핑'(Kitchensurfing) 등이 있다. 유형의 재화가 아닌 무형의 재화 거래도 이루어지고 있는데, '전문가 서비스'(professional services)의 일종인 '썸택'(Thumbtack)과 단순 노동 서비스를 제공하는 '태스크래빗'(TaskRabbit) 등이 있다.[19]

1) 공유 경제의 의의와 한계

인터넷 접근성의 향상과 스마트폰의 보급과 발달은 세계에 있는 다양한 사람들이 연대하고 협력하여 소비하는 것을 가능하게 했다. 아울러 세계적인 경제 위기로 인해 소비문화가 변하면서 공유 경제 모델들이 신속하게 확산하고 있다.[20] 아룬 순다라라잔(Arun Sundararajan)은 이 새로운 모델이 경제와 삶에 대한 우리의 관점에 긍정적인 변화를 줄 것이라고 평가한다.[21] 공유 경제는 어떤 차원에서 유의미한 변화라고 할 수 있을까?

먼저 이 경제 모델의 관점에서 볼 때 '재화'는 소유의 개념으로 한정되지 않는다. 오히려 서로 대여해 주고 차용해 쓸 수 있는 대상이다. 이는 끝없는 생산과 소비의 굴레에서 불필요한 수요까지 도출해 내는 기존의 자본주의적 성장 전략과 차이를 보인다. 새로운 재화를 생산하는 비용과 환경 파괴를 줄이고 유휴 재화를 활용하게 한다. 덧붙여 말하자면, 기존의 방식대로 기업의 광고와 그에 따른 수요 창출이 아니라 온라인을 통해 수요자가 원하는 형태로 즉각적인 서비스가 제공된다는 점에서 '온 디맨드(On-demand) 경제'라고 부르기도 한다. 기업이 아닌 개인도 땅이나 건물과 같은 거대 자본의 투자 없이 경제의 주체가 될 수 있다는 것도 장점이라 할 수 있다.

　무엇보다 중요한 지점은 개인의 거래가 관계를 형성하며 공동체적인 경제 활동과 호혜적인 서비스의 교환의 여지가 다분하다는 점이다. 더 많은 것을 개인 소유로 가지는 것만이 경제 성장이 아니라, 재화에 접근하는 능력과 향유의 방식, 그리고 사람 간에 연결된 협력과 나눔이 다른 의미의 성장이 된다.

　한편 공유 경제 시스템은 빠르게 확산하고 있는 만큼 다양한 논란의 중심에 있기도 하다. 물론 '공유'(共有)라고 말하지만 공동으로 소유하기보다는 함께 사용하거나 나누는(sharing) 것이다. 이미 대중화되어 이 담론을 지배하고 있는 '공유'라는 용어가 주는 의미의 혼동은 큰 문제가 되지 않는다. 실제 경제 활동에서 드러나는 호혜적 차원과 이윤의 충돌, 개인과 자본가 사이의 구조적 갈등이 주목된다. 예를 들어, 일반인이 창업해서 협력적이고 공동체적인 경제 활동을 영위하는 비율보다 부유한 자본가들의 주머니를 더 채워주는 용도로 활용되는 비중이 더 높아지고 있다. 개인들의 '공유'가 아니라 거대 기업과 자본가들이 플랫폼을 장악하는 경우이다. 숙박 앱 에어비앤비[22]를 예로 들어 보면, 개인 호스트가 남는 주거 공간과 호혜를 공유하는 것이 아니라 기업이 여러 개의 숙소를 매입하여 지속해서 임대하는 숙박업의 형태가 늘고 있다.

　그런가 하면 개인이 시장에서 거래의 주체가 되는 기회가 늘어나는 이면에는 노동의 비정규화 문제가 포착된다. 우버나 그랩 기사, 태스크래빗 대행자, 에어비앤비 호스트 등 공유 경제의 노동자 대부분이 독립계약자다. 이들은 기업이 보장하는 산재보험, 잔업 수당, 기타 편의 보장으로부터 소외되어 있다.[23]

2) 협력과 신뢰 지향

진행 중이며 논란이 있는 공유 경제에 대해서 합리적인 정책을 제시하는 것은 이 글이 수행할 역할이 아니다. 공유 경제 모델은 소유와 공유를 중심으로 경제라는 우리 삶의 한 영역이 견지해야 할 요소를 생각하게 한다. 말하자면 인터넷 기반 가동력이나 유휴 자원과 같은 형식 요소가 아니라 그것을 수행하는 사람의 자세와 사람 간의 관계에서 필요한 요소를 주목하는 것이다. 숙고할 대상은 경제 주체 간의 '협력'과 '신뢰'의 문제다.

공유 경제가 '협력 경제'(Collaborative Economy)로도 표현되는 이유는 공급자와 수요자가 단순히 가격을 지불하고 재화를 사용하는 것에 그치지 않고 상호 간 협력을 수행하기 때문이다. 레이첼 보츠먼(Rachel Botsman)의《내 것은 너의 것이다》(What's mine is yours)라는 제목은 이 현상을 잘 표현하고 있다.[24] 공유 경제에서 한 사람은 언제든지 공급자가 되거나 수요자가 될 수 있는데, 내가 소유한 집, 자동차, 노동력, 요리 기술이 상품이 되고 나 또한 그러한 서비스를 사용할 수요자가 될 수 있다. 여기서 허락과 거래와 아울러 선물과 상호작용이 가능하게 된다. 대중에 기반을 둔 네트워크에 의해 운영되는 공유 경제는 조직이나 위계보다는 개인의 소통과 상호성이 중요한 활동이다.[25]

협력적 상호작용에서 부각되는 또 다른 가치는 상호 신뢰다. 왜냐하면 이 거래가 성사되기 위해서는 서로에 대한 신뢰가 바탕이 되어야 하기 때문이다. 긴밀한 공동체에서 해왔던 것처럼 다른 사람 집에 가서 자고, 남의 차를 타려면 신뢰가 필요하다. 한계가 있지만, 플랫폼이 제공하는 평판 시스템은 이 역할을 대행하고 있다. 기업과 같이 공식적인 브랜드와 광고로 홍보할 수 없는 개인 공급자는 신뢰를 구축하면서 플랫폼을 통해 보여주기 위해 노력하게 된다. 소유 개념을 새롭게 정의하고 공공재와 공유의 차원을 여는 공유 경제가 야만적 자본주의의 대안이 되기 위해서는 협력과 신뢰를 고민하고 발전시켜야 하리라고 본다.

소비 중심적이고 이기주의적인 경제 활동에 변화를 줄 수 있게 하는 것은 결국 경제 주체인 사람의 가치관이다. 공유 경제는 전혀 새로운 모델이라기보다는 그동안 자본주의의 흐름에 밀려났었던 과거의 경제 모형이 새 옷을 입고 등장한 측면이 있다.[26] 이것은 이타적인 인간, 협력하고 공생하려는 인간이 전혀 새로운 것이 아닌 점과 마찬가지다. 이제 인류의 유산이자 신앙인의 삶의 모범을 제시하는 성서의 경제 규율로 눈을 돌려 비교해보자.

III. 구약의 희년 제도

창조 이후 하나님께서 인간에게 주신 땅과 모든 자원에 대한 행동 명령은 창세기 1장 28절에서 볼 수 있다. 여기서 '지배하라'(*kabash*)와 '다스리라'(*radah*)의 의미를 문자적으로 해석할 수는 없다. 이는 하나님이 보시기에 '좋다' 하신 세계에 대해 청지기 정신(stewardship)으로 돌보고(겔 34:4, 시 72:8) 충만하라(*male*) 하신 복의 명령을 따라 경영하라는 말씀이다.[27]

출애굽 이후 하나님의 언약 백성이 된 이스라엘 공동체에 주신 보다 구체적인 삶의 방식에 대한 규율 중 희년(*yobel*, year of Jubilee) 제도가 있다. 7년에 한 번씩 돌아오는 안식년에는 종을 풀어 주고 채무를 탕감하고, 50년에 한 번씩 돌아오는 희년에는 원(原)소유자들에게 땅을 돌려주었다. 토지와 노예에 대한 주기적인 해방의 법은 고대 근동(Ancient Near East)에서 일치하는 유례를 찾을 수 없는 독특한 절기이자 제도다.[28] 바벨론 왕 함무라비(Hammurabi, 기원전 1972-1750년)와 그의 아들 삼수-일루나(Samsu-iluna, 기원전 1750-1712년)의 경우 상업적 부채를 탕감하고 개인 노예 해방을 선포한 것으로 알려졌지만, 이것은 통치 초기에 사회적 불평등을 시정하려는 왕의 관심을 보여주는 이례적 사건이었다.[29] 이와 달리 이스라엘은 임의적인 인간의 지도력을 넘어서서 하나님의 의로움을 따라 지속적인 소유권 회복과 해방을 시행해야 했다. 이스라엘 공동체를 향한 이 신적 개입은 어떠한 가치를 위한 것이며 어떤 방식으로 지켜야 했던 제도인가?

구약 전체에서 가장 명확하게 희년을 언급하고 있는 본문은 레위기 25장이다. 이 본문에 대한 고찰의 방향은 두 가지다. 대부분의 학자는 2-7절의 안식년 규례와 8-55절의 희년 규례에 대한 편집과 불연속성을 지적한다.[30] 이 글에서는 본문의 역사성과 편집 문제는 논외로 한다. 희년 제도가 안식년 제도와 연결되어 있으며 의미상 그것을 포괄한다는 견지에서 최종 본문에 주목하고 이 제도의 지향점을 볼 것이다.

나팔을 부는 '나팔의 해'(shenat hayobel)인 희년은 신호를 울려서 이스라엘 백성을 한곳으로 모으고 메시지를 전한 축제의 절기이다(레 25:9-10). 기본적으로 제의적 성격이 강하게 반영되어 있는 희년은 종교적 가치를 강조하는 맥락에서 다루어진다(레 17-26).[31] 이 글에서는 희년 제도가 지닌 경제적 차원에 주목할 것이다. 제이콥 밀그롬(Jacob Milgrom)은 희년 제도를 '이스라엘의 경제적 불의에 대한 제사장적 응답과 대안'(the Priestly Response to Economic Injustice)으로도 표현한다.[32] 실제로 레위기 본문(25장)은 토지, 가옥, 그리고 노동력에 대한 경제적 조율을 위한 명령을 다루고 있다. '낮아짐, 내려감'을 뜻하고, 구약 성서 전체에서 레위기에서만 등장하는 단어 '가난'(muk)을 여러 차례 사용하면서(레 25:25, 35, 39, 47) 경제적 악화 현상을 기술하고 있다.[33] 여호와는 희년 제도를 통해 이스라엘 백성의 살림살이, 즉 경제 문제를 조율하는 규범을 제시한 것이다. 여기서 본래 경제를 뜻하는 영어 'Economy'가 oikos(집, 가정)와 nomos(법, 규범)의 합성어인 헬라어 οἰκονομία(olikonomia)에서 유래했고 성서에서 이것이 가정이나 공동체의 관리를 의미하는 점을 상기할 필요가 있다(눅 16:1-4).

1. 소유권 회복

희년 제도는 자산에 대한 소유권의 회복, 즉 '무르기'에 대해 다룬다(레 25:10). 한국어 개역개정역에 '무르다,' '돌아가다,' '돌아오다,' '회복하다,' '속량하다,' '속하다'로 번역된 유사한 개념의 동사들이 등장하는데, 원문 역시 유사 개념의 동사들이 교차적으로 사용되었다. 예를 들어 '슈브'(shub), '가알'(gaal), '야짜'(yatsa)가 있고, 이 중에서 높은 빈도로 '슈브'(shub)와 '가알'(gaal)'이 사용되었다.

'슈브'(shub) 동사는 기본적으로 방향을 바꾸는(turn back, return) 동작을 가리키는데, 레위기 25장의 경우 돈에 팔린 사람의 신분을 돌리고 회복시키는 의미로 5회(레 25:10[2회], 13, 41[2회]) 등장하고 땅과 소유를 돌려서 무르는 의미로 3회(레 25:27, 28[2회]) 사용되었다. 보다 자주 쓰인 동사는 '가알'(gaal)'인데, '속량하다, 되찾다, 구속하다.'라는 의미이며 잘 알려진 '고엘 제도'의 어근이다. 가까운 친족으로서 경제, 계대(繼代), 생존의 어려움을 당한 자를 속량할 의무가 있는 사람인 '고엘'은 한국어 성서에서 근족(近族), 기업(基

業) 무를 자, 보수자(報讐者) 등으로 표현되었다(레 25:25, 룻 2:20; 3:9,12; 4:3, 민 35:12). '가알'(gaal)' 동사가 사용된 용례, 즉 회복시킬 자산은 땅(레 25:24, 25, 26), 가옥(레 25:29[2회], 30, 32, 33), 그리고 사람의 몸값(레 25:48[2회], 49[3회], 54)이다. 희년 제도는 땅에 대한 소유, 가옥에 대한 소유 그리고 사람에 대한 소유를 원소유주에게 돌려보낼 것을 명령하고 있다.

1) 땅 무르기

땅은 가장 중요한 무르기의 대상이다. 농경사회에서 땅은 삶의 터전으로서 생존과 밀접하게 연결된 자산이다. "각 사람이 자기 포도나무 아래와 자기 무화과나무 아래에 앉을 것이라"(미 4:4)는 미가의 예언은 솔로몬 왕정의 태평성대(왕상 4:25)를 상기시키면서 메시아의 날을 이상적으로 표현하고 있다. 이 묘사가 말해주는 것은 하나님으로부터 받은 땅에 평안하게 정착하고 경작하며 사는 것이 최고의 소망이었다는 점이다. 희년 제도의 대전제는 이 땅이 근본적으로는 사람이 아니라 하나님의 소유라는 사실이다.[34]

> 토지를 영구히(tsemithuth) 팔지 말 것은 토지는 다 내 것임이니라(ki-li ha'arets) 너희는 거류민이요 동거하는 자로서(gerim we-toshabim) 나와 함께 있느니라(레 25:23).

여기서 핵심은 '그 땅이 여호와의 소유이기 때문에'(ki-li ha'arets)라는 문장에 있다. 반면 인간의 위치를 말하는 단어인 '게르'(ger, 나그네)와 '토샤브'(toshawb, 우거하는 자)는 모두 '체류, 거주'의 개념에서 파생했다. '토샤브'(toshawb)의 경우는 구약 성서 내에서 땅을 소유하지 않은 임시적 노동자를 가리키는 데 사용되기도 한다(출 12:45, 레 22:10; 25:35, 45, 민 35:15). 다시 말해 이스라엘 백성은 그 땅에 임시 거주하는 외인(resident aliens)이며, 지주(landlord)의 땅을 경작하는 소작인(tenants)이다.[35] 지주로서 여호와는 땅의 소유권 이전이나 회복을 요구하실 수 있다. 따라서 현재 땅을 소유하거나 저당 잡고 있다고 해서 그 권한이 변하지 않거나 궁극적인 것(*tsemithuth*, completion, finality)이라 할 수 없다.[36]

구체적 규정은 다음과 같다. 팔린 토지에 대해 원소유주나 그의 친척이 땅을 다시 무르려고 할 때 현 소유주는 이를 허락하고 소유권을 넘겨야 한다. 그뿐만 아니라 당장 무르기가 불가능한 경우에 대해서는 '경제 회복이 가능할 때까지 충분히'(*kedey gealto*) 기다려 주기도 해야 한다(레 25:26). 이때 땅의 가격은 희년까지 남은 햇수에 따라 결정된다. 여기서 희년까지 남은 햇수를 계산하는 이유는 희년 때까지 원소유주나 고엘이 무르고 회복하지 못한 땅도 희년이 되면 소유권이 원상 복귀되기 때문이다(레 25:25-28). 이렇게 볼 때 부의 축적으로 얻은 타인의 땅에 대한 소유 권한은 50년으로 제한된다. 이것이 경제 지표의 변화나 땅의 가치 변화를 반영했는지는 명확하지 않지만, 중요한 것은 땅은 여호와의 것이고 대대로 유산하여 무한대로 증식할 수 있는 재화가 아니라는 점이다.

땅과 아울러 가옥의 소유권도 회복시킬 수 있는데, 성벽으로 둘러싸여 있느냐의 유무에 따라 다른 기준으로 회복된다. 성벽으로 둘러싸인 집은 1년 이내라는 유효기간 안에서만 되찾을 수 있으나 성벽으로 둘러싸이지 않은 집은 땅의 경우와 같이 언제든지 무를 수 있고 희년이 되면 원소유주에게로 복귀된다(레 25:31-32).

땅과 가옥에 대한 희년 제도의 방침은 개인의 영구 소유나 자유로운 매매를 불가능하게 하는데 현대 자본주의 사회에서 보호하는 사적 소유권과는 큰 차이를 보인다. 구약의 신적 경제 시스템은 개인의 자율과 소유권만큼이나 공생하기 위한 상호 간의 의무를 강조하고 있다.[37]

2) 사람 무르기

희년 제도는 땅과 아울러 노예 해방 문제를 다룬다. 구체적인 방침은 땅에 대한 것과 유사하다. 이스라엘 동족이 경제 악화로 자기 노동력을 팔아 종의 신분이 되었을 때 당사자나 친척이 값을 지급함으로써 풀려날 수 있다. 이때도 종의 몸값 계산은 희년까지 남은 햇수로 정해지는데, 땅이나 가옥과 마찬가지로 희년에는 노예 된 사람이 자식들과 함께 돌아가 자유롭게 될 수 있다 (레 25:47-52). 그런데 고엘의 역할을 수행할 대상에 대해 삼촌(*dod*)이나 삼촌의 아들(*ben-dodo*) 그리고 심지어 가족의 살붙이(*mishpahto bessaro*) 등 세밀하게 언급하고 있음을 볼 수 있다(레 25:49). 이는 사람의 자유와 권리에 대해 가능한 최대로 적극적인 회복을 권장하고 있는 것으로 해석된다.

아울러 땅을 무르는 문제와 달리 노예로 팔린 사람에 대해 그가 자유로워지기 전에도 어떻게 대우해야 하는지 주의를 기울이는 점도 주목할 만하다. 자기 동족이 비록 몸값을 받고 팔렸다고 해도 진짜 노예(*ebed*)처럼 일을 시키고 부릴 수는 없다(*lo-ta'abod*)(레 25:39, 신 15:12-18).[38] 그리고 종이 된 동족을 다른 곳에 팔 수도 없는데, 이 종의 권리에 대한 보호는 단순한 윤리의 차원이 아니라 하나님에 대한 경외(*yare', fear*)와 연결되어 있다(레 25:42-43). 레위기 25장은 다음 말씀으로 마무리된다.

이스라엘 자손은 나의 종들이 됨이라(for the Israelites belong to me) 그들은 내가 애굽 땅에서 인도하여 낸 내 종이요 나는 너희의 하나님 여호와이니라(I am the LORD your God)(레 25:55).

땅의 신적 소유를 선언했던 23절과 같은 표현 방식으로(ki-li ha'arets) 이스라엘 백성에 대한 여호와의 소유가 선포되고 있다. 즉 이스라엘 자손은 여호와에게 속한 그의 소유이며(ki-li bene-yisrael), 이집트 땅에서 끌어낸 여호와의 종이다. 노예 제도가 일반적인 고대사회에서, 성서는 그의 백성이 인권을 박탈당하는 것을 묵과하지 않고 매매 대상이 될 수 없는 존재임을 말하고 있다. 불가피하게 몸값을 주고 팔린 사람 역시 희년을 통해 그 권리와 자유를 회복할 수 있다.

2. 희년 제도의 배경과 목적

1) 고대 이스라엘 사회의 경제 불균형

경제적 소유에 대해 제재를 가하는 희년 제도의 배경과 지향점은 무엇일까? 자본에 의해서가 아니라 인위적인 재배치를 도모하는 이 제도는 사람들의 소유를 획일화하거나 공산화(communization)하기 위함은 아니었다. 성경은 부지런한 노동과 근면의 가치를 존중하고(잠 10:26; 12:24-27) 하나님이 주시는 복과 소유를 부정하지 않는다(창 39:5, 삼하 6:12, 대상 13:14, 욥 1:10). 희년 제도의 배경은 고대사회의 경제적 상황과 무관하지 않다.

가나안 정착 초기의 땅 분배로 돌아가서 레위 지파를 제외한 모든 이스라엘 지파는 각각 기업을 분배받았다(수 15-19장). 가나안 정착 이후 시간이 지나면서 기근이나 전쟁 등의 외부 요인과 개별 채무 증가 등의 개인적 사정으로 백성 중에는 기업으로 얻은 땅을 팔거나 노예로 자기 몸을 팔아야 하는 이들이 생겨났다. 도망친 노예를 주인에게 돌리거나 압제하지 말라고 말하는 신명기 23장 15-16절의 조치는 이스라엘 사회에서 적지 않은 이들이 노예로 전락하고 억압을 이기지 못해 도주했던 상황을 보여준다.[39]

가난은 경제적 악화의 진행과 가속화의 다른 이름이다. 레위기 25장은 어떠한 방식으로 경제적 악화가 진행되는지에 대한 흔적을 보여준다.[40] 본문의 25-34절은 이스라엘 백성이 '가난으로(muk) 인해 자기 기업 얼마를 판' 경우를 언급한다. 이는 자유농민이었던 사람이 기근이나 수확량 감소 등의 경제 악화로 지게 된 빚을 갚기 위해 땅을 파는 단계이다. 35-38절은 '땅을 무르는 법'을 다루는데, 이스라엘 백성이 '가난하게 되어(muk) 빈손으로 있는' 상황에 해당한다. 이는 자기 소유의 땅을 매매하고 나서도 상황이 나아지지 않고 빚이 늘어나는 단계를 보여준다. 여기에는 매매한 땅에 대해 소작인으로서 농사를 지었지만, 땅에 대한 임대료나 이자를 내기 힘든 상황과 양식을 구해야 하는 상항이 배경이 된다. 성서는 막대한 이자 부담에 대해 자주 언급하고 있는데(신 23:19-20: 24:10-13), 고리대금은 당시 사회에서 심각한 사회 문제이자 개인의 힘으로 해결하기 어려운 부당한 제도였던 것으로 보인다.[41]

마지막으로 39-55절은 '채무 노예에 대한 법'을 말하는데, 역시 이스라엘 백성이 '가난하게 되어(muk) 몸이 팔린' 상황에 해당한다. 이 역시 자본이 전혀 없는 상태로 자기 몸을 팔아 노예가 되어야 하는 단계이다. 이 단계에서 어른과 아이의 구분은 없었다(왕하 4:1). 이미 상실한 토지, 감당할 수 없는 이자 부담, 마지막 수단으로 몸을 구속한 상태의 지속이나 가속화는 심각한 경제 불균형을 초래했을 것이다. 이것은 공동체의 공생이 아니라 적자생존이나 승자독식으로 흐를 것이 자명했다. 이들이 기대할 수 있는 것은 안식년과 희년 제도와 같은 전복적 개입뿐이다. 장성길은 희년 제도의 '무르기'가 '만민에 대한 평등한 토지권 정신'을 구현하려는 방법이었다고 말한 바 있다.[42] 이에 더하여 고대사회의 경제 불균형이 생존을 위협하는 측면이 있었다는 점을 참작할 때, 희년 제도는 개인주의를 넘어서는 공동체성과 공생에 대한 당위를 제시하고 있다 하겠다.

2) 희년의 의미와 공생

로이 E. 게인(Roy E. Gane)은 경제적 차원에서 희년 제도의 의미를 이해할 수 있도록 잘 설명하고 있다. 첫 번째, 이 제도는 이스라엘의 왕이시며 땅의 소유자이신 하나님에 대한 신뢰를 바탕으로 하며, 지속해서 준수되어야 할 명령에 해당한다. 두 번째, 가나안 정착 당시에 정해진 조상에게 주어진 땅에 대한 보호를 지지한다. 세 번째, 당시 농경사회에서 농경지가 지니는 현실적인 비중과 경제적 의미를 잘 드러낸다. 네 번째, 희년 제도는 경제적 곤궁과 생존을 위협하는 문제가 세대를 거쳐 지속되지 않도록 하는 실질적인 해결책에 해당한다.[43] 희년 제도는 이스라엘 백성의 경제 영역에 대해 그들을 구원하신 여호와의 정의를 담아 공생을 도모하도록 하는 규범이었다고 말할 수 있다.

본문(레 25장)은 하나님의 관심이 공동체의 생존과 행복을 위한 공생을 향해 있음을 곳곳에서 보여준다. 그의 명령을 따라 경작을 쉰다면 땅이 먹거리를 내어주는 복을 주는데, 이는 말씀을 받는 2인칭의 남성 한 사람에게만

(leka) 국한되는 복이 아니다. 남종, 여종, 품꾼 나아가 나그네에게도 그 혜택이 미친다(레 25:6). 희년 제도 안에 있는 세부적인 명령들은 두 번에 걸쳐서 강조하고 있는 바와 같이(레 25:35-36) 궁극적으로 모든 경제적 약자가 '너희와 함께 살도록'(wa-hay 'imak), 즉 공생하도록 하기 위해서다.[44]

이 규범이 실제로 역사 속에서 준수된 방식을 확인하는 것은 간단한 일이 아니다. 왕정 초기부터 사회 안에 만연했던 경제적으로 고통받는 이들(삼상 22:2)은 포로 귀환 이후까지 존재하였다(느 5:1-15). G. F. 데이비스(G. F. Davies)가 주장하는 대로, 느헤미야의 개혁도 오랜 이스라엘 사회의 경제 불균형을 해결하지는 못했다.[45] 물론 희년 제도의 역사적 실행이 전무했다고 볼 필요도 없다. 김회권이 말한 것처럼 희년 사상이 이스라엘의 지배층과 유력 시민들에게 실천 부담을 안겨 주는 말씀이었을 가능성이 높기 때문이다. 시드기야 왕이 시도한 노예 해방(렘 34:8-11)이나 수넴 여인이 재판을 통해 땅을 다시 찾은 사건(왕하 8:1-8) 등이 그 예라 할 수 있다.[46] 분명한 것은 희년 제도가 언약 백성을 향한 하나님의 뜻이자 이스라엘 사회가 추구했어야 할 이상향을 담고 있다는 점이다.

다시 말해서 이 제도는 하나의 사회 개혁 지침에 그치지 않으며 "너희는 오십 년째 해를 거룩하게 하여"(레 25:10)라는 말씀처럼 가치와 무게가 있는 법이다. 이 표현은 하나님께서 창조 후 제 칠일을 '거룩하게 했던' 일(창 2:3)을 상기시키는데, 두 본문에서 사용된 '거룩'(kaw-dash')의 표지는 이 땅의 현실과 구별되어(to be set apart) 오히려 신의 속성을 따라 봉헌된(consecrated) 것을 말한다.[47] 우리 삶의 지극히 현실적인 경제 활동도 거룩함을 비출 수 있어야 한다. 희년 제도는 신적 정의라는 이상향을 담고 있는 거룩한 제도이자 절기로서 실제 역사 속에서 이스라엘 백성들의 생존이 위기에 처했을 때마다 경종을 울렸을 것이다. 희년 제도가 제시하는 공생의 가치는 오늘날 다시 상기할 필요가 있는 자본주의 경제의 매개변수다.

IV. 나가는 글

자본주의 시스템이 보이는 한계로서 인간 탐욕에 따른 과소유의 문제와 결핍된 정의와 인간 소외를 직시하였다. 그리고 경제 시스템의 변화가 요구되는 현실 가운데, 새로운 모델로 부상하는 21세기 공유 경제 시스템과 신적 정의가 담긴 구약의 희년 제도를 고찰하였다. 자율과 기회 그리고 성장과 이윤의 극대화라는 바퀴 속에서 현대인은 타인이 없는 경제, 만족이 없는 경제, 양극화된 경제의 굴레를 돌고 있다. 이 가운데 소유가 아닌 공유, 소외가 아닌 협력 경제의 모델로 부상하고 있는 공유 경제는 유의미한 변화로 포착되었다. 그러나 공유 경제의 지향점과 현실적 한계 사이의 간극 또한 명백했다. 그 차이를 메우고 지향할 방향으로서 협력적 공동체 정신과 인간 상호 간의 신뢰 구축을 숙고할 수 있었다.

현대인에게 낯선 '공유하고 협력하는 경제 활동'은 오히려 인간사에서 오랜 역사를 지닌 잊힌 방식이었다. 구약 성서에 나타난 독특한 경제 지침인 희년 제도는 신적 정의와 공동체성 지향 그리고 공생을 위한 규례로서 그 가치를 담보하고 있다. 제의적 차원의 절기가 아니라 경제적 차원의 제도로서 희년 제도를 고찰하여 땅과 사람에 대한 소유권을 무한대로 증식시키고 양극화를 가속하는 이기적 경제에 대한 제재와 조율의 방식을 확인해 보았다. 희년 제도는 오늘날 자본주의적 질주에 매개변수가 되고 재고의 여지를 제공할 가치를 전해주며 공동체의 공생과 사람에 대한 고려가 없는 이기적이고 탐욕적인 생존이 거룩하지 않다고 말한다. 인간은 신의 창조 세계를 선물로 받아서 공유하고 생존하고 유산하며 유한한 삶을 영위하는 존재이다. 삶의 영위 과정에서 타인이 있고 공동체가 있고 함께 잘 살기 위한 조율이 있을 때 유한한 자원과 채울 수 없는 욕망은 인간을 괴롭히는 한계가 아니라 관리하여 행복을 추구할 기회가 될 것이다. 공생을 도모하는 경제 활동의 주체로 거듭나는 그리스도인의 삶을 고대해 본다.

[미주]

1 제러미 리프킨은 과거 산업 시대가 근면한 노동과 권위주의, 금융과 시장 그리고 소유가 중요했던 시대였던데 반해, 3차 산업혁명 이후는 협업, 창의, 공유와 개방, 그리고 글로벌 네트워크가 보다 중시된다고 설명한다. 제러미 리프킨/안진환 옮김, 『제3차 산업혁명』(서울: 민음사, 2016), 371-372.

2 게세코 폰 뤼프케 · 페터 에를렌바인 편/김시형 옮김, "2장 기본적인 욕구를 보장하라," 『희망을 찾는가 - 전혀 다른 방식으로 세상을 바꾸는 대안 노벨상 수상자들 이야기』(서울: 갈라파고스, 2011), 97-99

3 그는 다음과 같이 말한다. "나는 신학적 관심이 시장의 기능을 위한 도덕적 매개변수를 설정한다는 의미에서 경제학이 신학에 종속된다고 제안한다." Daniel M. Bell, *The Economy of Desire: Christianity and Capitalism in a Postmodern World* (Grand Rapids: Baker Pub Group, 2012), 26-27

4 Joseph A. Schumpeter, *Capitalism, Socialism, and Democracy*, 3rd ed. (New York: Harper & Row, 1962), p. 61; Joseph A. Schumpeter, *Can Capitalism Survive?* (Martino Fine Books, 1947).

5 화이트는 창세기를 자연에 대한 인간의 지배와 정복의 정당성을 부여하는 본문으로 해석하는 것이 생태학적 위기의 원인이 된다고 지적했고 이는 많은 반성적 재해석을 낳았다. Lynn T. White, "The historical roots of our ecological crises," *Science* 155(1967): 1203-1207; R. J. Berry, "Creation and the environment," *Science & Christian Belief* 7(1995), 21-43. 제임스 바(James Barr)의 경우, 화이트와 다른 관점에서 '창조주의 권한을 초월하여 지배권을 주장하는 인문주의'에 책임을 묻기도 했다. J. Blenkinsopp, *Treasures Old & New Essays in the Theology of the Pentateuch* (Cambridge/Michigan: Grand Rapids, 2004), 38.

6 T. G. Palmer, *Realizing Freedom: Liberation Theory, History, and Practice* (Washington, DC: Cato Institute, 2009), 155-181.

7 Simone Weil, *Waiting for God* (New York: Harper Perennial, 2009), 29. 위르겐 몰트만(Jürgen Moltmann) 역시 산업의 발전과 병행되는 착취, 파괴의 현실에서 생태적으로 창조론을 해석한 바 있다. 그에 의하면, 현대사회의 질주와 파괴적 생산 활동은 창조주이자 세계 안에 거하시는 유지하고 존속하게 하시는 하나님의 역사와 평화와 공생을 위하시는 인도하심을 외면하고 있다고 할 수 있다. 위르겐 몰트만/김균진 옮김, 『창조 안에 계신 하느님』(서울: 한국신학연구소, 2007), 135-139, 221-224.

8 제임스 월먼/황금진 옮김, 『과소유 증후군』(서울: 황금진출판사, 2015), 81-84.

9 김득중, "어리석은 부자 이야기(누가복음 12장 12~16절)," 「새가정」 통권 432호(1993년 2월호): 70-73.

10 자유 자체를 문제 삼을 수는 없다. 근대 사회와 자본주의의 도래는 억압적 상태의 군중에게 정치, 경제적 차원에서 시민의 자유를 주었다. 자유는 정부 권력의 제약에 대한 방어인 동시에 문명의 진보를 위한 조건이기도 하다. Milton Friedman, *Capitalism and Freedom* (The University of Chicago Press, 2002), chapter 1을 참조하라.

11 사람 간의 관계는 거래하는 관계, 아니면 이윤을 놓고 경쟁하는 관계, 이 둘의 관계도 아닌 단절된 관계가 된다. 경제인문사회연구회, 『공생발전 - 정치 경제 및 사회적 접근』(국가정책연구허브: 경제인문사

회연구회, 2011), 14-15.

12 18세기 영국의 경제학자 애덤 스미스(Adam Smith)는 『국부론』(*The Wealth of Nations*)에서 시장경제의 가격 메커니즘(price mechanism)을 '보이지 않는 손'(an invisible hand)으로 비유했다. Adam Smith, *The Wealth of Nations* (Scotts Valley: CreateSpace Independent Publishing Platform, 2018).

13 아담 스미스 역시 인간이 경제 활동에서 이기심을 추구하는 데 있어서 다수가 도덕적으로 공감하는 수단에 한정되어야 하고 이 공감의 원리를 지켜주는 양심 혹은 신의 대리인에 의한 보증이 중요함을 강조했다. 김요섭, "소유의 새로운 패러다임을 제시하는 김회권의 자비 경제학 : 정의로운 소유는 무엇인가?," 「현상과인식」 46/4(통권 제153호)(2022): 202.

14 낸시 폴브레/윤자영 옮김, 『보이지 않는 가슴 - 돌봄 경제학』(서울: 또하나의문화, 2007), 297.

15 김회권은 그의 저서를 통해 구약시대 언약공동체의 살림살이가 현대를 살아가는 우리에게 제시하는 소유의 새로운 패러다임을 보여준다고 말한다. 김회권, 『자비 경제학-구약성경과 하나님 나라 경제학』(서울: PCKBOOKS, 2022), 89.

16 제레미 리프킨/안진환 옮김, 『한계비용 제로 사회』(서울: 민음사, 2014), 1부.

17 2008년 하버드 법대 로렌스 레식(Lawrence Lessig)은 그의 논의를 시작하면서 경제를 크게 '상업 경제'(commercial economy), '공유 경제'(sharing economy) 그리고 이 두 가지의 '하이브리드 경제'(hybrid economy)로 구분했다. 여기서 공유 경제는 개인이 소유하고 있지만 활용하지 않는 재화나 지식·경험·시간 등의 유·무형 자원을 협력 소비하는 경제 활동 방식이다. Lawrence Lessig, *Remix: Making Art and Commerce Thrive in the Hybrid Economy* (London: Bloomsbury Academic, 2008), 117 - 176.

18 달리 표현하자면 재화와 서비스를 분배, 공유, 재사용하기 위한 목적으로 사람들을 연결하는 동등 계층간 통신망(同等階層間通信網), 즉 P2P(peer-to-peer network) 업체를 통칭한다.

19 알렉산드리아 J. 래브넬/김고명 옮김, 『공유경제는 공유하지 않는다』(서울: 롤러코스터, 2020), 54.

20 Ibid., 53-57.

21 아룬 순다라라잔/이은주 옮김, 『4차 산업혁명 시대의 공유 경제: 고용의 종말과 대중 자본주의의 부상』(서울: 교보문고, 2018).

22 에어비앤비는 개인이 보유하고 있는 유휴 공간을 대여하여 거래할 수 있는 플랫폼이다. 중개 업체에 해당하는 에어비앤비는 일정한 수수료를 얻고 호스트와 게스트를 연결한다.

23 예를 들어, 노동력을 거래하는 공유 경제 서비스인 긱(Gig) 경제의 참여자로서 전문성과 노동력을 제공하는 이들은 이 플랫폼을 운영하는 기업과 고용 계약을 맺은 것이 아니다. 이에 따라 개인 노동자들은 시간적 자율과 일에 대한 선택의 자유를 갖지만, 기업 역시 고용 부담과 책임에서 벗어난다.

24 Rachel Botsman and Roo Rogers, *What's Mine Is Yours: The Rise of Collaborative Consumption* (Harper Business; Illustrated edition, 2010)를 참고하라.

25 순다라라잔, 『4차 산업혁명 시대의 공유 경제』, 58-60.

26 하버드 대학의 차이 벤클러(Yochai Benkler) 교수는 공유 패러다임으로의 경제 변화가 일종의 회귀(回歸) 차원이 있음을 지적하면서 이것이 기업이나 정부와는 다른 방식으로 생산성과 공유의 매력을 지

니고 있다고 말한다. Yochai Benkler, "Sharing Nicely: On Shareable Goods and the Emergence of Sharing as a Modality of Economic Production," *The Yale Law Journal* Vol. 114, No. 2 (Nov., 2004), 273-358.

27 데이비드 M. 로아즈(David M. Rhoads)는 우리가 하나님의 창조 세계를 섬기고(serve) 보존하도록 (deserve) 부르심을 받은 청지기라고 말한다. David M. Rhoads, "Stewardship of Creation," *Currents in Theology and Mission* 36/5 (2009): 336. 이은우, "창세기 1장 1절-2장 4a절의 수사적 구조에 나타 난 생태윤리,"「구약논단」18/2(통권 44집) (2012), 20-22.

28 안식년과 희년 주기를 고대 근동의 제도와 비교한 연구에 대해서는 다음 글을 참고하라. C. Carmichael, "The Sabbatical/Jubilee Cycle and the Seven-Year Famine in Egypt," *Biblica* 80 (1999): 228-30.

29 Roy Gane, *Leviticus, Numbers. The NIV Application Commentary* (Grand Rapids: Zondervan Academic, 2004), 431-432.

30 두 가지 제도를 연결하고 있는 레위기 25장에 대해 김선종은 형성과정과 편집 연구를 시도하고 안식 년과 희년이 연속성과 불연속성을 갖고 있는 지점에 관해 설명했다. 김선종, "레위기 25장의 형성 - 안식년과 희년의 연속성과 불연속성,"「장신논단」40(2011): 95-117.

31 장성길, "구약성경에 나타난 희년법,"『희년』(서울: 홍성사, 2019), 92. 레위기 25장은 17-26장에 이르 는 성결 법전에 속해 있으며 내용상 거룩함의 윤리를 전제로 한다. 에리히 쳉어/이종한 옮김,『구약 성경 개론』(서울: 분도출판사, 2012), 294-297.

32 Jacob Milgrom, *Leviticus: A Book of Ritual and Ethics, Continental Commentaries* (Minneapolis: Fortress Press, 2004), 298-316.

33 이종록, "고대 이스라엘에서의 파산과 회생 제도- 레위기 25장을 중심으로,"「종교연구」43(2006. 5), 4. 레빈(A. Levine)은 본문에 나타난 토지 소유권의 원칙을 중심으로 주석하였다. 다음을 참고하라. A. Levine, Leviticus, *The JPS Torah Commentary* (Philadelphia: The Jewish Publication Society, 2003).

34 본래 성서의 땅은 인간에게 청지기로서 맡겨진 곳이며, 나그네와 같은 이스라엘에게 하나님의 약속 과 복으로 주어진 곳이다(창 17:8; 48:4). 출애굽한 이스라엘은 시내산 언약을 맺기 전에 먼저 땅을 포 함한 모든 세계가 여호와에게 속했음을 선포받았다(출 19:5). 그리고 언약의 땅인 가나안 지역은 정복 과 분배 때부터 '여호와의 소유지'로 표현되었다(수 22:19). 여호와가 이스라엘에게 그 땅을 허락한 것 도 언약 준수의 여부에 따라 빼앗길 수 있는 긴장 관계 아래 주어진 것이었다(신 28:15-68).

35 Milgrom, *Leviticus*, 298-300.

36 본문에서만 등장하는 이 어구에 대해 J. E. 호그(J. E. Hogg)는 땅을 파는 사람이 다시 돌려받 고 무를 수 있는 권리 없이 매매할 수 없다는 의미로 이해했다. J. E. Hogg, "The Meaning of תתמצל(permanently) in Lev 25:23-30," *AJSL* 42(1925/26), 210.

37 존 E. 하틀리(John E. Hartely)의 경우는 이 제도의 무르기가 지닌 목적은 각 지파의 세습 재산 (patrimony)에 대한 권리를 지킬 때만 평등 사회의 기초를 유지할 수 있었기 때문이라고 이해한다. 존

E. 하틀리, 『레위기- WBC Commentary 4』, 김경열 옮김(서울: 솔로몬, 2005), 819.

38 마소라 본문은 '일하게 하지 말라'고 말하고 있으나 칠십인 역은 '그가 너를 섬기게 하지 말라'(οὐ δουλεύσει σοι δουλείαν οἰκέτου)로 의역하고 있다. 노예에게 과도한 의무를 부과하거나 학대를 내포하고 있는 말로 볼 수 있다. 하틀리, 『레위기』, 813-814. 고대사회에서 종이 된 사람에 대한 대우가 인권을 지키는 방식으로 이루어졌을 것이라고 기대할 수는 없다. 성서에서도 종에게 제때 품삯을 주지 않고 힘들게 하는 경우(신 24:15-16)로부터 시작해서 주인이 종을 매로 쳐서 죽음에 이르게 하는 경우(출 21:21)까지 학대의 흔적을 발견할 수 있다. 이에 많은 경우 종들이 주인을 떠나 도망하는 상황도 적지 않게 발생했다(신 23:15-16).

39 이종록은 이스라엘 건국 초기부터 경제 위기를 경험하는 이들이 많았다는 사실을 사무엘상 22장 2절을 통해 설명한다. 다윗이 왕이 되기 전 도피 생활에서 함께한 '환난당한 자,' '빚진 자,' '원통한 자' 들이 바로 경제적 파산상태에 이른 사람들이었다는 것이다. 이종록, "고대 이스라엘에서의 파산과 회생 제도," 1-3.

40 Milgrom, *Leviticus*, 298-316.

41 고대근동의 이자율은 20%에서 심하게는 50%까지 상당히 높았던 것으로 보인다. J. H. Tigay, *Deuteronomy. The JPS Commentary* (Philadelphia: The Jewish Publication Society, 1996), 217. 이종록, op. cit., 각주 33번 재인용.

42 그는 토지의 공공성에 집중하여 오늘날도 토지에서 발생하는 이익을 사회 전체가 공유하는 방법으로 적용할 수 있다고 말한다. 장성길, "구약성서에 나타난 희년법," 102-103.

43 Gane, *Leviticus, Numbers*, 438-440.

44 김회권에 따르면, "성경은 대부분 공동체의 유지와 존속에 목적을 두는 생존경제(subsistence economy)를 상정한다." 김회권, "희년과 하나님 나라," 『희년』, 82-83.

45 일찍이 마틴 노트는 느헤미야 10장 32절에서부터 포로기 이후 시대에 안식년에 대한 요구가 준수되었다고 추론했다. 다음을 참고하라. Martin Noth, *Leviticus: A Commentary* (Westminster John Knox Press, 1977). G. F. Davies, *Ezra and Nehemiah, Berit Olam-Studies in Hebrew Narrative & Poetry* (Collegeville, Minnesota: The Liturgical Press, 1999), 100-102.

46 김회권, "희년과 하나님 나라," 61-63.

47 희년 제도는 안식일에서 안식년 그리고 희년으로 이어지는 시간의 거룩성을 토대로 주어진 말씀이다. 장성길, "구약성경에 나타난 희년법," 98.

제2장

사회경제적 관점으로 읽는 전도서의 소박한 행복과 '탈성장'

김순영

I. 들어가는 말

전도서는 과중한 노동과 과잉의 이득으로부터 해방을 말하는 책이다. 전도서에 다양한 주제들이 있지만, 저자 '코헬렛'(1:1; 개역개정, "전도자")은 '해 아래 수고하는 모든 수고가 사람에게 무슨 이득이 있는가?'(1:3)라는 질문을 삶의 화두로 제시한다. 이 질문은 인류가 직면해야 하는 가장 현실적인 문제다. 우선 노동, 노고, 수고를 뜻하는 히브리어 '아말'과 경제적인 용어 '이득' 또는 '잉여'를 뜻하는 '이트론'은 인류가 경제 문제를 떠나 살 수 없는 존재임을 일깨운다. 이렇게 시작부터 인류의 노동과 그 이득을 묻는 것은 인류의 온갖 수고로움에 대한 비판적 성찰을 위한 코헬렛의 수사적 전략이다. 왜냐하면 코헬렛은 삶과 죽음, 슬픔과 기쁨, 사랑과 미움, 전쟁과 평화 등 양극적인 삶의 양태들(3:1-8), 곧 양극의 질서를 두루 관찰하면서 사람의 온갖 수고로운 기획에 이득이 있는가를 묻기 때문이다(3:9). 또 인류의 노동과 이득을 묻는 코헬렛의 질문과 전도서의 핵심 담론인 소박한 삶의 기쁨을 추천하는 단락들(2:24-26; 3:12:13; 3:22; 5:18-20; 8:14-15; 9:7-10; 11:7-10), 그리고 솔로몬 왕을 패러디한 단락(1:12-2:26)은 21세기 정치 · 경제 · 사회 운동에서 다채롭게 떠오르는 '탈성장'(degrowth) 이론과 공명하는 측면이 많다. 따라서 이 논제의 목적은 전도서에 나타난 인류의 온갖 수고와 이득의 문제를 사회경제비평의 관점에서 재조명하는 데 있다.

사회경제비평은 사회경제적 계급이 해석에 직접적인 영향을 미쳤다는 전제에서 억압받는 사람들의 역사를 찾아내어 현재 상황에 의미를 갖도록 본문을 읽는 성서해석 방법론이다. 이 방법은 해방의 해석학 유형의 하나지만, 정교하게 비평방법론으로 체계화된 것은 아니다.[1] 그런 점에서 이 논의는 선별한 전도서 본문들에 대한 통시적 관점이 아니며 공시성에 초점을 두고 사회경제적인 관점으로 읽되, 탈성장 사유체계를 수렴하여 적용하는 것이다. 이러한 접근은 끊임없이 경제성장을 최고 가치로 떠받들고 조장하여 생태계 불균형과 감염병 대유행을 초래한 인류의 탐욕과 무책임성에 대한 현실 자각에서 비롯되었다.

고대 이스라엘의 '지혜자 코헬렛'(12:9-10)[2]이 노동과 이득을 질문하며 소박한 삶의 기쁨을 동시대 사람들에게 지혜 교훈으로 제시했듯, 사유체계로서 '탈성장'은 과도한 경제성장 논리에 포박당한 인류에게 또 다른 삶을 상상하게 하는 대안 운동이다. 무엇보다 인류의 노동과 이득에 대한 코헬렛의 문제제기는 21세기 무한 경제성장의 패러다임을 비판하는 '탈성장' 이론과 맞닿는 측면이 있다. 이 때문에 해 아래 모든 삶의 기획과 노고에 대한 이득의 문제와 탈성장 담론을 교차시켜 제한 없는 자본 이득에 골몰하면서 무한 경쟁을 부추기는 사회를 향해 대안의 지혜로 제시하려는 것이다.

'탈성장'은 유럽에서 시작되었다. 경제성장 없이도 잘 살도록 개인, 관계, 제도를 건설하는 것으로서 타인과 인간 밖의 존재를 향해서도 가해를 최소화하는 방식으로 속도를 늦추자는 사유체계이며 운동이다.[3] 이와 비슷하게 고대 이스라엘 지혜자 집단의 일원인 코헬렛은(12:9-10) 노동과 이득에 대한 수사학적인 질문을 제기하여 개인이나 공동체를 억압하는 온갖 수고로운 노동으로부터 해방을 유도한다. 따라서 이 논의는 코헬렛이 노동과 이득이라는 담론으로 고대 이스라엘 사회를 일깨우려고 했던 것처럼, 경제 지상주의를 엄호하며 경제성장을 부추기는 현대사회와 이것을 종교화하는 신앙인들을 각성시키는 지혜 운동으로서 코헬렛의 문제의식과 '탈성장'을 자본 논리에 매몰된 사회를 위한 해독제로 제안한다. 무엇보다 이 논의가 경제성장과 무한 이득에 매몰되어 불평등을 고조시킨 사회를 향해 "새로운 번영을 위한 사유"[4] 체계로서 소박한 행복을 위한 신학적인 대안의 목소리가 되길 바란다.

II. 삶의 온갖 기획으로서 일과 이득의 관계

'헛되고 헛되다. 모든 것이 헛되다.'(1:2) 이 말은 지금까지 전도서를 대표해 왔고 동시에 인생의 허무를 자극하는 말로 이해되었다. 이 때문에 많은 독자는 곧바로 이어지는 삶의 핵심 질문을 놓치고 있었다. '해 아래 수고하는 모든 수고에서 사람에게 무슨 이득이 있는가?'(1:3) 이 질문은 모든 것이 '헤벨'(헛됨 또는 덧없음)이라고 선언하는 현실 판단만큼 도전적이다. 특히 '해 아래'라는 말이 덧붙여져 태양의 뜨거운 열기 아래 살아가는 인류의 현주소를 자각시킨다. 인류의 보편적인 현실을 이보다 간명하게 표현한 말이 또 있을까? 무엇보다 코헬렛의 질문은 답을 구하는 말이 아니다. 이 질문은 독자를 몰아세우고 자극하여 생각의 짐을 지우려는 수사학적인 의도를 담아낸 문장이다. 인류 최초의 커플이 타락한 이후로 사람은 누구나 노동으로 땀 흘리며 삶의 조건들과 맞서 싸우며 살아야 하는 존재가 되었다(창 3:17-19). 사람은 그렇게 누구나 수고로운 노동과 땀을 흘려야만 양식을 얻는 존재로 이 땅에 왔다. 그러니 코헬렛의 이 질문은 인류의 현주소를 가장 정확히 짚어준 말이다. 동시에 인류의 고된 노동과 이득에 대해 사유의 시간을 갖으라는 암묵적인 초대다.[5] 그러면 코헬렛이 말하는 노동과 이득의 의미는 무엇인가?

1. 인류의 온갖 '수고'에서 '이득'이 무엇인가?

코헬렛은 지혜자이며 사람들에게 지식을 가르치는 선생이고, 깊이 생각하고 연구하는 연구자이며, 잠언을 수집하고 생산하는 문인이다(12:9-10). 문인답게 그가 선택된 단어와 문장은 섬세하고 독특하다. 그 독특함을 드러낸 여러 문장 중 하나가 노동과 이득에 대한 수사학적인 질문이다. 이 질문은 삶의 온갖 문제를 한 단어로 수렴한 '헤벨' 경구, 곧 '헛되고 헛되다'(1:2)라는 최상급 구문을 이어받는 주제 질문으로서[6] 이와 비슷한 문장이 반복된다.

> 해 아래에서 수고하는 모든 수고가 사람에게 무엇이 유익한가(1:3)
> 일하는 자가 그의 수고로 말미암아 무슨 이익이 있으랴(3:9)
> …바람을 잡는 수고가 그에게 무엇이 유익하랴(5:16, 개역개정)

위 질문들은 인류의 온갖 수고로운 노력에 대해 '무엇이 이득인가?'(마-이트론)를 묻지만, 어떤 '이득'도 없다는 부정의 답변을 끌어내는 수사학적인 질문이다. 이 질문에 중요한 어휘 두 개가 있다. 먼저 '수고'로 번역된 '아말'은 전도서에서 명사 형태로 22회 반복되며, '걱정거리', '일', '고생', '노동', '노력', '무거운 짐', '온갖 수고로운 기획'을 뜻하는[7] 매우 포괄적인 단어다. 그리고 '유익' 또는 '이익'으로 번역된 '이트론'은 이득, 과잉, 초과, 유익을 뜻하며 오직 전도서에서만 사용되었고 10회 반복된다(1:3; 2:11, 13; 3:9; 5:9[8], 16[15]; 7:12; 10:10, 11).[8] '이트론'은 전도서에서 상업적인 용어로 쓰였다. 이처럼 전도서의 몇몇 용어는 농업경제의 상황과 달리 증가하는 돈과 상업의 중요성을 반영한다. 전도서의 상업적인 용어 사용 때문에 전도서가 유다를 식민 지배했던 페르시아 아케메니드 왕조(기원전 539-333년)의 경제 상황을 반영한 것으로 볼 수 있다. 이 시기는 현금이 경제 거래에서 중요한 역할을 했으며 제국은 화폐 제도를 표준화했다. 기원전 5세기 상업은 민주화되고 사유화되어 왕궁 중심의 경제 체제가 아니었다. 그렇다고 '이트론'을 경제학 용어로만 한정하는 것은 아니다.[9] 삶의 다양한 수고로움에 대한 유익의 문제를 두루 포함한다.

또한 이 질문에는 땅의 현실을 강조하는 코헬렛만의 독특한 관용구가 더해졌다. '해 아래'이다. 이것은 이 땅 위에, 또는 이 세상을 표현하는 '하늘 아래'(1:13; 2:3; 3:1)와 동의어처럼 사용되며[10] 인류학적이고 보편적인 무엇에 부합하는, 즉 모든 인류의 공통된 경험을 의미한다.[11] '해 아래'는 전도서에서 25회 반복된다(1:3; 2:11; 2:18, 19, 20, 22; 3:16; 4:1, 3, 7, 15; 5:13[12]; 18[17]; 6:1, 12; 8:9, 15[×2], 17; 9:3, 6, 9[×2], 11, 13; 10:5). 반복 효과는 무엇일까? 코헬렛의 관심이 하늘 위가 아니라 '해 아래' 살아가는 사람과 세상에 있음을 강조한 것이다. 초월적인 저세상이 아니라 지상의 삶에 관심을 둔다는 뜻이다. 코헬렛의 초점은 위로부터의 계시가 아니라 땅 위에 사는 사람과 세상이다. '해 아래'라는 관용적 표현은 두 가지 의미를 함축한다. 첫째, 사람이 태양의 열기 아래 수고로운 땀을 흘리며 살아가는 존재임을 일깨운다. 둘째, 사람이 하늘 위를 볼 수 없는 '하늘 아래', 곧 '해 아래'라는 한계에 갇힌 존재라는 사실을 각성시킨다. 이것은 해 아래 살면서 온갖 수고에서 벗어날 수 없는 인류(아담)의 정체성을 강조한다. 그러면 인류가 온갖 수고로운 삶의 기획과 노동에서 벗어날 수 없고, 그 이득을 의심할 수밖에 없다면 어떻게 살아야 하는가?

2. 코헬렛의 일과 이득에 대한 관점과 소박한 행복론

코헬렛은 인류의 온갖 수고로운 노력이나 기획을 질문했다. 그리고서 그가 내놓은 답변은 다소 충격적이다. 코헬렛은 "내가 수고한 온갖 수고를 내가 증오한다"(2:18)든지 "나는 그 수고로운 생애를 증오했다"(2:17)라고 말한다. 더군다나 모든 것이 헛되고 바람 잡는 것 같다는 말을 일곱 번 반복한다(1:14; 2:11; 2:17; 2:26; 4:4; 4:16; 6:9). 그리고 코헬렛은 자신이 수고한 정당한 대가를 엉뚱한 누군가가 차지하는 현실을 보며 온갖 고생과 노력을 '헛되고 큰 악'(2:21)이라고 한다. 이렇게 코헬렛은 자신을 절망케 한 것에 대해 속마음을 감추지 않고, 내면에서 솟구치는 감정을 솔직하게 발설했다. 또한 그는 사람의 온갖 노동과 그 마음의 온갖 열정으로 '되는 것'이 무엇인가를 질문하고(2:22) 밤에도 쉬이 잠들지 못하는 강박과 불안한 마음을 꼬집기도 했다(2:23). 코헬렛이 노동, 일, 노력, 수고, 즉 삶의 온갖 기획에 대한 과도한 열정과 그 이득에 대한 집착을 문제 삼은 것이다. 이 모든 질문과 답은 코헬렛의 자문자답 형식이지만, 전도서를 읽는 독자는 스스로 마음의 '샬롬'을 묻지 않을 수 없다.

그러나 동시에 코헬렛의 답변은 의외로 경쾌하고 단순하다. 먹고 마시고 일하며 즐거워하라고 조언한다. 이른바 '삶을 즐기라'(Carpe Diem)[12]라는 말로 압축된다. 이것은 한 번으로 그치지 않고 변주한 문장으로 7회 반복된다 (2:24-26; 3:12-13, 21-22; 5:18-20[17-19]; 8:15; 9:7-10; 11:7-10).[13] 이렇게 코헬렛의 주제 질문과 함께 반복 변주한 '기쁨' 단락은 전도서의 거시구조를 형성하는 핵심 메시지로서 전도서의 중요한 뼈대 역할을 한다. 이 기쁨 단락들은 반복 횟수만큼 간절한 부름이며 초대다. 따라서 먹고 마시고 노동하면서 즐기는 반복적인 일상에서 단순함과 기쁨은 코헬렛의 행복론이다.

이때 코헬렛의 소박한 행복은 온갖 삶의 현실을 '헤벨'이라는 한 단어로 압축 표현한 것과 다른 목소리처럼 들릴 수 있다. 그러나 '헤벨'은 '기쁨 단락'과 병행하면서 다양하고 심오한 의미로 사용되었다. '헤벨'의 사전적인 의미는 호흡, 수증기, 안개다. '헤벨'이 구약에서 문자적인 의미로 사용된 경우는 세 차례뿐이다(사 57:13; 시 62:9; 잠 21:6). '헤벨'은 전도서에서만 38회 사용되었는데, 구약 지혜서에서 무(nothingness), 공허, 무의미, 무가치함, 무익함, 무상함, 부패하기 쉬움, 덧없음, 이해할 수 없음, 수수께끼, 아이러니, 부조리까지 다양한 의미로 해석될 수 있다.[14] 전도서의 성격을 규정하다시피 한 독특한 단어 '헤벨'은 부정적이고 염세적인 뉘앙스를 전달하지만, 도리어 그 부정성이 모순에 찬 현실을 직시하게 만든다.

특히 코헬렛은 인류의 온갖 고된 노동이나 노력에 대해 '헤벨'이라고 답하지만, 노동 자체에 대한 혐오는 아니다. 과중한 일에 대한 집착을 생각하라는 도전이다. 그는 부조리와 수수께끼와 역설과 아이러니로 가득한 삶에 즐거움으로 응답한 것이다. 코헬렛은 사람이 먹고 마시며 노동하며 삶을 즐겁게 하는 것보다 더 좋은 것은 없고 이것이 하나님의 손에서 온 것이라고 말한다(2:24).[15] 먹고 마시며 노동으로 즐거워하는 것을 하나님이 주신 삶에 대처하는 최고의 방법으로 제시한 것이다. 이를테면 즐거움은 삶의 나쁜 모든 경험에 대처하는 대책인 셈이다. 그러니 먹고 마시고 노동하며 삶을 즐기라는 간결하게 정리된 생각은 무익한 탐닉을 선전하는 쾌락이 아니다. 왜냐하면 코헬렛은 즐거움의 근거를 하나님께 두기 때문이다(2:24). 코헬렛은 욕망을 채우려는 인간의 모든 노력이 평안을 누리지 못하는 삶이 되지 않도록, 자기 일로 자신이 소멸하지 않도록, 진짜가 아닌 것에 자신을 불사르지 않도록 성찰의 시간을 마련해준다. 따라서 코헬렛의 질문(1:3)은 영혼까지 갈아 넣는 노력에 의문을 표하며 경제적 이득에 골몰하는 시대를 향해 도전적인 과제를 부여한다.

3. 삶의 온갖 기획을 무효화시킨 패러디

삶의 온갖 수고와 기획을 '헤벨'이라는 한 단어로 무효화시킨 생생한 모범사례가 있다. 솔로몬 왕이다. 코헬렛은 삶의 온갖 기획을 무효화 하려고 솔로몬 왕을 패러디했다(전 2:1-11).[16] 코헬렛은 당시 고대 근동 세계의 비문 양식을 빌려 마치 자신이 솔로몬 왕인 것처럼 1인칭 화자가 되어 업적과 부와 영광을 자랑한다.[17] 대규모 토목사업과 건축 프로젝트부터 자기만을 위한 가수들을 고용하고 수많은 처첩과 어마어마한 재산을 소유한 것은 물론 예루살렘에서 앞선 왕들보다 자신이 더 위대했다고 말할 정도로 무한 권력과 영광을 서술한다. 그러나 코헬렛은 모든 기획과 영광을 '무익한 것'(헤벨)으로 만들었다. 그는 온갖 수고로 얻은 몫과 수고한 모든 것이 '바람의 열망', 곧 바람 잡는 것이며 '헛것'(헤벨)이라고 결론짓는다(2:10-11).

그러면 코헬렛은 왜 솔로몬 의상을 걸치고 온갖 삶의 기획을 문제 삼았는가? 분명한 이유가 있다. 솔로몬은 이스라엘 역사에서 무소불위 권력을 행사하고 사치와 방종을 일삼았을 뿐만 아니라(왕상 4:22-23), 국책 사업을 명분삼아 백성들의 노동력을 착취한 왕이었다(왕상 5:13-16). 따라서 코헬렛은 솔로몬이 착취한 노동력에 대한 이득이 무엇인가를 질문하며 제국의 욕망을 추구하는 이스라엘 사회를 향해 각성을 촉구한 것이다. 코헬렛은 이스라엘의 영광을 상징하는 솔로몬 왕의 업적을 모두 '헛것'으로 만들고, 인류의 노동력과 거대한 업적을 무의미한 것으로 규정했다. 자끄 엘룰(Jacques Ellul)의 해석처럼, 이스라엘의 영광을 바랐던 동시대 사람들에게 모든 것을 '헤벨'로 만든 것은 그 어떤 신학적 논쟁보다 더 큰 스캔들이다.[18] 따라서 코헬렛이 솔로몬 왕을 패러디하여 제기한 문제의 본질은 분명하다. 온갖 수고와 이득은 '헤벨' 이다. 코헬렛은 고대 이스라엘 왕국의 경제적인 부와 권력의 절정으로 기억되는 솔로몬 전통을 헛것으로 만들어 인간의 자기 기만적인 위대함을 격파했다. 코헬렛이 솔로몬의 위대함을 '헤벨'로 일축한 것은 솔로몬의 영광을 평가절하한 예수의 말씀과 맞닿는다.

....들의 백합화가 어떻게 자라는가 생각하여 보라 수고도 아니하고 길쌈도 아니하느니라 그러나 내가 너희에게 말하노니 솔로몬의 모든 영광으로도 입은 것이 이 꽃 하나만 같지 못하였느니라(마 6:28-29, 개역개정)

솔로몬의 업적과 영광에 대한 코헬렛의 비판적인 생각과 예수의 말씀은 더 많은 부를 차지하려고 더 많은 자본을 쏟아붓는 유산 계급과 무차별적인 경쟁에서 살아남기 위해 영혼까지 갈아 넣는 온갖 노고에 제동을 건다. 따라서 고대 지혜자 코헬렛의 목소리와 예수의 말씀은 경제 지상주의가 구축한 비인간적인 삶의 체계를 비판하는 목소리로서 시대를 가로질러 호응한다. 마찬가지로 코헬렛의 핵심 질문과 소박한 행복론은 '탈성장' 이론과 공명한다.

III. 새로운 가치와 다른 길 찾기

1. '탈성장'은 왜 필요한가?

탈성장은 한마디로 적을수록 풍요로울 수 있다는 담론이며 운동이다. '탈성장' 세 글자를 인터넷 검색창에 띄우면 관련 최신 기사가 신속하게 추출된다. 탈성장을 주창하는 대표적인 생태경제학자 요르고스 칼리스(Giorgos Kallis)는 탈성장이 단일한 이론이나 행동 계획을 주장하지 않으며 놀라울 정도로 다채로운 사상가나 활동가들로 구성된 네트워크를 형성하는 다채로운 실험이라고 밝혔다.[19] 적을수록 풍요롭다는 역설적인 사유가 기독교 밖에서 이미 활발하게 논의된다는 사실이 놀랍고 부끄럽다. 이것은 탈성장이 선동적인 구호가 아니며 전(全) 지구적인 위기를 경험한 이들 사이에서 다양한 가능성이 이미 '공진화'하고 있음을 보여주는 좋은 예다.

그러면 '탈성장'(degrowth)은 무엇인가? '성장 지양' 또는 '적정 성장'을 의미한다. '탈'로 번역된 영어 'de-'는 '줄어들게 함', '없앰', '반대로 함'을 뜻하며,

한자 '탈'(脫)은 '벗어나다', '탈출하다'를 의미한다. 즉 현재 상태를 넘어 다른 곳으로 이동한다는 뜻으로서 성장형 경제 시스템에서 이탈하는 것을 표상한다. 이 용어는 적정 규모에서 성장을 멈추고, 정지하고, 축소하는 것뿐만 아니라 적극적인 해방을 함축하고 있다.[20] 한마디로 이것은 '포스트 성장'(post growth) 시대, 즉 '성장 이후' 시대의 도래와 새로운 차원의 번영을 의미한다. 팀 잭슨(Tim Jackson)의 말처럼 이것은 물질적 부의 축적으로 달성되지 않는 미답의 영토이며 미지의 영역을 뜻한다.[21]

또한 자신을 양심적인 성장반대주의자로 소개하는 인물이 있는데, 바로 세르쥬 라뚜쉬(Serge Latouche)다. 그는 모든 인간사회가 성장을 정당하게 숭배해왔고 근대 서구사회가 그것을 종교로 만들었다고 비판한다. 그는 노동력 착취의 결과물인 자본의 산물이 성장하는 식물과 동일시되었다고 일갈한다.

> 사회의 생존 조직인 경제유기체는 자연과 공생하지 못하고 오히려 자연을 무자비하게 착취하며 물신인 자본이 증가하듯 무한정 성장해야 한다. 자본/경제의 재생산은 생식능력과 소생능력 그리고 이윤율과 성장률을 하나로 통합했다. 이 자본/경제의 신격화의 종착지는 소비사회라는 불멸의 환상이다[...]성장사회란 성장경제에 의해 지배되는 사회이며, 성장경제에 먹히는 사회로 정의할 수 있을 것이다. 그렇게 성장을 위한 성장은 가장 중요한 목적이 되었거나 경제와 삶의 목적이 되어버렸다. 필요를 충족시키기 위한 성장이 아니라- 그건 좋은 일이다-성장하기 위한 성장이다. 성장사회는 당연히 소비사회로 귀결된다[...]필요(needs)를 무제한 만들어서 불필요한 잉여생산물 또한 무제한 생산한다[...]쓰레기를 무제한 배출할 뿐 아니라 공기와 땅, 물을 사용한 오염물을 무제한 배출한다.[22]

실제로 경제성장에 대한 집착은 자연 착취와 또 다른 위기를 불러왔다. 이러한 현실 때문에 김현우는 "기후가 아니라 체제를 바꾸자"(System Change, Not Climate Change)는 구호가 세계 기후정의 운동을 외치는 곳곳에서 울려 퍼지고 있다고 한다.[23] 이러한 비판적 시각이 분출하면서 탈성장은 생태적으로나 사회적으로 지속 가능한 삶의 진정한 대안을 구축하려는 이들의 깃발이 되었다. 잭슨은 우리가 성장 신화 안에 감금되어 있지만, 우리 마음 안에 열쇠가 주조되었다고 믿는다. 말하자면 우리 영혼 안에는 다 함께 의미 있게 살고 다 함께 번창하도록 해방할 수 있는 창의력이 있다는 뜻이다.[24] 따라서 탈성장 사유와 운동을 기후 위기에서 비롯된 다양한 지구적 문제들에 대한 해답으로, 지속 가능한 사회를 위한 방법으로, 자본주의 폐해를 멈출 대안으로 제안할 수 있겠다.

2. 다른 삶을 위한 희망 만들기

18세기 영국 정치경제학자 애덤 스미스(Adam Smith)는 큰 재물에는 항상 불평등이 따른다고 밝힌 바 있다. 한 사람의 부자가 있으려면 오백 명의 가난한 사람이 필요하다는 말도 남겼다. 이미 오래전에 자본의 무한 증식이 가져올 불평등을 예고한 셈이다. 다시 말해 경제성장에는 희생물이 뒤따르며, 그 희생물은 부자가 아니라 가난한 자일 수밖에 없다는 뜻이다. 잭슨은 "경제성장 추구는 부채, 불평등, 금융 위기를 낳는다"는 로버트 케네디 말을 인용하여 부채를 통한 경제성장의 전형적인 악순환을 지적한다. 성장을 위해 빚을 진 다음에는 이 빚을 갚기 위해 성장해야 하는 처지가 된다.[25] 무엇보다 경제가 성장하려면 끊임없는 자원 투입이 필요하고, 이것은 다른 생물 종들과 인간이 공유하는 대지와 물, 대기를 변형시킨다. 또한 경제성장은 폐기물과 탄소 배출량 성장이기도 하다.[26] 그래도 여전히 경제성장은 편안한 삶을 가져다 줄 것을 약속하고, 실제로 많은 이들에게 호소력을 발휘한다.

경제성장은 개인적인 경쟁, 이기적인 비축, 만족을 모르는 소비 충동을 낳는다. 칼리스는 이러한 행위가 우리의 생존 본능이 아니고, 특정한 경제 시스템 확장에 도움을 주기 위해 최근에 육성된 것이라고 비판했다.[27] 뤼디거 룩스(Rüdiger Lux)는 구약의 잠언 지혜(잠 15:16)를 인용하면서 열병처럼 번지는 부가가치 창출과 성장에 집착하는 욕심을 꼬집으며 적절한 수준과 절제 윤리와 능력이 사라질 때 닥치는 삶의 위험성을 경고했다.[28] 그러나 인간은 수많은 가능성을 품고 있기에 축적할 수도 있지만 공유할 수도 있는 존재다. 이 지점을 놓치지 않는다면 더 좋은 삶을 만들어 갈 수 있다.

이미 소박한 삶을 실천하는 사람들이 곳곳에 있다. 경쟁이나 경제성장보다 좀 더 좋은 삶의 가치를 창조하려는 노력이 존재한다. 더 큰 부를 갈망하는 대신 현재의 일과 가정과 벗들 사이에서 만족할 줄 알고 대규모가 아닌 소규모 생산을 통해 단순하게 살아가는 이들이 적지만 우리 주변에 있다. 아주 적게 소유하고 소비하는 단순한 삶을 선택하는 것은 경제성장을 열망하는 사회를 향한 저항의 표시다. 심지어 누군가는 어떤 조직과도 연대하지 않고 자발적 고립을 선택하며 저항하기도 한다. 어쩌면 칼리스의 지적처럼, 긍정적인 변화를 위해 다양한 시도가 위선적이라는 비난에 부딪힐지도 모른다. 개인의 자발적인 변화가 전 지구적인 성장 기계를 직접 늦추지는 못할 것이다. 하지만 한 사람 한 사람의 새로운 습관이 새롭게 관계를 구축하면서 변화를 만들어 갈 수 있다.[29] 이러한 몸짓이 변화의 깃발이 되어 성장을 지양하며 욕망을 축소하는 분위기를 만들 것이다.

탈성장을 옹호하는 이들은 성장의 종말을 상상하는 것이 세계 종말을 상상하는 것보다 더 어려울 수 있다고 말한다. 그만큼 탈성장의 근거는 협동과 공유를 기반으로 한 소박한 삶 그 자체지만 사람들에게 매력적이지 않다. 그러나 우리가 소비주의와 성장 신화에 감금되었더라도 다른 가능성과 희망을 포기할 수 없다. 희망은 때때로 위험해 보이지만, 전도서의 소박한 삶의 정신과 탈성장 사유의 공명은 대안의 삶을 위한 밑거름이 될 수 있다.

IV. 전도서의 소박한 행복과 탈성장의 어울림

1. 소박한 풍요를 위한 지혜

전도서의 소박한 행복과 탈성장 이론은 소박한 풍요를 위한 지혜다. '소박한 풍요'라는 말 자체는 형용모순이다. 그런데 코헬렛은 적게 소유하고 행복한 삶의 안전을 떠받쳐 주는 역설의 지혜를 제시했다. 그는 더 많이 가지려는 수고보다 적게 소유한 것으로부터 누리는 평온함의 가치를 역설했다.

> 두 손에 가득하고 수고하며
> 바람을 잡는 것보다
> 한 손에만 가득하고 평온함이 더 나으니라(4:6, 개역개정).

이 말은 더 많이 가지려는 욕망을 문제 삼는다. 과도한 노동과 필요 이상의 생산물이나 잉여 소득을 비판한 것이다. 동시에 억압적이고 노예적인 수고와 필요 이상의 넘침이 안락한 삶이 아님을 역설한 것이다. 마찬가지로 코헬렛은 일평생 근심과 수고가 슬픔일 뿐 밤에도 쉬지 못하는 삶을 꼬집었다(2:22-23). 더군다나 사람의 온갖 수고와 성취로 인해 이웃에게 시기를 받기도 하니 이 또한 헛되고 바람을 잡는 것이라고 말했다(4:4). 이것은 과도한 수고와 경쟁적인 삶에 대한 날카로운 지적이다. 즉 코헬렛은 사람의 노력 배후에 도사리고 있는 자기중심적인 동기들을 진단하고, 온갖 수고와 이득에 대한 코헬렛의 진의를 표명한 것이다.

코헬렛은 '헛된' 수고를 깊이 사색하도록 한 남자에 대한 짧은 일화를 들려주기도 했다. 이 남자는 자식이나 형제 없이 홀로 살며 쉬지 않고 일만 하는 남자다. 이 남자는 자신의 수고가 누구를 위한 것인지 고민하고 즐거워하지 못하는 자신을 한탄한다(4:7-8). 코헬렛은 이 남자의 이야기에서 해 아래 수고하는 온갖 수고가 사람에게 무엇이 이득인지 다시 질문한 셈이다. 이 짧은 이야기는 과잉의 수고, 시기심과 질투, 경쟁, 과잉 생산과 이득을 부채질하는 사회가 소박한 것에 만족하는 법을 앗아가 버린다는 사실을 일깨운다.

월터 브루그만(Walter Brueggemann)은 그의 책 『완전한 풍요』에서 물질성을 다루면서 얼마나 벌면 충분한지, 얼마나 주면 충분한지, 얼마나 저축해야 하는지를 질문한다. 정직하고 생산적인 노동은 미덕이다. 또 그만큼 돈을 많이 버는 것은 마땅하며 노동으로 더 많은 돈을 버는 능력은 좋은 것이다. 그러나 얼마나 많이 벌어야 충분한 것인지가 관건이다.[30] 이것은 노동 윤리에 대한 날카로운 지적이다. 브루그만은 자본 이동성과 기술 발전으로 인해 끝없이 축적 가능한 시대에 한계나 제약이 없는 '최대한'을 문제 삼았다. 왜냐하면 일 자체가 목적이 되거나 부의 축적이 일종의 중독성 마약이 되면 인간적인 차원은 사라질 수밖에 없고 투자 수익을 '노동으로' 벌어들인 돈이라고 생각하는 것은 착각이라고 생각하기 때문이다.[31]

탈성장의 근거도 협동과 공유를 기반으로 한 소박한 삶이 그 자체로 바람직하다는 것에서 비롯되었다. 말하자면 최대한으로 수익을 챙기려는 무한경제 성장이 가능할지 의심되지만, 설령 가능하다 해도 삶의 온전함과 충만함이 성장으로 충만해질까를 의심하는 것에서 시작되었다. 칼리스를 비롯해 탈성장 옹호론을 말하는 이들은 이미 각국의 사회경제 방향을 바꾸고 있다고 주장한다. 그리고 탈성장의 최종 목표를 노동 존엄성 회복, 이기심을 덜 자극하는 경쟁, 더 평등한 관계, 개인의 성취로 순위가 매겨지지 않은 정체성, 연대감 넘치는 지역사회, 인간적인 삶의 리듬, 자연에 대한 존중으로 제시했다.[32]

그러나 이러한 이상적인 가치를 일부 인정하면서도 누군가는 빈곤 문제를 해결하기 위해 경제성장의 필요성을 주장할 수 있다. 이에 대해 칼리스, 폴슨, 달리사, 데마리아는 빈곤 퇴치가 경제성장만으로 불가능하다고 보았다. 최근 수십 년 동안 경이로운 경제성장을 이룩했지만 2018년 기준 4,000만 명의 미국인들과 1,100만 명의 영국인들이 빈곤에 시달리고 있다고 지적했다. 각기 전체 인구의 12%와 17%가 최저 수준 이하로 살아간다는 것이다. 즉 경제성장이 세계 빈곤을 줄이는 효과적인 메커니즘이 아니라는 뜻이다. 이와 함께 부의 피라미드에서 하위 60%를 차지하는 세계 인구가 글로벌 경제성장으로 창출되는 새로운 소득 중에서 겨우 5%만 가져간다고 하니 경제성장 추구는 빈곤 퇴치를 막는 걸림돌이다.[33] 한마디로 경제성장이 모두를 위한 행복 조건일 수 없다.

2. 과다 착취당한 사회를 위한 해독제

더 많은 물질과 돈이 삶의 질을 높이고 풍요롭게 할까? 사람은 병이 들거나 사고를 당하고 나서야 일상의 노동을 멈추고 치료와 쉼의 시간을 갖는다. 마찬가지로 우리 사회는 정치사회경제 시스템이 고장 난 후에야 무엇이 문제인지 진단하고, 고치고, 새롭게 시스템을 디자인한다. 잭슨에 따르면, 지속 가능한 발전과 유한한 지구에서 인류의 번영을 연구해온 로자 룩셈부르크 (Rosa Luxemburg)는 과감하게 자본주의 자체를 넘어서 바라보자고 제안했다. 자본주의가 가장 애지중지하는 전제를 재검토하고, 다르게 바라보고 더 낮게 살아가는 방식에 토대를 놓자는 것이다. 다시 말해 '포스트 성장 서사'를 마련하자는 뜻이다. 잭슨은 세계경제포럼(WEF)의 연차 총회인 2020년 다보스 포럼에서[34] 억만장자 마크 베니오프(Marc Benioff)의 발언 "우리가 알던 자본주의는 죽었다"라는 탄식을 되새겼다.[35]

철학자 슬라보예 지젝(Slavoj Žižek) 역시 신문사 인터뷰에 응하면서 비슷한 논조로 응답했다. "우리는 주식 시장이 실제 경제적 생산성과 괴리되어 있는 시대, 투기의 시대를 살고 있다. 우리가 알던 방식의 자본주의가 아니다"라고 했다. 그는 자본주의는 뭔가 새로운 다른 것으로 변하고 있다면서 현존하는 시스템에는 희망이 없고, 팬데믹을 겪으며 미국조차도 반자본주의적인 방식으로 사람들에게 돈을 직접 지급한다며 '새로운 공산주의'라고 명명했다.[36] 탈성장과 지젝이 말하는 새로운 공산주의가 정확히 일치하지 않더라도 사람들은 저마다 새로운 출구를 찾고 있다. 어쩌면 우리는 탈성장을 미지의 미래를 위한 인류의 비전과 임무로 삼아야 할지 모르겠다. 지젝은 현재 한국 상황을 보며 찰스 디킨스가 쓴 소설《두 도시 이야기》의 유명한 도입부를 인용했다. "그때는 희망의 봄이었고, 절망의 겨울이었다. 우리 앞에는 모든 것이 있었고, 우리 앞에는 아무것도 없었다. 우리는 모두 천국으로 향하는 동시에 반대 방향으로 향하고 있었다."[37] 결국 삶의 방향과 질은 선택의 문제다. 북미 최북단 최후의 인디언 크리족 추장의 말은 경쟁과 소유와 속도에 지친 현대인에게 물질 지상주의를 조롱하며 진짜가 무엇인지를 되새기게 한다.

> 마지막 나무가 사라진 후에야,
> 마지막 강이 더럽혀진 후에야,
> 마지막 물고기가 다 잡힌 후에야,
> 그대들은 깨닫게 되리라.
> 돈을 먹고살 수 없다는 것을[38]

영원한 성장을 향한 끝없는 욕망 추구는 결국 생태 파괴 문제를 가져왔다. 즉 기후가 변하고, 북극의 얼음이 녹아내리고, 수백만 종이 멸종에 직면했다.[39] 성장은 도리어 금융 위기와 사회의 불안정을 초래했다. 따라서 성장은 여러 측면에서 지속 가능하지 않다. 누군가는 탈성장을 현실 모르는 유토피아적인 환상이라고 말할지 모른다. 최고의 진리를 믿는다고 자부하는 그리스도인들은 탈성장과 공명하는 크리족 추장의 말을 어떻게 받아들일지 의문이다.

현대인은 더 많이 벌어야 한다는 압박감에 시달린다. 이러한 본질을 이미 오래전에 간파한 코헬렛은 노동자의 달콤한 잠과 부자의 편안하지 않은 잠을 비교한다. 코헬렛은 노동자가 적게 먹든 많이 먹든 그의 잠이 달콤하지만, 부자가 그 부요함으로 인해 잠들지 못한다고 말했다(5:12). 가진 것을 잃게 될까 염려하는 부자의 불안감과 가난한 노동자의 단잠이 역설적으로 대비된다.

전도서 5장 후반부는 주로 재물, 부, 노동 담론에 집중하면서(5:10-20), 과잉의 재산이 가져올 폐해를 작은 에피소드로 교훈한다. 어떤 사람이 있었다. 그는 재물이 자기에게 해를 끼칠 정도로 많이 소유한 사람이었다. 그러나 그는 재난을 만나 가진 재산을 모두 잃고 자식에게 남겨줄 것조차 없는 형편에 처한다. 맨몸으로 태어나 수고하여 많은 것을 얻었지만 아무것도 남기지 못하고 맨몸으로 돌아가게 되었다(5:13-15). 코헬렛은 이것을 큰 불행이라고 말하며 어떻게 왔든지 그는 떠나가야 하니 그의 수고가 바람 잡는 수고일 뿐이라고(5:16) 말한다. 수고로운 노동을 '무익한 것'으로 판단하니 혹독하게 들린다. 더군다나 일평생 어두운 데서 먹고 많은 근심과 질병과 분노에 갇힌 채 최후를 맞이하는 부자의 일화는(5:17) 어둠 속으로 내던져진 인간의 처절한 외로움 앞에 독자를 세워놓는다. 코헬렛의 진의는 분명하다. 돈과 부를 향한 과도한 열망과 집착에서 벗어나는 삶의 방식을 택하라는 뜻이다.

소유의 과잉이 왜 문제인가? 코헬렛의 질문이(1:3) 그 자체로 답이지만, 루트비히 볼츠만(Ludwig Boltzmann)이 말하는 균형 상실에 대한 논의에서도 답을 찾을 수 있다. 그는 식량이 너무 적어 부족이 문제가 되면 성장이 건강에 도움이 되지만, 식량이 너무 많아 과잉이 문제가 되면 재난을 불러올 수 있다는 것이다. 많으면 많을수록 더 나빠질 뿐이라는 것이다. 그래서 자본주의 비극 가운데 하나가 부족과 과잉을 다루는 자본주의 방식이라고 진단했다.[40] 만약 우리 사회가 경제성장으로 인간의 운명이 개선된다고 신념처럼 붙들면서 소득이 곧 행복이라는 등식을 견지하면, 경제성장은 마땅히 그런 역할을 해야 한다. 그러나 경제학자 리처드 이스털린(Richard A. Easterlin)은 충격적인 답을 내놨다. 일정한 환경에서 돈을 더 많이 가질수록 더 행복해지지만, 다른 환경에서는 그렇지 않다는 것이다.[41] 즉 소득이 일정 수준에 도달하고 기본적인 욕구가 충족되면 소득이 증가해도 행복에 큰 영향을 미치지 않는다는 '이 스털린 역설'(Esterlin's Paradox)이다.[42] 최빈층을 빈곤에서 끌어올리는 일은 중요하다. 적절한 영양 공급과 기본적인 서비스는 삶에 중대한 변화를 일으킨다. 그러나 이 지점을 넘어서면 더 많은 돈을 가지는 데 따른 추가적인 편익이 급감한다는 것이다. 초고소득 국가가 가난한 국가에 비해 행복지수가 낮은 이유다.[43]

코헬렛은 돈을 사랑하는 자는 돈으로 만족하지 못하고 풍요를 사랑하는 자는 그 소득으로 만족하지 못하기 때문에 헛것(헤벨)이라고 판단했다(전 5:10). 결국 과잉의 이득이 행복으로 연결되는 것은 아니다. 문제는 칼리스의 지적처럼 탈성장이 비현실적인 수준의 소득 감소나 가난한 국가의 경제성장을 반대하는 이론으로 생각될 수 있다.[44] 따라서 탈성장에 대한 의심이나 더 많은 질문이 제기될 수 있겠지만, 이 글의 논점은 탈성장의 가치와 전도서의 소박한 행복이 시간과 역사를 초월하여 서로 공명한다는 취지에서 더 나은 삶을 위한 지혜와 가치를 찾는 것에 있다.

3. 풍요와 부족 사이에서 우리가 할 일

"한쪽을 확대할 수 없다면 다른 쪽을 축소하자. 왜냐하면 둘 사이의 격차에서 우리를 불행에 빠뜨리는 모든 악이 생기기 때문이다." 프랑스 철학자 장자크 루소(Jean-Jacques Rousseau)의 말이다. 이 말은 한쪽은 지나치게 풍요롭고 한쪽은 지나치게 부족한 이 시대를 향한 따끔한 경고다. 초고소득 국가의 행복지수가 낮은 것처럼, 풍요의 한계가 있는 것은 분명하다. 잭슨은 알렌 맥아더(Ellen MacArthur)의 '한계의 풍요로움'과 물질적 너머의 세계에 또 다른 세계가 있다는 미국의 시인이자 농부이며 문명 비평가 웬델 베리(Wendell Berry)의 말을 인용하면서 전혀 다른 풍요가 기다리는 또 다른 미래를 제시한다.[45] 베리는 그의 책『오직 하나뿐』에서 땅과 사람을 살리는 지역 경제, 더 적은 에너지와 풍족한 삶을 이야기한다.[46] 이것은 나눌수록 더 풍요로워진다는 잠언 지혜의 역설과 가난하게도 부하게도 마시고 오직 필요한 양식만을 구하는 아구르의 기도(잠 30:8)와 공명한다.

그리고 브루그만이 제시한 '성숙한 물질성'은 코헬렛의 질문과 탈성장 담론을 보충한다. 성숙한 물질성은 생산, 분배, 소비 문제를 비판적으로 다루되 감사로 실행되는 것을 상상하는 것이다. 브루그만은 '지금' 주린 자가 누릴 배부름(눅 6:21)과 '지금' 배부른 자는 주리게 되는(눅 6:25) 상충하는 충돌에서 새로운 분배를 내다봤다. 이것은 그리스도인이 시민이며 공동체 일원으로서 소외된 이들과 함께 나누며 식탐과 낭비에 대한 탐닉을 돌아보게 한다. 또한 그는 모든 피조물이 적절하게 먹거리를 나눌 권리가 있다는 것과 우리 역할이 지구를 경작하고 지키는 것임을 밝혔다(창 2:15).[47] 다시 말해 생육하고 번성하여 땅에 충만하라(창 1:28)는 이른바 대 위임명령은 '성장 지상명령'이 아니라는 뜻이다.

그러므로 코헬렛이 질문하는 노동과 이득은 생산과 분배 문제로 귀결되며, 적정한 노동 안에서 먹고 마시고 즐기는 소박한 기쁨은 탈성장 운동과 함께 경제 지상주의에 저항하는 대안의 지혜다. 생산과 분배를 조절하는 적정 성장은 과잉을 추구하지 않는 코헬렛의 지혜 정신과 통한다. 이렇게 코헬렛의 지혜에 새겨진 소박한 행복론은 과잉의 이득 논리를 따르지 않는다. 이러한 측면에서 탈성장과 코헬렛의 노동과 이득에 대한 물음은 풍요를 의심하고 그 한계를 재고하도록 안내한다. 이것은 그동안 인류가 만든 성장에 대한 강박을 버리고, 그 안에 스스로 속박되어 감금되지 않고, 욕망과 탐욕이 지배하는 세계와 무제한적 이익에 집중하는 자본주의 광기를 버릴 대안이다. 인류는 사회경제적인 관계를 맺는 존재지만, 초과 이득만을 위해 경쟁하지 않는다면 우리는 이웃과 함께 동고동락하는 삶을 꾸려갈 수 있다. 따라서 탈성장과 코헬렛의 질문은 좀 더 나은 오늘을 위해 더 많은 소유가 아니라 관계를, 성장이 아니라 성숙을 향하는 지혜 정신이다.

V. 나오는 글

성장 이데올로기를 벗어 던지는 일은 쉽지 않다. 더 많이 갖는 것이 더 좋은 것이라는 생각을 버리지 않는 이상 어렵다. 성장을 벗어 던지고 누구나 더 좋다고 생각하는 것을 아니라고 설득하는 일은 더 어렵다. 지금 우리는 부족과 풍요의 위기 사이에 있다. 우리가 경제적 풍요를 위해 질주하는 온갖 노력과 이득에 대해 코헬렛처럼 회의적인 경계심과 비판 의식을 갖지 않는다면, 소멸해가는 지구를 방치하는 것이며 세상을 변화시키는 '예언적 상상력'과 지혜를 저버리는 것이다. 이 글은 복잡하고 다양한 사회경제적 비평 담론을 담기에 여러 면에서 역부족이지만, 약탈적인 자본주의와 경제 지상주의에 천착한 신자유주의 이후의 삶을 고민하는 과정에서 나온 신학적 산물이다. 이 글이 탈성장과 소박한 삶을 위한 신학적인 대안과 유효한 목소리로서 작동하길 바라지만, 누군가를 향한 목소리이기 전에 여전히 자본 시스템으로부터 해방되지 못한 나 자신을 더 깊이 성찰하는 과정이다.

전도서의 '노동–이득' 문제와 탈성장을 함께 다룬 것은 경제성장에 몰두하면서 자기중심성을 탈피하지 못하는 사회 속에서 타인과 어떻게 공존하며 살 것인가에 대한 대안의 지혜 운동을 제안하기 위함이었다. 삶의 온갖 기획을 '헤벨'(헛됨)로 판단하고, 온갖 수고와 이득의 관계를 질문하고서 먹고 마시고 노동 안에서 즐기는 소박한 삶은 경제 지상주의를 허물고 탈성장과 공명하는 교차점이다. 이 둘의 만남은 끊임없는 경쟁과 성과에 대한 압박으로부터 해방하고 진정한 행복에 이르는 길이 될 수 있다. 이것은 또한 기후 재앙 수준의 '지구 열대화' 상태로 인한 불평등과 그 늪에 빠진 인류에게 희망의 불씨가 될 수 있다. 경제성장이 인류 행복을 확장한다고 당연하게 여겼던 믿음을 버리고 탈성장을 함께 기획해나가는 일에 신학이 함께 나설 때다. 우리 사회는 기후변화로 인한 생태 위기와 '코로나 이후' 시대를 어떻게 살아갈 것인지 삶의 전환을 모색하는 과정에 있다. 그리고 인류는 지난 세기 전 세계를 장악하다시피 했던 신자유주의 이데올로기를 벗어나 '포스트 신자유주의' 국면에 이르렀다. 따라서 이 글이 노동과 이득에 대해 '소박한 풍요'를 말하는 전도서의 행복론과 사회경제적 측면의 '탈성장'이라는 낯선 진실에 마음을 개방시키는 신학 담론이 되길 바란다.

[미주]

* 이 글은「신학과 사회」37(1) 2023: 35-63에 게재된 논문임.

1   스티븐 맥켄지 · 스티븐 헤이즈/유연희 외 옮김, 『성서비평 방법론과 그 적용』(서울: 한국기독교연구소, 2022, 개정증보판), 434-435. 사회경제비평에 대한 광범위한 이론적 근거는 1978년 클로도비스 보프 의 〈신학과 실천〉에서 제공한 것이다.

2   나는 전도서의 저자 코헬렛이 솔로몬이라는 전통적인 견해를 따르지 않는다. 그 이유는 첫째, 전도서 에는 '솔로몬'이라는 말이 단 한 번도 등장하지 않는다. 둘째, 전도서의 표제절은 '예루살렘의 왕 다 윗의 아들 코헬렛의 말'(1:1)이라고 명시하지만, 이와 함께 책 전체 구성의 바깥 틀 기능을 하는 12장 9-10절에서 '전도자는 지혜자였다'(코헬렛 하캄)라고 직능적인 정체성을 밝히고 있기 때문이다. 이와 관련된 자세한 설명은, 김순영, 『일상의 신학, 전도서』(서울: 새물결플러스, 2019), 33-39; Max Ronald, "Who is Qoheleth? Old Princeton's Old Testament Scholars on the Authorship of Ecclesiastes," *Westminster Theological Journal* 83 (2021): 108-129를 보라.

3   요르고스 칼리스 · 수전 폴슨 · 자코모 달리사 · 페테리코 데마리아/우석영 · 장석준 옮김 , 『디그로쓰: 지구를 식히고 세계를 치유할 단 하나의 시스템 디자인』(서울: 산현재, 2021), 48. 탈성장 담론은 단일한 이론체계가 부재한 다양한 학문적 분파의 집합체로 규정되기도 한다. 탈성장은 두 가지 흐름으로 나 타난다. 탈성장(de-growth)과 포스트 성장(post-growth)이다. 이에 대한 다양한 입장들은 프랑스의 탈성 장 담론과 독일의 포스트 성장 담론으로 크게 양분된다. 이 둘에 대한 정확한 구분은 이 논제 밖의 문 제기 때문에 생략하겠다. 이와 관련된 논의는 조혜경, "탈성장(degrowth)의 이론적 기초", 정치경제연 구소 대안에서 개최한 제64회 콜로키움 자료(2017. 7. 19)를 참고.

4   이 표현은 팀 잭슨/우석영 · 장석준 옮김, 『포스트 성장 시대는 이렇게 온다: 대전환과 새로운 번영을 위한 사유』(서울: 산현재, 2022)에서 따온 말이다. 팀 잭슨(Tim Jackson)은 지속 가능한 번영 연구를 30년 넘게 해온 영국 서리 대학교(University of Surrey) 교수다. 팀 잭슨은 이 책에서 학자들과 사상가들을 내 세워 각각의 주제에 맞는 인물들에게 역할을 맡겼다. 이 책의 저자는 팀 잭슨이지만, 또 다른 저자가 존재하는 것처럼 흥미롭게 구성된 책이다.

5   김순영, 『일상의 신학, 전도서』, 66-67.

6   김순영, "전도서의 일상과 노동의 관점," 「성경원문연구」 42(2018): 22-44. '헛되고 헛되다'('하벨 하발 림')처럼 같은 단어를 단수와 복수 형태로 나열하는 것은 최상급 표현을 위한 방식이다. 예컨대 가장 아름다운 노래, 곧 '아가'를 뜻하는 '노래 중의 노래'(쉬르 핫쉬림), 지성소를 표현한 '거룩함 중의 거룩 함'(코데쉬 코다쉼)이 좋은 예다.

7   David Thompson, "lm:[ˆ", *NIDOTTE* 3: 435-37.

8   David Latoundji, "!Art.yI", *NIDOTTE* 2: 571-574. '이트론'은 '야타르', 곧 '초과하여 남긴다'라는 동 사의 명사형이다. 이 밖에 '무익함'을 '이득이 없다'(엔 이트론)라는 말로도 표현했다(2:11). 그리고 빛 이 어둠보다 뛰어난 것처럼, 지혜가 어리석음보다 '뛰어남'을 말할 때(2:13), 땅의 '소산물'을 언급할 때

(5:8), 지식의 '유익'을 말할 때(7:11), 지혜가 성공하기에 '유익'이라고 말할 때(10:10), 뱀을 부리는 자가 뱀에게 물리면 '소용이 없다'(엔 이트론)는 말에서 사용되었다(10:11). 그리고 히브리어 본문은 5장 1절을 4장 17절로 표시했기 때문에 개역개정 본문을 비롯한 다양한 번역 본문과 한 절의 절 수 차이가 발생한다. 따라서 이후 5장을 표기할 때, [ ] 표시 안에 히브리어 본문의 절 수를 표기할 것이다.

9   Choon-Leong Seow, *Ecclesiastes: A New Translation with introductions and Commeantary* (The Anchor Bible: New York: Doubleday, 1997), 21-32, 103. 시아우(Choon-Leong Seow)는 이 단어가 경제적인 의미를 연상시키지만(1:3; 3:9; 5:9, 16; 7:12), '유익'을 뜻하는 의미로도 사용된다고 보았다(2:11, 13; 10:10, 11). 리처드 클리포드/안근조 옮김, 『지혜서(서울: 대한기독교서회, 2015), 140을 보라. 전도서의 저작 시기와 맞물리는 사회적 상황에 대한 논점은 매우 다양하다. 이것은 별도의 논제로 다룰 만큼 복잡하여 논외로 하겠다.

10 Graham S. Ogden & Lynell Zogbo, *A Handbook on Ecclesiastes* (New York: United Bible Societies, 1997), 24.

11 Milton P. Horne, *Proverbs-Ecclesiastes: Smyth & Helwys Bible Commentary* (Macon: Smyth & Helwys Publishing, 2003), 384.

12 이 라틴어를 직역하면 '오늘을 붙잡아라'(seize the day)이다. 오늘이라는 현재의 중요성을 강조하는 코헬렛의 생각을 매우 잘 반영한 표현이다.

13 삶의 즐거움을 추천하는 일곱 개의 기쁨 단락은 '헤벨'과 함께 전도서 전체를 거시적으로 디자인한다. 이러한 거시적 구성은 Addison Wright, "The Riddle of the Sphinx: The Structure of the Book of Qoheleth," *CBQ* 30 (1968), 313-334에서 6개의 단락으로 처음 제시했다. 나는 여기에 11:7-10을 전도서의 최종적인 기쁨 단락으로 추가했다.

14 BDB, 211. '헤벨'(lb,h,)이 명사적 또는 동사적인 용례를 포함하여 구약에서 모두 75회 은유적으로 사용되었다. 전도서는 확실히 삶의 '헤벨'을 다루는 책이다. 구약과 전도서에서 '헤벨'이 어떤 용례로 사용되었는지에 대한 자세한 설명은 Michael V. Fox, *A Time to Tear Down & A Time to Build Up: A Reading of Ecclesiastes* (Grand Rapids: Eerdmans, 1999), 27-44를 보라.

15 비교하기 위해 사용하는 무엇무엇보다 '좋은 것은 없다'(엔-토브)라는 표현도 코헬렛이 즐겨 사용하는 표현이며 몇 차례 더 반복한다(3:12-14, 22; 5:18-20; 8:15).

16 전도서에서 솔로몬을 직접 명시하지 않았지만 그를 연상시키는 1인칭 담화 단락(1:12-2:26)은 솔로몬에 대한 지혜와 부에 대한 패러디로 읽을 수 있다. 이와 관련하여 Tomas Krüger, *Qoheleth: Hermeneia-A Critical and Historical Commentary on the Bible*, tr. by O. C. Dean Jr., (Minneapolis: Fortress, 2004), 62. 이 부분은 솔로몬처럼 가장한 코헬렛의 '페르소나'로 해석되기도 한다. 더 자세한 설명은 김순영, "모호한 이름 코헬렛의 정체성 탐색," 「구약논단」 70(2018): 94-124; Michael V. Fox, "Frame Narrative and Composition in the Book of Qohelet," *Hebrew Union College Annual* 48 (1977): 83-106을 참고하라.

17 Michael V. Fox, *The JPS Bible Commentary: Ecclesiastes* (Philadelphia: The Jewish Publication Society,

2004), 10.

18 자끄 엘룰/박건택 옮김, 『존재의 이유』(서울: 규장, 2005), 175.

19 칼리스 외, 『디그로쓰』, 49.

20 칼리스 외, 『디그로쓰』, 9. 칼리스는 탈성장론이 1972년 앙드레 고르(André Gorz, 1923-2007년)가 성장으로부터 탈출하는 '데쿠루아상스'(décroissance)를 말하면서 자본주의와 지구의 균형이 양립 가능한지를 질문하는 시작점 중 하나였다고 한다. 고르는 사회주의도 '성장 없는 평등'을 고려하지 않는다면 자본주의 지속을 확장하는 것으로 환원되고 말 것이라는 비판도 덧붙였다. 탈성장 운동, 그 시작과 발전 등 자세한 논의는 에너지기후정책연구소 연구기획위원 김현우, "기후위기 현실 대안으로서의 탈성장," 「문화과학사」 109(2022): 93-107을 참고하라.

21 잭슨, 『포스트 성장 시대는 이렇게 온다』, 17. 잭슨은 로버트 케네디 이론을 소개하면서, "성장 신화"라는 소제목을 붙여 로버트 케네디가 글을 쓴 것처럼 자신의 글을 구성했다.

22 세르쥬 라뚜쉬/김신양 옮김, "지속 가능한 사회를 위한 탈성장의 길," 「모심과 살림」 6호. 세르쥬 라뚜쉬는 파리11대학 석좌교수이자 양심적 성장반대주의자로서 2002년 이후 본격적으로 탈성장 관련한 연구에 몰두하고 있다. http://www.mosim.or.kr 참고. 2022년 8월 8일 검색.

23 김현우, "기후위기 현실 대안으로서의 탈성장," 93.

24 잭슨, 『포스트 성장 시대는 이렇게 온다』, 41.

25 칼리스 외, 『디그로쓰』, 61-63.

26 칼리스 외, 『디그로쓰』, 68-69.

27 칼리스 외, 『디그로쓰』, 77.

28 뤼디거 룩스/구자용 옮김, 『이스라엘의 지혜』(파주: 한국학술정보, 2012), 238. 룩스는 적게 가졌어도 여호와를 경외하는 것이 엄청난 보물을 가졌으나 번뇌가 많은 것보다 좋다(잠 15:16)는 잠언을 통해 현대사회의 풍요를 비판적으로 보았다. 이와 관련된 관점은 김순영, "불평등 사회의 생태적 전환을 위한 잠언의 지혜," 『성서, 생태 위기에 답하다』(서울: 한국신학정보연구원, 2022), 73-104을 참고하라.

29 칼리스 외, 『디그로쓰』, 89, 014.

30 월터 브루그만/정성묵 옮김, 『완전한 풍요』(서울: 한국장로교출판사, 2021), 30. 이 책의 원제는 '저항으로서의 물질성'(Materiality as Resistance)이다. 브루그만은 돈, 음식, 몸, 시간, 장소에 대해 촘촘하게 다루면서 세상을 변화시키기 위해 하나님과 협력하는 것이 무엇인가를 보여준다. 이것이 브루그만이 생각하는 저항이다.

31 브루그만, 『완전한 풍요』, 30-31.

32 칼리스 외, 『디그로쓰』, 157.

33 칼리스 외, 『디그로쓰』, 172-73.

34 세계경제포럼은 1971년에 설립되었고 스위스 제네바에 본부를 두었다. 가장 중요한 회의는 매년 1월 말 다보스에서 개최되는 연례 회의다. 알프스 리조트에서 개최되는데, 1,000개 기업의 CEO, 정치인, 학계, NGO, 종교 지도자, 언론 대표가 한자리에 모인다. 220여 개의 세션이 마련되고 논의 초

점은 세계적인 이슈(국제분쟁, 빈곤, 환경 문제 등)에 대한 주요 과제와 해결 방법이다.

35 마크 베니오프는 고객 관리 솔루션을 제공하는 미국의 클라우드 컴퓨팅 서비스 기업 세일즈포스 (Salesforce)의 공동 CEO이다. 잭슨, 『포스트 성장 시대는 이렇게 온다』, 49, 70.

36 조선일보 2020년 11월 8일 자 "코로나 이후의 삶, 세계지성에 묻다 2" 슬라보예 지젝 인터뷰 기사. https://www.chosun.com/culture-life/relion-academia/2020/11/08/ (2022. 10. 21. 접속).

37 슬라보예 지젝/박준형 옮김, 『자본주의에 희망은 있는가』(서울: 문학사상, 2017), 31.

38 위베르 망시옹 · 스테파니 벨랑제/권지형 옮김, 『마지막 나무가 사라진 후에야』(서울: 흐름출판, 2012). 대형 로펌 변호사로 남부럽지 않은 삶을 살았던 위베르 망시몽이 자기 삶과 사회를 비평적으로 사색하는 그의 책에서 크리족 추장의 말을 인용했다.

39 기후변화에 대한 정부 간 협의체(IPCC)가 2014년에 발간한 '제5차 IPCC 평가 주기 종합보고서 (Assessment Report Synthesis Report)'는 전 세계적으로 고산지대 및 섬 등 고립된 서식지의 동식물에 대한 위협이 가장 크고, 이들에게 위협이 되는 주요 기후 영향 인자는 온난화, 이상고온, 가뭄이라고 밝혔다. 또한 기후변화 시나리오에 따른 장기 전망의 결과, 현재 수준의 대책으로는 21세기 후반에는 매우 위험한 수준의 생태변화, 위협적 결과를 초래하게 될 것이라는 우려를 표했다(https://scienceon. kisti.re.kr/ 참고 2022년 10월 26일 검색). 2022년 4월에 발간 예정인 제6차 IPCC 평가 주기 종합보고서에 실리게 될 기후변화 리스크 평가가 현재 의미 있는 수준으로 전환되지 않으면, 인류의 생태계가 매우 위험하다고 밝혔다.

40 잭슨, 『포스트 성장 시대는 이렇게 온다』, 131.

41 잭슨, 『포스트 성장 시대는 이렇게 온다』, 101.

42 조영준, "자본주의와 탈성장사회," 「현대사상」 27(2022): 253-278. 259. 잭슨은 이 양면성을 보여주는 통계가 잔뜩이라고 한다.

43 잭슨, 『포스트 성장 시대는 이렇게 온다』, 101-103.

44 칼리스 외, 『디그로쓰』, 174-76. 이에 대해 칼리스는 스페인의 1인당 GDP와 미국을 비교하면서 스페인이 미국의 60% 수준이지만 비슷한 생활 수준을 누리고 있다고 한다. 즉 기본 재화가 시장에서 공급되느냐 공공에서 지급되느냐, 정부의 규제를 받느냐 아니냐에 따라 달라진다는 것이다. 예컨대 유럽은 공공 의료 시스템에 접근할 수 있지만, 미국은 그렇지 않다는 것이다. 그리고 가난한 사람들에게 깨끗한 물, 공공 의료, 적정가격의 주택과 식량이 필요한 것이지 해외 은행 계좌가 필요한 것이 아니라는 점이다.

45 잭슨, 『포스트 성장 시대는 이렇게 온다』, 94.

46 웬델 베리/배미영 옮김, 『오직 하나뿐』(서울: 이후, 2017). 이 책은 시인 농부 할아버지가 들려주는 10편의 에세이다.

47 브루그만, 『완전한 풍요』, 54-57.

제3장

공존(共存)! 그 아름다움에 관하여
– 권정생의 동화 세 작품에 언급된
공존의 가치 –

홍인표

I. 들어가는 말

2007년, 일흔 살의 나이로 하나님의 부르심을 받을 때까지 권정생이 그의 문학 작품에서 줄기차게 들려준 메시지는 과연 무엇일까? 사실 권정생은 삼십 대 초에 그의 삶이 다 할 것이라는 의학 소견을 받았다. 권정생은 그의 나이 스무 살을 막 넘겼을 무렵 과로와 영양 부족으로 인해 늑막염을 앓게 되었는데, 그것을 제때 치료받지 못함으로 인해 전신 결핵으로 악화되고 말았다. 그로 인해 권정생은 그의 나이 29세가 된 1966년 5월, 콩팥 하나를 드러내는 수술을 받은 뒤 그해 12월에는 콩팥 하나까지 드러내는 수술을 받아야만 했는데, 수술을 집도한 의사로부터 "잘 관리하면 2년은 살 것"이라는 의학적 소견을 들었고 간호사로부터는 앞으로 "6개월도 살기 어려울 것"이라는 말을 들었다.[1]

이처럼 스물아홉이라는 나이에 절망적인 의학 소견을 들었음에도 권정생이 일흔 살까지 살 수 있었던 이유가 무엇일까? 그것은 기적이라는 말 외에는 설명할 방법이 보이지 않는다.[2] 그리스도인은 그것을 "하나님의 은혜"라고 말한다. 권정생 또한 그리스도인이었으니 그가 의학 소견을 넘어 일흔 살까지 살 수 있었던 것을 "하나님의 은혜"라고 표현해도 어색하지 않을 것이다.

하나님이 그에게 일흔 살까지 살면서 모두 백여 편이 넘는 작품을 남기도록 하신 이유가 무엇일까? "하나님의 섭리"라는 측면에서 본다면 "권정생의 문학 작품을 통해 하나님이 우리에게 무언가 말씀하려고 하셨기 때문이라고 할 수 있지 않을까? 필자는 권정생의 문학 작품에서 발견되는 하나님의 메시지 가운데 가장 핵심이라고 생각하는 두 가지가 그의 동화 「강아지똥」과 「하느님의 눈물」에 언급되어 있다고 본다. 그 가운데 이 글에서 말하려는 주제에 더욱 상응하는 메시지는 「하느님의 눈물」에 언급된 다음과 같은 내용이다.

> 돌이 토끼: 어머나! 그럼 하느님, 저도 하느님처럼 보리수나무 이슬이랑, 바람 한 줌, 그리고 아침 햇빛을 먹고 살아가게 해 주셔요.
>
> 하느님: 그래, 그렇게 해 주지, 하지만, 아직은 안 된단다. 이 세상 모든 사람들이 너처럼 남의 목숨을 소중히 여기는 세상이 오면, 금방 그렇게 될 수 있단다. 하지만, 내가 이렇게 애타게 기다리는데도 사람들은 기를 써 가면서 남을 해치고 있구나.

이 작품에서 권정생은 노란 털이 난 돌이 토끼와 하나님의 대화를 통해 약육강식의 법칙이 지배하는 세상을 비판하였다. 그는 자신이 성경의 최고 가치라고 생각하는 "샬롬(שָׁלוֹם)"과 정면으로 어긋나는 법칙이 작용하는 인간 세상을 날카롭게 비판한 것이다. 이런 측면에서 권정생에 관한 이대근의 평가에 수긍하게 된다.

> 그의 동화는 세상을 예쁘게 포장한 선물세트가 아니다[…]그는 전사였다. 그는
> 살아 숨쉬는 동안 생활이라는 최전선에서 그가 보고 듣고 알고 겪은 모든 모순
> 과 부딪치며 하루도 쉬지 않고 싸웠다[…]그는 매우 위험하고 불온한 사상가였
> 고, 반역자였으며 혁명이 사라진 시대의 혁명가였다.[3]

　이러한 측면에서 하나님이 구약시대 이스라엘에 아모스, 호세아 같은 예언
자를 보내셨고 이 시대 한반도에는 권정생을 보내셨다고 한다면 어색한 언급
일까? 권정생이 그의 작품에서 성경의 최고 가치인 "샬롬" 회복에 대한 갈망
을 상당 부분 언급하였음은 사실이다. 그것은 "공존"(共存)이라는 세부 가치
로 언급되어 있다. 이러한 측면에서 권정생을 구약시대 예언자들과 같은 맥
락으로 이해하는 것은 어색하지 않을 것이다.
　이 글에서 필자는 권정생이 그의 작품의 줄기차게 언급한 "샬롬의 가치"
가운데 상당 부분을 차지하고 있는 "공존의 가치"를 언급하려고 한다. 즉 앞
서 언급한 권정생의 동화 「하느님의 눈물」과 「강아지똥」 그리고 『하느님이
우리 옆집에 살고 있네요』를 언급함으로써 그러한 작품에 언급된 공존의 가
치를 찾아보려고 한다. 그것이 권정생의 작품에 언급된 하나님의 메시지 가
운데 하나라고 생각하기 때문이다. 더 나아가 일흔 살까지 권정생의 수명을
연장하시고 백여 편에 달하는 작품을 남기도록 한 하나님의 섭리를 그러한
측면에서 이해할 수 있다고 생각하기 때문이다.

II. 권정생의 작품세계에 언급된 공존의 가치

1. 동화 「하느님의 눈물」에 언급된 공존의 가치

권정생의 동화 작품 가운데 "공존의 가치"를 언급한 작품은 그의 유아 동화 「하느님의 눈물」 외에도 다수다. 필자는 먼저 이 단락에서 「하느님의 눈물」 한 편에 언급된 공존의 가치에 관하여 언급하려고 한다. 왜냐하면 이 작품이 권정생의 수많은 동화 작품 가운데 공존의 가치를 언급한 대표적인 작품이라고 생각하기 때문이다.

돌이 토끼는 눈이 노랗고 털빛도 노란 산토끼다. 비록 먹이사슬에서 하위에 놓인 작은 초식동물이지만, 돌이 토끼 또한 자신보다 먹이사슬 하위에 있는 풀들을 먹어야 생존할 수 있다. 그런데 돌이 토끼는 자신이 풀들을 먹음으로써 생존해야 하는 먹이사슬 법칙을 생각하며 마음 아파한다.

> "칡넝쿨이랑 과남풀이랑 뜯어 먹으면 맛있지만 참말 마음이 아프구나. 뜯어 먹히는 건 모두 없어지고 마니깐."[4]

이를 통해 새삼 먹이사슬 법칙이 참으로 냉혹하다고 생각하게 된다. 강자가 약자를 먹어야만 생존할 수 있는 그야말로 약육강식의 생존 법칙이기 때문이다. 이렇듯 냉혹한 먹이사슬 법칙에 순응하며 살 수밖에 없는 것은 인류의 타락에 기인한다고 본다. "하나님이 지으신 그 모든 것을 보시니 보시기에 심히 좋았더라"라고 언급된 창세기 말씀에서 볼 수 있듯이 인류 타락 이전의 세상은 하나님의 질서에 순종하며 아름답게 공존할 수 있는 곳이었다. 하지만 인류의 타락으로 인해 인류를 포함, 자연 전체가 냉혹한 먹이사슬 법칙에 예속되었음을 인정하지 않을 수 없다. 계속해서 돌이 토끼와 풀들의 대화를 들어보자.

"풀무꽃풀아. 널 먹어도 되니?"

"……"

"널 먹어도 되는가 물어봤어. 어떡하겠니?"

"갑자기 그렇게 물으면 넌 뭐라고 대답하겠니? 죽느냐 사느냐 하는 대답을 말할 수 있는 사람이 이 세상에 몇이나 있겠니?(풀무꽃풀이 바들바들 떨면서)"

"정말이구나. 내가 잘못했어. 풀무꽃풀아. 나도 그냥 먹어 버리려니까 안되어서 물어본 거야."

"차라리 먹으려면 묻지 말고 그냥 먹어."[5]

돌이 토끼는 풀무꽃풀을 먹기를 포기하고 뒤돌아섰다. 먹힌다는 것 그리고 죽는다는 것, 모두가 운명이고 마땅한 일인 것임에도 불구하고 말이다. 결국 돌이 토끼는 "댕댕이 덩굴", "갈매 덩굴 잎사귀" 그리고 "바디취 나물", "고수대 나물", "수리취 나물" 등 살기 위해 먹어야 하는 식물들 먹기를 포기하고 말았다.[6] 돌이 토끼와 해님이 나눈 대화에는 인류의 타락으로 인해 주어진 먹이사슬 법칙에 자신을 희생해서라도 정면으로 거부하려는 돌이 토끼의 모습이 나온다.

"정말 넌 착한 아이로구나. 하지만, 먹지 않으면 죽을 텐데 어쩌지?"

"차라리 죽는 것이 낫겠어요. 괴롭지만 않다면 죽어도 좋아요."[7]

적자생존의 먹이사슬 법칙이 인류의 타락으로 인해 주어진 것이기는 하지만, 그것이 결코 하나님의 뜻은 아니다. 오히려 하나님은 적자생존 법칙을 "자연법칙"이라고 하면서 당연하게 여기는 사람들을 보며 슬퍼하신다. 이 작품의 종반부에 나오는 하나님과 돌이 토끼의 대화를 들어보자.

> "하느님, 하느님은 무얼 먹고 사셔요?"
> "보리수 나무 이슬하고 바람 한 줌, 그리고 아침 햇빛 조금 마시고 살지."
> "어머나! 그럼 하느님, 저도 하느님처럼 보리수 나무 이슬이랑, 바람 한 줌, 그리고 아침 햇빛을 먹고 살아가게 해 주셔요."
> "그래, 그렇게 해 주지. 하지만 아직은 안 된단다. 이 세상 모든 사람들이 너처럼 남의 목숨을 소중히 여기는 세상이 오면, 금방 그렇게 될 수 있단다."
> "이 세상 사람들 모두가요?"
> "그래, 이 세상 사람 모두가. 하지만 내가 이렇게 애타게 기다리는데도 사람들은 기를 써 가면서 남을 해치고 있구나."[8]

권정생은 이 작품을 다음과 같이 종결함으로써 독자들에게 긴 여운을 남긴다.

> "돌이 토끼 얼굴에 물 한 방울이 떨어져 내렸습니다. 하느님이 흘린 눈물이었습니다."[9]

인류가 살아가는 세상의 법칙을 한마디로 말한다면 적자생존 법칙이라고 할 수 있을 것이다. 앞서 이대근이 말한 것처럼 권정생이 "욕망의 체계인 자본주의 한가운데서 무욕, 절제, 가난을 무기로 정면 대결한 이유"가 여기에 있다. 왜냐하면 권정생이 볼 때 적자생존 법칙은 결코 하나님이 허용하신 법칙일 수 없기 때문이다. 이 작품에 등장하는 돌이 토끼는 자신을 희생해서라도 먹이사슬 법칙을 온몸으로 거부하려고 한다. 식물을 먹음으로써 자신은 생존할 수 있지만, 식물은 희생당함으로써 자신과 공존할 수 없기 때문이다. 돌이 토끼의 이러한 모습은 사람들이 선뜻 이해할 수 없는 모습이다. 자연법칙에서는 앞서 언급한 것처럼 "먹힌다는 것 그리고 죽는다는 것, 모두가 운명이고 마땅한 일"이기 때문이다. 이런 법칙에서 공존은 가능하지 않다. 적지 않은 사람들이 표면적으로는 공존을 말하지만, 심층적으로는 공존을 꺼리는 이유가 여기에 있다. 생존을 위한 자연법칙에 근거한다는 것이 그들의 주장이다. 심지어 신앙을 근거로 합리화하는 일도 없지 않다. 자유시장경제를 옹호한다는 이유로 말이다.[10]

이런 측면에서 돌이 토끼는 사람들이 보기에 참으로 우매한 존재이고 심지어 불편한 존재일 수밖에 없다. 하지만 공존을 불편해하는 적자생존의 법칙은 결코 하나님이 기뻐하시는 법칙일 수 없다. 이 작품에서 권정생이 하나님의 눈물을 언급한 이유가 거기에 있다.

2. 동화 『하느님이 우리 옆집에 살고 있네요』에 언급된 공존의 가치

권정생은 그의 장편 동화 『하느님이 우리 옆집에 살고 있네요』 서문에서 이렇게 말하고 있다.

> 사람 살아가기가 점점 힘이 듭니다. 어디를 가나, 무엇을 해도 경쟁을 해야 한다고 합니다. 싸워서 이겨야만 살 수 있지, 그렇지 않으면 죽는다고 합니다. 결국 세상엔 평화는 없는 걸까요?[…]하느님은 예수님을 세상에 보내어 가장 밑바닥

에서 남을 섬기는 종의 몸이 되도록 하셨습니다. 가난한 사람, 병든 사람, 죄 많은 사람과 함께 서로 도우며 살라고 하셨습니다. 세상의 모든 물질은 힘센 사람이 차지하는 것이 아니라 모두가 함께 나누며 써야 한다고 하셨습니다. 하늘에 날아다니는 새도, 들에 피어나는 조그만 꽃 한 송이도, 하느님은 함께 살도록 하셨습니다[…]비록 가난하고 힘들고 추워도 이렇게 서로 도우며 아끼는 세상이 된다면 궁궐 같은 큰 집도, 맛있는 음식도, 화려한 옷도 모두 쓸데없을 것입니다. 사람에게 가장 큰 행복은 서로 사랑하며 사는 세상이어야 하기 때문입니다.[11]

　이 동화는 월간지 「새가정」에 수록한 연재 동화였는데, 당시 기독교 일각으로부터 비난받기도 하였다. 권정생이 이 동화에 소개한 하나님과 예수님의 모습은 너무나도 무능력한 인간과 다르지 않기 때문이다. 이 동화에서 하나님은 예수님과 함께 모든 능력을 내려놓으시고 이 땅으로 내려오신다. 본래의 목적지는 예루살렘이 있는 이스라엘이었지만, 태풍으로 인해 진로가 바뀌어서 한반도 어느 농촌이 수박밭에 엉덩방아를 찧으며 예수님과 함께 도착하게 되었다. 하나님이 이 땅에 오셔서 처음 하신 일은 배가 고파서 예수님과 함께 수박을 서리해 잡수시고 주인을 피해 달아나는 것이었다.[12]

　일찍이 예수님이 이 땅에 오셔서 가장 낮은 모습으로 섬기신 것처럼 이 작품에 묘사된 하나님과 예수님의 모습 또한 가장 낮은 사람들과 먹고 마시며 살아가는 모습이다. 서울에 도착하신 하나님은 갖은 고생 끝에 사과 노점상을 하는 과천댁 할머니에게 얹혀살다가 예수님이 청소부로 취직해서 벌어오는 돈으로 생활하신다. 청소부로 일을 하다가 예수님은 채소 노점상을 하기도 하는데, 이 가운데 노점상 단속반과 싸우다가 구치소에 갇히기도 한다.[13] 이 과정에서 하나님과 예수님은 공주라고 하는 오갈 데 없는 여자아이를 거두어 키우기도 하는데, 이 땅에서 가장 밑바닥에서 살아가는 사람들과 함께

하는 가운데 절감하게 된 것은 가난한 사람이 그렇지 않은 사람과 공존할 수 없어서 여기저기 떠돌아다니며 살 수밖에 없다는 것이었다. 이때 하나님이 예수님, 과천댁 할머니 그리고 공주라는 여자아이와 함께 사는 곳은 천막집이었는데, 그나마 "잘사는 나라의 도시 계획"이라는 명목으로 천막촌을 철거하기 위해 들이닥친 철거반원으로부터 하나님이 몽둥이로 얻어맞아 어깨를 다치는 일까지 일어났다.[14] 눈물을 흘리며 공주의 손을 잡고 천막촌을 떠난 하나님은 이후에도 이 세상의 여러 가지 불공평함을 절감할 수밖에 없었다.

하나님이 맨 처음 세상을 만드셨을 때는 참 아름답고 보기 좋은 세상이었지만, 하나님이 몸소 내려와서 보고 느낀 세상은 흉측할 만큼 더러워진 곳이었다. 근심에 빠진 하나님은 어느 날 예수님을 은밀히 불러서 이야기를 나누신다.[15]

"애야, 예수야, 오늘 단둘이 어디 몰래 만나서 얘기 좀 하자꾸나."

"무슨 얘기를 하시려고요?"

"비밀이니까 아무도 없는 곳에서 만나자."

"그럼, 시장 맞은편에 있는 찻집으로 오세요. 오후 2시예요."

.....

"나 말이지, 요새 큰 고민이 생겼단다."

"살기가 무척 힘드시지요?"

"힘들고 말고지. 공주도 불쌍하고 과천댁 할머니도 가엾고…"

"글쎄 말이에요. 부모를 잃고 가족과 헤어져서 사는 것도 슬픈 일인데, 먹고 살기고 이토록 힘드니 참으로 답답해요."

"그러니까 말이지, 이쯤 해서 세상 끝장내어 버리면 어떻겠냐?"

"세상을 끝장내 버리다뇨?"

"성경책에 쓰여 있는 말대로 심판을 해 버리면 어떻겠냐 말이다."

"아버지께서 그렇게 하시겠다면 저도 찬성하겠어요. 세상이 점점 나빠지고만 있으니까요."

"그럼 오늘밤에라도 일을 해치우자꾸나. 이놈의 세상 아살박살내 버려야지."

"아살박살내 버리면 억울한 사람까지 다 죽잖아요."

"그럼 어떻게 하면 되겠니?"

"그게 어렵다니까요."

"할 수 없다. 우리 둘이서 좀 더 생각해 봐서 다시 결정 짓자꾸나."[16]

"하나님께서 깊은 고민 가운데 이 세상을 심판하려는 생각을 하시게 된 이유"가 무엇일까? 그 이유는 본래 하나님이 아름답게 만든 세상이 지금은 가난한 사람들이 배척당하는, 흉측할 만큼 더러워진 세상으로 변질하였기 때문이다. 일찍이 예수님이 이 세상에 오셨을 때 사람들이 알아보지 못하고 십자가에 못 박은 것처럼 가난한 노인으로 오신 하나님을 몽둥이로 때리는 세상인 것이다. 하나님이 예수님과 함께 오셔서 목격하신 세상은 공존이 가능하지 않은 세상이다. 가난한 사람은 기본적인 생존권조차 보장받지 못하는 세상이다. 그것은 결국 하나님이 심판을 받는 세상일 수밖에 없다. 그러한 세상은 하나님이 참으로 싫어하는 세상이기 때문이다. 권정생은 이 작품에서 그러한 사실을 잘 말하고 있다.

3. 동화 「강아지똥」에 언급된 공존의 가치

「강아지똥」은 『몽실언니』와 함께 권정생의 문학 작품 가운데 가장 널리 알려진 동화 작품이다. 「강아지똥」은 비천한 강아지똥이 자신을 녹여 민들레의 거름이 됨으로써 밤하늘의 별처럼 빛나는 꽃을 피운다는 감미로운 이야기로 널리 알려져 있다. 그런데 이 작품에는 또 하나의 아름다운 이야기가 언급되어 있다. 그것은 공존의 아름다움이다. 다시 말해 공존함으로써 아름다운 존재로 살아갈 수 있다는 것이다. 이 작품에 언급된 공존하여 아름다운 존재가 된 이야기는 널리 알려진 것처럼 강아지똥과 민들레의 이야기다. 하지만 이 작품에 언급된 "흙덩이" 이야기에서도 공존의 가치를 발견하게 된다. 흙덩이가 강아지똥에게 들려준 이야기를 들어보자.

> "내가 본래 살던 곳은 저쪽 산 밑 따뜻한 양지였어. 거기서 난 아기 감자를 기르기도 하고, 기장과 조도 가꿨어. 여름에는 자줏빛과 하얀 감자꽃을 곱게 피우며 정말 즐거웠어. 하느님께서 내게 시키신 일을 그렇게 부지런히 했단다."[17]

이 대목에서 권정생은 공존해야 생존할 수 있는 자연의 섭리를 말하고 있다. 흙덩이는 자신에게 뿌리를 내린 식물에게 물과 각종 영양을 공급하는 것으로 자신의 역할을 함으로써 존재한다. 흙덩이 또한 식물들 아래에 있으면서 따가운 햇빛을 직접 받지 않음으로써 생존할 수 있었다. 그런데 어느 날 흙덩이는 자신이 일방적으로 식물에게 헌신한다고 생각하면서 피해의식을 느끼게 되었다. 그래서 아기 고추나무가 자기 몸뚱이의 물기를 빨아들일 때마다 얄미운 생각이 들었다. 심지어 마음속으로는 "그만 죽어 버리라고 못되게 빌기까지" 하였다.[18] 그런데 가뭄이 계속되던 어느 날 아기 고추나무가 진짜 말라 죽고 말았다. 흙덩이는 아기 고추나무가 말라죽은 것을 자기 잘못이라고 생각하였다. 흙덩이의 이야기를 들어보자.

> "그래, 나도 나쁜 짓을 했어. 그래서 정말 괴롭구나. 어느 때 여름이야. 햇볕이 쨍쨍 쬐고 비는 오지 않고 해서 목이 무척 탔어. 그런데 내가 가꾸던 아기 고추

나무가 견디다 못해 말라 죽고 말았단다. 그게 나쁘지 않고 뭐야. 왜 불쌍한 아기 고추나무를 살려주지 못했는지 지금도 가슴이 아프고 괴롭단다[…]아기 고추나무는 내 몸뚱이에다 온통 뿌리를 박고 나만 의지하고 있었단다."[19]

흙덩이는 자신이 집을 짓기 위한 재료로 소달구지에 실려 가다가 그만 땅에 쏟아진 것을 자신이 아기 고추나무를 미워함으로써 살리지 못한 대가로 생각하며 결국 자신은 길바닥에서 최후를 맞이할 것이라고 믿었다. 하지만 그 흙덩이를 다시 발견한 주인에 의해 다시금 본래 있던 밭으로 돌아갈 수 있었다.[20] 본래 있던 밭으로 돌아가서 식물들과 공존하며 행복한 삶을 살 수 있게 된 것이다.

권정생은 이 작품에서도 공존의 아름다움, 공존의 소중함으로 말해하고 있다. 앞서 언급한 것처럼 밭의 식물들과 흙덩이는 서로 도움을 주며 공생하는 관계이다. 밭의 흙이 없으면 식물들이 생존할 수 없는 것처럼, 흙덩이 또한 식물들 아래에 있지 않으면 뜨거운 햇볕을 받으며 자신의 가치를 발휘할 수 없게 된다. 앞서 언급한 것처럼 강아지똥이 민들레와 만나서 밤하늘의 별처럼 아름다운 꽃을 피우는 것 또한 공존의 아름다움을 말하는 좋은 예다. 이 작품에 언급된 다음 말은 참으로 유명하다.

"하느님은 쓸데없는 물건은 하나도 만들지 않으셨어. 너도 꼭 무엇엔가 귀하게 쓰일 거야."[21]

이렇듯 누군가가 하나님 앞에서 무엇엔가 귀하게 쓰임받은 것도 공존을 통해서 가능함을 이 작품에서 생각해 보게 된다. 본래 하나님이 만드신 세상은 공존하며 살아가는 아름다운 세상이다. 하지만 타락 이후 지금까지 세상은 적자생존의 법칙을 자연스럽게 받아들이고 있다. 심층적으로 볼 때 교회 공동체 또한 그러한 현실에서 자유롭지 못함을 부인할 수 없다. 권정생은 이 작품에서 우리에게 그러한 고민을 안겨주고 있다.

Ⅲ. 나가는 말

권정생의 자유경제 체제를 수호한다고 하면서 실질적으로는 적자생존의 법칙을 받아들이는 한국 교회를 향해, 또한 한국 사회를 향해 질타를 아끼지 않는다.

> 모든 물질은 이 세상 모든 생명들이 각자의 몫이 골고루 나뉘었을 때 진정한 축복이 되는 것이다. 거기서 사람들도 정당한 자기 몫으로 살면서 다른 목숨들한테 피해를 주지 않고 평화를 이룰 때만이 우리는 하느님께 진정한 감사를 할 수 있는 조건을 갖추게 된다.[22] 내가 금메달을 따면 못 따는 사람이 있고, 내가 수석을 하면 꼴찌한 사람이 있고[…]내가 잘되기 위해서는 누군가 못되는 것을 생각하면 어찌 기뻐할 수 있겠는가. 그런 감사를 하느님은 절대 기뻐하지도 바라지도 않으신다. 왜 나만 앞서야 되는지 좀 생각해 보기 바란다.[23]

이러한 권정생의 질타는 그의 작품 가운데 상당 부분에 언급되어 있다. 널리 알려진 것처럼 권정생은 아동문학가이며 베스트셀러 작가다. 독자들의 권정생에 대한 이해는 대부분 "주옥과 같은 아동문학 작품을 남긴 어린이의 친구"라는 정도다. 하지만 언급한 측면에서 볼 때, 권정생의 문학 작품은 불편한 작품일 수밖에 없다. 앞서 이대근이 말한 것처럼 권정생이 "혁명이 사라진 시대의 혁명가였다"라는 측면에서 권정생의 작품을 보면 그의 작품들이 더욱 무겁게 다가온다. 오늘 언급한 세 편의 동화 또한 감미롭게 다가오지만은 않는다. 필자가 이 글에서 언급한 세 편의 동화 작품을 다시 읽으면서 발견하게 된 것은 다음과 같다.

먼저 「하느님의 눈물」에서 발견하게 된 사실은 사람들이 공존을 거부하는 것은 기를 써서 서로를 해치는 것이기 때문에, 하나님은 그것을 보며 눈물을 흘리신다는 것이다. 『하느님이 우리 옆집에 살고 있네요』에서 발견하게 된 사실은 본래 하나님이 창조하신 세상은 공존하며 아름답게 살아가는 세상이었지만, 인류의 타락으로 세상은 공존이 깨어짐으로써 흉측할 만큼 더러운 곳이 되었다는 것이다. 공존을 거부하는 세상에서 사람들은 힘없는 노인으로 오신 하나님에게 폭력을 가하기까지 한다. 결국 공존이 깨어진 세상은 하나님의 심판을 불러오는 세상일 수밖에 없다는 것이다.

「강아지똥」에서 발견하게 된 사실은 "하나님 앞에서 귀하게 쓰임받는 것"도 공존을 통해서 가능하다는 것이다. 하나님이 권정생의 수명을 일흔 살까지 연장하심으로써 우리에게 들려주시고자 하신 메시지 가운데 중요한 한 가지가 "공존하는 삶"이라는 것을 생각해 볼 수 있다. 타락한 세상은 공존을 불편해한다. 적자생존의 법칙을 당연하게 여기기 때문이다. 하지만 성경은 공존을 말씀한다. 하나님이 본래 창조하신 세상은 공존하며 아름답게 살아가는 곳이었기 때문이다. 우리의 삶이 공존을 지향해야 하는 이유가 여기에 있다. 공존하는 삶이 하나님이 기뻐하시는 아름다운 삶이기 때문이다.

[미주]

* 이 글의 일부가 대한예수교 장로회 통합측 전국여교역자연합회의 「여교역자 회보」 통권 117호에 언급
되었음을 밝힙니다.

1   2007년 3월 31일 오후 6시 10분, 죽음을 직감한 권정생은 권호경 신부에게 마지막 글을 남겼다. 이기
    영, "권정생 약력," 원종찬 엮음, 『권정생의 삶과 문학』(서울: 창비, 2013), 381.

2   2007년 3월 31일 오후 6시 10분, 권정생은 권호경 신부에게 마지막 글을 남겼고 5월 17일 오후 2시
    17분에 대구 가톨릭병원에서 소천하였다. "권정생 약력," 400. 사실 권정생이 일흔 살에 소천한 것도
    자연사가 아닌 의료사고였음이 밝혀졌다. 2007년 5월 14일, 대구 가톨릭병원에서 방광조형술을 받던
    중 패혈증이 발생하고 진행된 것이 사인이었다는 것이다. 고한솔, "[단독] 동화작가 권정생, 결핵 아
    닌 의료사고로 숨졌다." 「한겨레신문」, 2017년 9월 19일 자 기사. https://www.hani.co.kr/arti/society/
    society_general/811675.html 2020년 10월 25일 오전 11시 45분 접속.

3   이대근, "권정생, 그의 반역은 끝났는가," 『권정생의 삶과 문학』, 358-359.

4   권정생, "하느님의 눈물," 『권정생 유년동화집: 하느님의 눈물』(서울: 도서출판 산하, 2000), 10.

5   권정생, "하느님의 눈물," 11.

6   권정생, "하느님의 눈물," 12.

7   권정생, "하느님의 눈물," 14.

8   권정생, "하느님의 눈물," 15-18.

9   권정생, "하느님의 눈물," 18.

10 홍인식, "자본주의에서 벗어나라," 「뉴스앤조이」, 2017년 6월 10일 자 기사. https://www.newsnjoy.
    or.kr/news/articleView.html?idxno=211493 2022년 10월 23일 오후 3시 10분 접속.

11 권정생, "서로 사랑하며 사는 세상을 위해," 『권정생 장편동화: 하느님이 우리 옆집에 살고 있네요』
    (서울: 도서출판 산하, 2005), 4-5.

12 권정생, 『권정생 장편동화: 하느님이 우리 옆집에 살고 있네요』, 11-22.

13 권정생, 『권정생 장편동화: 하느님이 우리 옆집에 살고 있네요』, 50-121.

14 권정생, 『권정생 장편동화: 하느님이 우리 옆집에 살고 있네요』, 70-73.

15 권정생, 『권정생 장편동화: 하느님이 우리 옆집에 살고 있네요』, 127.

16 권정생, 『권정생 장편동화: 하느님이 우리 옆집에 살고 있네요』, 127-130.

17 권정생, "강아지똥," 『똘배가 보고 온 달나라』(서울: 창비, 2011), 36.

18 권정생, "강아지똥," 38.

19 권정생, "강아지똥," 38.

20 권정생, "강아지똥," 39-40.

21 권정생, "강아지똥," 40.

22 권정생, "십자가 대신 똥짐을," 『권정생 산문집: 우리들의 하느님』(서울: 녹색평론사, 2008), 34.

23 권정생, "인간의 삶과 부활의 힘," 51.

제4장

복음적 직업과 경제윤리의 실제
– (EEK) 직업과 경제^{(개정역)*} –

오민수

I. 상황 인식

경제는 우리의 생활을 결정하고 있다. 중세 전성기(11-13세기)에는 대형 대성당들(Kathedrale)이 탄성과 경배, 힘과 희망의 장소가 되었다. 오늘날에는 쇼핑몰과 대형은행 건물이 소비의 성전, 돈의 대성당으로서 이 기능을 넘겨받고 있지는 않은가? 동-서 분쟁의 종식과 유럽연합의 공공화와 함께, 지금부터는 정치 대신에 경제가 사람들의 운명을 결정하지 않는가 질문한다. 왜냐하면, 거래 관계는 정치적인 협곡을 넘어서고 숙적관계를 종결하는 것이기 때문이다. 돈과 상품의 세계화는 결과적으로 국부적인 정치와 사회적인 성과를 시험대에 올려놓고 있다. 그것은 얼마인가? 누구에게 이익을 주는가? 그것은 우리에게 가치 있는 것인가?

오늘날과 같이 경제적 힘이 그렇게 또렷하지 않던 시절부터 경제는 그리스도교 신앙의 주제가 되었다. 일, 돈과 소유재산에 대해 성경의 문헌들은 처음부터 고찰하고 있다. 사람이 경제활동을 해야 한다는 것, 그것은 인류의 원(原) 역사, - 즉 아담과 하와의 이야기에 따르면 - 하나님이 피조물에 갖고 계신 선한 의도다. 원 역사에서 그들은 하나님의 동역자이며 창조작업에 협력한다. 성경적 의미에서 경제와 일은 우리가 오늘날 '경제'라고 지칭하는 것 그이상이다. 이 둘은 간호와 돌봄에서 일뿐 아니라 교구와 시민사회 속에서 자발적인 협동과도 관련된다. 경제와 일은 돈에 연관된 것이 아니라 삶(생명)에 연관되어 있다.

유대-기독교적 전승 속에서 사람에게 공정한 경제에 대한 논의에 대한 세가지 큰 지침을 찾아볼 수 있다.

• **일과 쉼(Arbeit und Ruhe):**
하나님은 창조계를 함께 설계하고 상호적인 삶의 기회를 보증하도록 사람들이 자신의 창조계에 협력자로서 들어오기를 원하신다. 그러나 일은 사람이 자기로부터 끄집어낼 수 있는 최종적인 전부는 아니다.

• **소유재산(Eigentum)과 선물(Geschenk):**
하나님은 놀라운 피조 세계를 '미리 주신 은총'(Vor-Gabe)으로 사람들이 사용하도록 하신다. 사람들은 이를 자신의 것으로 만들고 모든 사람의 유익을 위해 경작해야 한다. 그러나 습득이 전부가 아니다. 창조의 '선입 은총'(Vorgabe) 자체도 보존되어야 하고 창조의 독자적 생활환경(Eigenleben) 속에서 존중되어야 한다.

• **정의(Gerechtigkeit):**
성경은 정의에 대해 절대적으로 고유한 견해를 가지고 있다. 그 정의는 빈곤한 자들이 자신의 권리를 되찾을 경우에 지배력을 행사한다.

1980년대 이래로 신학과 경제 부분에서 경제윤리의 르네상스는 이 세 가지 지침과 연결되어 있다. 이들은 '경제윤리'라는 분야를 관통하고 있는데, 여기에서는 전체적인 논의 중 단지 몇 개만을 다시 소개하려 한다.

II. 방향 설정

1. 일과 쉼에 대한 성경적 접근

일은 성경에서 주변 주제가 전혀 아니다. 일에 대한 유대적 이해는 창세기 1-2장의 원 역사에서 보여주듯, 하나님과 함께한 이스라엘의 경험 속에 두 뿌리를 가지고 있다.

- 창조: 하나님은 하늘과 땅을 창조하셨고, 여자와 남자를 그분과 닮은 형상의 협력자로 창조하셨다.
- 출애굽: 하나님은 자기 백성을 이집트에서 강제 부역(Fronarbeit)으로부터 자유롭게 하셨다.

이 두 뿌리로부터 사람에게 공정하고 창조에 일치하는 일과 생활 조건들의 준거들이 생겨난다.

1) 창조 전통

성경적 두 개의 창조 이야기는 사람을 하나님의 협력자, "피조된 동료 창조자"(Created Co-Creator, Ph. Hefner), 즉 하나님과 동일 형상(Gottesebenbild)으로 소개하고 있으며, 창조성을 부여받아 갖추고 있으며, 하나님의 복을 받고 있다.

우리는 여기에서 안식일 전통을 만나게 된다.

> 일곱째 날은 네 하나님 여호와의 안식일인즉 너나 네 아들이나 네 딸이나 네 남종이나 네 여종이나 네 가축이나 네 문안에 머무는 객이라도 아무 일도 하지 말라, 이는 엿새 동안에 나 여호와가 하늘과 땅과 바다와 그 가운데 모든 것을 만들고 일곱째 날에 쉬었음이라(출 20:10-11)

이 본문은 6일의 창조작업과 일곱째 날에 하나님이 자신의 작업으로부터 쉬셨던 것과 관련되어 있다(창 2:1-4a). 여기에는 아주 강한 상징이 있는데, 첫 인류 생명의 시간은 하나님의 쉼의 날로부터 시작된다는 것이다. 일을 명령하시고 일이 필수라고 말하기 전에, 사람은 하나님의 선한 작업을 인지할 수 있도록 쉼으로 인도되었다. 이것은 인간이 노력하여 획득할 수 없는 미리 주어진 현실이다. 안식일 계명을 통하여 일과 하나님의 쉼에 대한 참여는 분리될 수 없게 연관되어 있다. 안식일은 하나님이 자유롭게 하시는 행위와 창조적인 행위 속에 이중 근거를 두고 있을 뿐 아니라, 또한 안식일은 일과 쉼에 대한 리듬을 그리스도-유대 문화의 핵심적인 리듬으로 만들고 있다. 만일 인간과 생태계가 이 문화의 두 차원을 잃어버린다면, 사회경제와 인간성은 점점 더 위협받게 될 것이다.

2) 출애굽의 전통

이스라엘의 신앙은 궁정이나 성전에서 생성된 것이 아니라, 혹독한 노동 조건 아래서 갈대를 줍고 벽돌을 굽는 비인간적인 불협화음 속에서 빚어졌다. 출애굽 전통의 신앙이 존재하는 것은 하나님이 자유롭게 하시려고 개입하셔서 파라오를 제압하시고, 홍해 바다에서는 바닷물에 명령하신 그 경험들 덕택이다. 이스라엘은 하나님이 자유롭게 하시는 행위의 경험으로부터 일에 대한 자신의 이해를 발전시킨다. 그 중심에는 하나님의 권세가 일을 통해서 사람이 서로에게 지배력을 행사하는 권세보다 더 크시기 때문에 일이 제한되어야 한다는 사상이 있다! 이를 통해서 안식일 계명은 또다시 핵심적인 측량줄이 된다. 생명의 권세는 일의 권세보다 크다.

그러한 까닭에 우리가 루터의 요리 문답에서 친근했던 바와는 달리, 안식일 계명은 십계명 중 가장 광범위하고 최고로 잘 근거 지어진 계명이다.

> 엿새 동안은 힘써 네 모든 일을 행할 것이나, 일곱째 날은 네 하나님 여호와의 안식일인즉 너나 네 아들이나 네 딸이나 네 남종이나 네 여종이나 네 소나 네 나귀나 네 모든 가축이나 네 문 안에 유하는 객이라도 아무 일도 하지 못하게 하고 네 남종이나 네 여종에게 너 같이 안식하게 할지니라, 너는 기억하라 네가 애굽 땅에서 종이 되었더니 네 하나님 여호와가 강한 손과 편 팔로 거기서 너를 인도하여 내었나니 그러므로 네 하나님 여호와가 네게 명령하여 안식일을 지키라 하느니라(신 5:13-15)

3) 신약성경에서 일

목공의 아들인 나사렛 예수는 작은 수작업자와 품삯 일꾼들의 세계 속에서 태어나셨다. 기록된 문자 그대로 이들은 고용될 때까지 매일 노동시장에 줄서 있었다. 예수는 자기 시절 노동 조건을 아주 잘, 그리고 "밑바닥부터" 알고 계셨다. 예수는 일에 대한 윤리를 공공연히 선포하시지는 않았지만, 그럼에도 그의 실생활은 구약성경의 일에 대한 두 가지 이해와 연결되어 있다.

- 예수는 일하시는 분이다("그러나 나는 섬기는 자로 너희 중에 있노라", 눅 22:7). 그는 그 밖에 여자나 노예들의 일을 하신다. 그는 아주 아래에서 조력하신다. 그는 병자들과 제외당한 자들, 모욕당한 자들을 섬기신다.
- 예수는 하나님 나라 선포와 함께, 일하던 남녀 사람들을 멈추게 하시고, 하나님 나라로 출발하여 그 나라를 계승하도록 초대하신다. 하나님 나라와 관련된 사람에게는 누구나 노동을 통해 자신의 삶과 인간으로서 존엄을 획득해야 한다는 그 괴로운 근심이 더 이상 지배력을 행사할 필요가 없다. 그렇다면, 필요한 일은 가볍고 경감된다.
- 마지막으로, 예수는 자기 자신을 항상 중단시키시고 기도와 한가함(Muße)을 위해 물러나신다. 그 이외에 예수는 사람들이 자신을 – 금욕적이었던 세례자 요한과는 아주 달리 – "먹보요 포도주꾼"("먹기를 탐하고 포도주를 즐기는 사람", 눅 7:33)으로 일컫는다고 기꺼이 이야기하신다.

요컨대, 일에 대한 성경적 이해는 다음 다섯 가지 범주로 정리할 수 있다.

- **일하는 사람은 사람으로 있다.**
  사람을 단지 노동력으로 사용하지 말아야 한다. 노동은 사람의 자유 재량권이란 정의하에 있어야 한다.

- **일하는 사람은 하나님이 아니다.**

  사람이 모든 것을 좌우할 수 있다고 믿는다면, 사람은 경직되고 마비될 것이며, 다른 사람을 해롭게 할 것이다. 사람의 일은 시간적인 차원에도 그들의 경계에 관하여 알아야 한다.

- **일하는 사람은 하나님의 창조계에 함께 협력하고 있다.**

  영업직, 자영업, 육체노동과 정신노동 또는 예비적 작업과 생산적인 작업으로 분류하는 것은 창조계 속에 사람의 협력 다중성을 인지하는 데 유익할 것이다. 그러나 이런 범주를 사람에 대한 평가와 결부되거나, 또는 다른 일의 형태를 하등급으로 평가하거나 흔적도 없게 만들어 버리고 있다면, 주의해야 한다.

- **일은 너무나도 중요하다.**

  일이 사람의 가치와 존엄을 결정하지 않는다. 우리는 항상 우리의 일과 성과에 앞서 하나님으로부터 용납되었다. 우리는 이 선물을 일로 통하여 되돌려 주고 있다.

2. 성경 속 소유재산과 선물

소유재산 또한 성경에서 결코 부수적인 주제가 아니다. 이 주제 역시 이스라엘의 원(原) 역사에서 그 중요성을 찾는다.

1) 하나님의 창조경제

창조의 원래 소유권자는 하나님이며, 그리고 지금도 하나님으로 되어 있다. 이것은 소유권 질문에 대한 성경적 원칙이다. "땅과 거기에 충만한 것과 세계와 그 가운데에 사는 자들은 다 여호와의 것이로다"(시 24:1). 사람의 생활공간은 하나님의 축복하에 더욱 발전되어가는 하나님의 놀라운 작품이다.

하나님의 창조는 시간이 지남에 따라 사람의 경제활동과 동행한다. 구약성경은 바로 여기에서 소유에 대한 긍정적인 입장을 보여준다. 만일 소유가 하나님으로부터 부여된 선물로 이해되고 책임성 있게 사용된다면, 그것은 하나님의 축복하에 있는 것이다. 하나님의 축복으로 사는 것과 소유재산을 사용하는 것은 동일선상에 놓일 수 있다.

2) 취득의 한계

성경 전승에 따르면, 하나님은 사람에게 전부를 양도하지 않으시고 경계를 긋고 계신다. 에덴동산에는 이미 생명과 지식의 나무가 서 있다(창 2:16 이하). 이와 유사하게, 하나님은 사람에게 처음에는 단지 씨를 가진 식물들(창 1:29)을 허락하신다. 대홍수라는 재난 이후에야, 하나님은 노아와의 언약을 통해 사람들의 재량권을 확장하신다. "모든 산 동물은 너희의 먹을 것이 될지라 채소 같이 내가 이것을 다 너희에게 주노라"(창 9:3).

사람이 아니라 하나님이 창조의 소유권자다. 안식년 제도는 주목할 만한데, 바로 이것을 보여주고 있다. 이스라엘이 안식년을 실현하는 것이 그렇게 중요하였고, 우리는 이 제도를 인간적인 사회법으로 이해할 수 있다. 왜냐하면 안식년은 사람의 재량권(Verfügungsgewalt)을 제안하고 있기 때문이다.

- 칠 년마다 들녘은 비워둬야 하며, 야생 상태에서 자라난 것들은 가난한 자들에게 돌리는 혜택으로 주어야 한다. 여기에서, 자연에 대한 사람의 통치는 제한받게 된다.
- 부채를 탕감해야 하며, 경제적인 곤란으로 인해 팔렸던 토지는 본래 소유자에게로 되팔아 그의 소유로 돌아와야 한다. 이스라엘 출신의 종은 누구나 자유민으로

자신의 지파로 돌아간다. 여기에서, 인간에 대한 인간의 통치는 제한받는다.

• 마지막으로, 7년이 일곱 번 지난 후, 원래의 소유관계가 복원되고 "희년"이 선포된다. – '요벨'(jobel)은 여기에 사용되었던 뿔 나팔을 말한다.

구약성경은 소유를 시간으로만 아니라, 사회적으로도 제한하고 있으며 예언자들의 사회비평에서 기소하고 있다. 사회 변두리에 있는 이방인, 고아와 과부들을 잊지 말아야 한다. "가옥에 가옥을 이으며 전토에 전토를 더하여 빈틈이 없도록 하고 이 땅 가운데에서 홀로 거주하려 하는 자들은 화 있을진저"(사 5:8). 이것은 정의의 한 원리이며, 또한 자비의 한 원리다. 소유를 다룸에 있어, '약한 자들의 삶의 기회가 제외되느냐 포함되느냐', 또는 '약한 자들이 하나님의 백성 안에 있는가' 아니면 '이용 물건으로 처분되느냐'가 그 기준이 되어 평가된다.

3) 신약성경 속 소유재산

예수는 소유를 비평적으로 보셨고 한때는 아주 노골적으로 말씀하시기를, "낙타가 바늘귀로 나가는 것이 부자가 하나님의 나라에 들어가는 것보다 쉬우니라"(막 10:25)라고 하셨다. 자기 삶의 실제에 있어, 시종일관 예수는 모으고 안정을 찾고, 또 근심하는 이런 것들과 급진적으로 맞서신다. 그는 제자들과 함께 그날 아침에 저녁에 어디에 머리를 둘지를 아직 알지 못하던(마 8:20) 유대 배회 랍비들의 자유로운 삶을 나누신다. 바로 이 부분이 예수와 원(原)교회의 삶의 실제에 있어 무엇이 중요한가를 이해하는 열쇠가 있다. 사람들이 단지 모으고 안정을 찾기만 한다면 생은 좁아지고 작아질 것이다. 그러니까, 재산과 돈은 사람들을 너무나 지배하여 하나님의 자리를 차지한다. "한 사람이 두 주인을 섬기지 못할 것이니[…]너희가 하나님과 재물을 겸하여 섬기지 못하느니라"(마 6:24). 예수는 돈과 재산이 결합하여 움직이는 방향 설정의 역동성의 깊은 면을 통찰하시고 고발하시고 이들을 (자신이 살아온) 체험으로 맞서신다. 사람들이 나누고 자신들의 생이 얼마나 자주 선사 받는 것인지 알기를 배울 때, (인간의) 삶은 그 깊이에 도달하는 것이다.

예수의 재산에 대한 비평은 소유재산에 대한 일반적인 거절로 이어지지 않는다. 예수는 지원받으시고 초대받으셨다. 그리고 잔치를 베푸셨고 선한 사람들이 양도한 창조의 선물을 누리셨다. 얼마나 유보조건 없이 예수가 자신의 비유 속에서 당시 상업과 신용기관의 모습들을 그대로 받아들이고 있는지는 우리에게 시사하는 바가 크다. 우리는 돈을 농토에 파묻어 두기보다는 이자를 받고 빌려주어야 한다. "불의의 재물(Mammon)로 친구를 사귀라"(눅 16:9). 비록 이런 말씀 중 다수는 비유적인 측면이 있지만, 이 말씀은 단지 "원래의"(eigentlich), 내적이고 영적인 과정에 대한 삽화 그 이상을 의미한다. 사람의 상업적인 생활뿐만 아니라, 소유재산과의 창조적인 사귐도 하나님의 나라에 대한 비유로서 가능할 수 있다.

사도행전은 원(原) 공동체도 재산 공유체(Gütergemeinschaft)로 있었다는 것을 보여주고 있다. "믿는 사람이 다 함께 있어 모든 물건을 서로 통용하고 또 재산과 소유를 팔아 각 사람의 필요를 따라 나눠 주며"(행 2:44-45). 헬라-로마문화 안으로 침입한 그리스도교의 신앙은 부유한 사람들이 교회로 들르는 현실 가운데, 부에 대한 비평이 어떻게든 옮겨지도록 필히 씨름해야 했다.

성경 전통 안에는 소유재산을 다룸에 있어 세 가지 범주가 발견된다.

- 돈과 재산은 성공적인 삶을 위한 수단이지, 절대 그 자체는 목표가 될 수 없다. 그러한 까닭에, 소유재산에 대한 비평적인 거리를 두며 놓아주고 금식할 수 있고 '더 많음'의 휘광(Glanz des Mehr)에 자신을 사로잡히게 하지 않는 것은 중요하다 (1).
- 돈과 재산은 자신과 타인에의 삶의 기회를 보증하고 차단하지 않기 위한 사회적 삶을 위한 수단이다. 그러기에 소유로 다른 사람들을 지원하고 나눔을 연습하고 스스로 고립되지 않는 것은 중요하다(2).
- 돈과 재산은 하나님의 창조와 책임성 있게 사귀며, 자신의 달란트를 발견하고, 동(同) 피조물(Mitgeschöpfe)에 대한 책임을 회피하지 않는 데 있어, 매력적인 자극이 될 수 있다(3).

4) 사회 연대 의식으로서 정의

이 세 가지 범주의 결정적인 준거는 "정의"라는 개념에서 발견된다. 성경 전승적인 의미에서 (정)의는 가난한 사람들과의 유대를 포함하고 있다.

대략 주전 900년 전, 고대 근동은 특유의 정의 의식을 발전시켰다. 이스라엘의 예언자들은 정의란 권리가 보류된 사람들로부터 생각되어야 하는 것으로 선포한다. 바로 이들이 그 준거가 된다. 그들의 권리는 부유한 사람들의 것과 일치하지는 않지만, 하나님은 그들에게 권리를 주셨다. 그들은 출애굽을 이야기하고 있다. 작고 권리 없던 강제 노역자들의 족속(종족)이 감히 위대한 파라오에게 해약을 통보하였다. 하나님은 이 족속의 입장에서 분쟁에 가담하셨고, 이어지는 7개의 전투를 통해 파라오를 강압하여 히브리인이라고 명명되는 그 작은 족속이 나가게 하였다.

예언자들은 하나님의 정의를 이렇게 말하였다: 그는 가난한 사람들에게 정의를 선물하며, 너희 중에 가난한 자들이 다루어지는 정도만큼 정의는 중요성을 획득한다. 그 이후, 바로 이 부분에서 시작하여 그리스도교-유대교 전통은 정의를 고찰하게 되었다. 예수도 마찬가지였다. 예수는 나사렛에서 그의 취임 설교 속 세 가지 중요한 정의의 주제를 히브리 성경에서 취하셨다: 가난한 사람을 위한 정의, 배척된 자들을 받아들임, 모든 사람에 대한 평등한 삶의 태도 재건. (정)의는 선물로 받는 것이기 때문에, 이는 사람이 스스로 (정)의를 행할 수 없다고 하는 바울 또한 마찬가지였다.

그리스도의 역사가 진행됨에 따라, 종종 사회정의(의 부재)가 말해졌고, 사회정의는 늘 새롭게 발견되었다. 그리고 교회가 사회정의에 손을 놓고 있었을 때, 유대인 카를 마르크스(Karl Marx)와 19세기 '노무자 운동'(Arbeiterbewegung)은 이를 다시 요구하였다. 이 전통은 말하고 있다. 자유는 텅 빈 곳에 존재하지 않는다. 자유는 또한 감정이 아니다. 자유는 위기와 공포로부터 구체적인 자유이다. 모든 남녀는 저마다 자유로워서 마치 다른 사람들 - 특별히 약한 자들 - 이 그들 곁에 나란히 있는 듯하다.

그렇게 되게 하도록, 모든 사람이 동등한 지위에 있다는 것을 분명히 알아야 한다. 사람들은 이를 '연대 의식'이라고 한다. 예수가 이를 언급하신 것에 따르면, '이웃사랑'이다. 그것은 내 곁에 나와 같은 사람이 있다는 것을, 그리고 그러한 까닭에 나는 그 남녀를, 나 자신이 돌봄 받기를 원하듯이 그들을 대해야 한다.

교회의 「공동 언조」(das gemeinsame Wort)[1], 「연대와 정의를 통한 미래를 위하여」(Für eine Zukunft in Solidarität und Gerechtigkeit, 1997)는 정의와 연대 의식이라는 개념들을 자명하고 기획적으로 수납하고 있다. "정의 추구는 가난하고 힘없는 자들로서 사회와 경제적 삶의 주변에 존재하며, 자력으로 사회적 관련성과 사회 참여성을 개선할 수 없는 이들을 향한 운동이다. 이러한 점에서 사회정의가 편파성의 성격을 가지는 것은 완전히 정당한 것이다."

이에 더 나아가, 「공동 언조」는 일종의 "정치기술 인증제"(Politik-TÜV)를 작성하였다. "하나님 사랑과 이웃 사랑의 단일성은 사회적인 행동의 주도 동기로서 가난한 사람을 위한 우선적인 옵션을 시행할 때 구현된다. 그러므로, 그리스도교의 윤리적 관점에서, 사회, 정치, 그리고 경제의 모든 행위와 결정은 이것들이 어느 정도 가난한 사람과 관련되어 있으며, 그들에게 유익하고, 그들로 하여금 자기 책임 있는 행동을 가능하게 하느냐라는 질문으로 측정되어야 한다.

이러한 시각에서 본다면, 분배 정의와 기회 정의는 상반된 개념이 아니라, "배당 정의"(Teilhabegerechtigkeit)란 개념 속에 하나가 된다. 이러한 맥락에서, 2006년 EKD는 「정의로운 배당」(Gerechte Teilhabe)이란 회고록에서 이를 최종적으로 언표하였다.

> 그리스도교의 사회윤리에서 주목하고 있듯, 참여 정의는 분배 정의와 자격 정의와 서로 결부되어 있다 (62).[…]배당-, 자격-, 그리고 분배 정의는 신학적-사회윤리적으로 근거 있는 정의 이해의 토대를 표하고 있다. 복음 윤리는 이 토대 위에 만일을 위한 사회 재화로 접근할 것을 요구하고 있다(63).

3. 일과 소유재산에 대한 역사

일과 소유재산에 대한 이해의 역사를 생각할 때, 그리스도교의 역사상 이정표가 있다. 초기 교회와 중세, 그리고 마르틴 루터와 계몽주의와 산업화, 로마 가톨릭교회 등이 그것이다. 이들은 현대사회에 경제적 의미를 더욱 명료하게 보여주고 있는 정거장들이다.

1) 초기 교회와 중세

신약성경의 서술처럼, 초기 교회는 소유재산에 대한 법적 문제에 대해 입장이 없으며, 단지 그리스도인이 어떻게 소유와 더불어 살아야 하는지에 대한 신념을 말하고 있다. 몇 세기 동안 교회 교부들의 생각은 눈에 띄게 스토아 철학과 연계되어 있었는데, 스토아 철학은 자연으로부터 오는 그 어떤 사유재산도 허용될 수 없다고 한다. "재산 공유체(Gütergemeinschaft)는 사유재산보다 우리의 삶의 훨씬 적합한 형태다"(크리소스톰, 주후 354-407년). 인간의 죄있는 상태는 "사적인"(privatus, lat.= geraubt, 라틴어 '약탈한') 소유재산이라는 특별규례를 필요하게 만든 원인이 될 수 있다(암부로시오스, 주후 339-397년). 이것은 사유재산 폐지라는 사회개혁을 통해서가 아니라, 새로운 마음을 통하여 (롬 12:2) 바뀔 수 있다. 즉, 개인은 마치 자기 소유재산이 자기 것이 아닌 마냥, 대해야 하는 것이다. 중세에서야 현행 사유재산제도가 어떻게 윤리적으로 정당화될 수 있는지 고찰하게 된다.

사람들은 오늘날까지 토마스 아퀴나스(Thomas von Aquin, 주후 1225-1274년)의 논증을 주목한다.

- 사람은 각각 공동사회의 재산보다 자기 재산을 걱정한다. "왜냐하면 각 사람은 일을 꺼리기 때문에 공동체와 관계된 것은 다른 사람들에게 양도한다."
- 인간사는 어울림 속에 "각각 차별 없이 모든 가능한 것들을 보살필 수 있을 경우" 더 잘 관리될 수 있다.
- 자유는 "각각 자신이 개인의 일에 만족할 때", 더 잘 보존된다. "그러기에 우리는 무엇인가를 전체가 공동으로 소유하는 이들에게 더 잦은 싸움이 발생하는 것을 관찰한다."

철학적이기보다는 일정 경우에 따른 입증 작업으로 현격한 것이 발견된다.

• 사유재산제는 사회질서 속에 토대를 두며, 그 토대가 소유재산에 대한 주관적인 권리에 있는 것은 아니다. 각자 정확하게 나누어진 책임 분야를 가지고 있기에, 마찰 가능성이 더 작은 것이다.

2) 종교개혁자들의 경제윤리

일과 직업에 대한 견해: 성과, 성공 또는 일은 성공적인 인생에 합당한 것이 아니며 사람은 이를 통해 하나님의 은혜를 얻게 된다. '오로지 은혜에 기원한 칭의'에 대한 루터의 통찰은 그의 직업윤리에 결정적이다. 그러한 까닭에, 하나님의 은혜와 하나님의 사랑은 각각의 지위와 일에 자격을 부여한다. 모든 사람은 자신의 재능으로 하나님과 사람에게 봉사하는 하나님으로부터의 – 세속적이든 영적이든, 엘리트이든 하층민이든 – 사명이 있다(berufen: 초빙하다 → Beruf: 직업). 모든 일은 믿음 안에서, 사랑의 봉사 안에 이루어질 때, 그것은 예배다.

그럼에도 칼빈주의는 루터의 전통보다 더욱 강력하게 현대의 일에 대한 이해를 특징화하였다. 칼빈에게 있어서 사람의 활동 목적은 '하나님의 영예'(die Ehre Gottes)다. 왜냐하면 이 세상의 재화들은 인간 자신의 능력이 아니라 하나님의 덕을 입고 있기 때문이다. 후기 칼빈주의는 경제적인 성공을 하나님의 선택 여부의 한 징표로 이해하였다. 물론, 칼빈주의는 하나님의 은혜에 일치하는 심한 노동과 절약적인 생활양식이 있는 거의 금욕적인 기본 견지를 성공과 연결 짓고 있다.

소유재산과 이자에 대한 견해: 종교개혁자들의 일에 대한 이해는 현대 산업화의 길을 터주었음에도, 적어도 마르틴 루터는 자기 시대의 초기자본주의적인 발전들(Fugger, Medici), 무엇보다도 이자 거래를 비판하고 있다. 성경의 이자 금지에 착안하여, 루터는 이것을 이자로 대부금 증여를 숨기고 있다고 비판한다.

　　루터가 자기 시대의 경제생활을 비평한 것은 일부 사람들이 주장하는 바와 같은 그의 반유대주의적인 표현이거나 퇴행적인 중세 동경이 아니다. 루터의 비평은 그의 신학의 정수로부터 출현한 것이다. 루터는 고리대금 비평을 성경의 중심으로부터, 즉 사랑의 이중 계명으로부터, 근거 짓고 있다. 루터는 사람들이 어떻게 경제적인 성공으로, 그의 제1계명 해설에서 표현하는 바와 같이, 모든 것을 더 두려워하고 사랑하고 신뢰해야 할 하나님을 대신하는지 보았다. 그리고 그는 사람들이 어떻게 경제적인 강제로 인해, 자기 자신처럼 사랑해야 할 이웃에 대한 봉사를 거절하는지 보았다.

　　시장체계와 계획된 이기주의는 종국에는 사람의 의지를 거역하여 무엇인가 선한 것을 야기할 것이라는 사상은 루터에게 있어 사람을 규정하는 양자의 사실들과 너무나도 깊이 불일치한다. 나를 어떤 반대급부도 없이 죄인에서 의인으로 만들어 주신 은혜로우신 하나님, 그리고 이 은혜가 그대로 지체 없이 전달되어야 하는 궁급한[2] 이웃.

　　경제활동은 그리스도인들이 얻는 자유에 의해서 결정되어야 한다. 왜냐하면 그들은 그 어떤 공로를 입증할 필요도 없이, 하나님으로부터 용납되었기 때문이다. 이것은 시장 이론가들이 말하는 무제한적 이익 추구와는 또 다른 근본이 되는 자유다. 이에 대해서 루터는 말하기를, 그리스도인의 자유는 그 자체가 목표가 아니며, 그 자체로는 자유가 아니다. 그리스도인의 자유는 두 가지 관계에 단단히 묶여있는데, 그것은 하나님을 향한 사랑과 이웃을 향한 사랑이다. 자유로운 것은 시장이 아니라 하나님의 은혜고, 이런 은혜에 도달한 모든 사람은 자유롭게 되었다. 그러나 그들이 자신이 원하거나 시장이 명령하는 것을 행하도록 자유롭게 된 것이 아니라, 같은 수준의 궁급한 사람들을 위해 있기 위해 자유롭게 된 것이다.

루터는 부상하는 초기자본주의에 대한 반응으로 예수님의 삶을 지표로 삼아 복음에 부합하는 나눔을 위한 세 가지 은혜를 발전시킨다.

- 비록 사람이 강도 만났다 하더라도, 강도당함이 재산과 근심으로부터 자유를 연습하는 것으로 이해하는 것을 배워야 한다(마 5:40). 예수께서 폭력의 순환을 깨트리신 그 사랑을 루터는 복음에 부합하는 생활의 원칙으로 만든다.
- 모든 사람은 타인이 무엇인가 필요로 하는 곳에 자신의 재화를 선물해야 한다(마 5:42).
- 만일 어떤 사람이 무엇인가 빌려준다면, 이자를 취하지 말고 이를 기꺼이 해야 한다.

루터는 사회적 관계 안에 이식한 – 재산과 산물에 대해서는 가볍고 하나님에 대한 신뢰로 수반되는 – 서로 번갈아 가며 주고받는 하나의 경제학을 묘사하고 있다. 소유재산이 이웃 봉사와 연관되었다는 사상은 루터주의 특색을 지닌 나라들, 예를 들면 스칸디나비아 같은 나라들에서 사회입법의 근본 뿌리 중 하나를 이루고 있다.

3) 계몽주의와 산업화: 전환의 시대

성과로서 일과 자기실현: 종교개혁자들에 의한 긍정적인 일에 대한 평가는 산업화 시작에 핵심적인 동력이 되었다. 그럼에도 칭의 신앙과 직업의 연결성은 산업화로 가는 도상에서 깨어졌다. 루터는 일과 직업을 하나님께서 인간의 존엄을 위해 선사하신 '은총'으로 보았던 반면, 계몽시대는 일이 점점 자체적 정의를 내리면서 자기의 세계를 구축하기 위한 '수단'으로 이해하였다.

계몽은 낙관적인 시대였다. 하나님은 인간을 낙원에서 쫓아냈지만, 그들은 그들의 이성 덕택에 이제는, 말하자면 "맨 뒤에서부터"(von hinten) 다시 낙원으로 들어갈 수 있었다. 사람들은 이 이성을 신적인 선물로 보았거나, 아니면 아주 정반대로 신적인 타율로부터 자신을 해방할 수 있는 능력으로 보았다. 물론, 계몽주의는 진보 지향적인 시대였다. 지금까지 "위를 향하여"(nach oben) 신에게로 지향했던 에너지들이 이제는 "앞을 향하게"(nach vorne) 되었고, 이로써 장래의 세대들은 더 행복하게 살 수 있게 되었다. 이제 모든 것은 자기 스스로 개발해야 하는 사람들의 이성적 행동에 달려 있었다.

카를 마르크스(Karl Marx, 1818-1883년)는 헤겔과 함께 변증법적으로 앞으로 발전하는 역사상을 공유하였다. 역사는 인류가 자기 자신을 향하며 더 이상 사람들을 소외시키고 지배하지 않고, 자유롭게, 자율적으로 살 수 있는 것을 목표로 한다. 이 부분에 있어 마르크스는 헤겔의 "발 위에 서기"를 원한다. 관념론적인 사상의 단계가 중요한 것이 아니라, 유물론적으로 인간의 생산조건들의 여러 다른 단계가 중요하다. 노예제와 자본주의라는 대립 명제는 역사의 목적, 즉 "자유의 나라"(Reich der Freiheit)로 향하는 역사를 재촉한다. 이 자유의 나라에서는 더 이상 생산조건들을 지시되거나, 인간적인 일의 부가가치가 어떤 사람은 취하고 다른 사람에게는 유보되는 일 없이, 결국에 인류는 노동의 부가가치를 사회화시키는 생산관계에 있어 주권적인 주체가 된다.

사람들은 자신들의 손에 발전을 붙들고 더 나은 세상을 향하는 길을 걸어가며 일한다. 이런 신념은 훨씬 떨어진 현재까지도 특징적으로 나타나고 있다. 인간의 존엄은 노동의 저편에 기초를 두고 있으며, 사람의 노동으로 이룩할 수 없는 것, 그러니까 비평적인 노동의 중단은 정확히 바로 이런 근거와 한계를 지적하고 이 견해의 가치를 떨어뜨리고 있다.

신분 사회와 시장사회: 일에 대한 이해의 변화는 사회 내 변동과 함께 손을 맞잡고 있다. 루터는 아직 정치적이고 종교적인 신분 사회로 조직된 전통적인 고급문화 속에서 생각하고 살았다. 그 문화 속에는 신분과 출생이 거의 모든 것을 결정한다. 상인과 자유 시민들과 더불어, 점점 성과와 소유재산이 출생과 함께, 사회적인 신분의 기준으로 나타났다. 새로운 "기업가"들은 상업, 교환과 돈을 수단으로 사회를 뒤바꾸어 놓았다.

시장과 돈은 전통적인 고급문화에서도 잘 알려져 있었으며, 이 둘은 근대 사회의 발명품이 아니다. 그러나 근대로 넘어가는 과도기에 경제적인 규모는 사회 속에 이들의 기능과 장소를 바꾸어 놓았다.

- **시장은 정치적으로 배양되었다.** 특정 물품들은 단지 정해진 시간에 정해진 장소에서 – 때에 따라, 정치적으로 결정된 가격으로 – 거래되어야 했다. 상공업자들이 이 시장 규정의 열쇠를 가지고 있었다. 교환, 돈, 그리고 돈과 결부된 경영적인 사고방식들이 확산하였다.
- **교환수단으로써의 돈은 동시에 항상 가치저장수당이었다.** 암소 거래를 위해 사용할 수 있었던 주화는 귀금속으로 정확히 암소와 동등한 값어치를 가지고 있었다. 그러나 은행들은 이제 지불교환을 단순화시키려는 목적으로 지폐를 발행하였다. 지폐는 그 소유주에게 언제라도 "원래의" 대등 가치를 금이나 은으로 상환시키는 권리를 주었다.

• **대부의 기능도 변화되었다.** 성경과 교회 윤리는 이자가 사람의 위기를 자본으로 만들어 버린다는 이유로 이자를 금하고 있다. 그러나, 물질적 귀금속 대용물, 즉 돈으로 상환함으로써 대부는 설비투자 대부금으로 중요하게 되었다. 한 은행이 한 기업에 돈을 빌려주고, 그것으로써 그에게 자원과 생산 요인들에 대한 용익 기회를 약속한다. 반대급부로, 그 기업가는 돈으로 무엇인가 생산하고, 사전에 주어진 생산 요인들로 경제적인 값어치들을 만들어 내는 것을 약속한다. 그는 대부금을 보증하는 은행을 이 가치 창출에 참여시킬 수 있다. 그리고 이런 교환적인 이윤은 엄청난 역동성을 만들어 낸다.

4) 로마 가톨릭의 경제윤리

로마 가톨릭교회는 경제윤리를 교황의 교서들의 사회교리(Soziallehre)에서 두고 있는데, 이들 중 가장 주목받는 기본문서는 교황 레오 13세가 저작한, 「Rerum novarum」('새로운 일들', 1891년)이다. 자본주의적인 자유주의 경제 체제와 사회주의적 공산 체제의 충돌이 그 중심을 이루고 있다. 여기에서 양자 모두 거부되는 대신, 일과 자본을 상호 화해시키는 "제3의 길"이 선포되었다. 교황들은 자본(소위 노동주의)에 대해, 항상 일에 원리적인 우선권을 용인하고 있다. 물론 20세기 후반부부터 경제체계들의 반목은 학문 분야 사이에서 토론되고 있는 새로운 주제들(환경, 세계화, 사회체계, 경영 윤리)로 인하여 후퇴하고 있다. 여기에 본질적인 동인을 부여한 것은 1967년 교황 바울 6세의 「Populorum progressio」('민족들의 진보')인데, 그는 여기에서 세계 포괄적인 지평에서 사회적인 질문들을 받아들이고 있다. 2009년 교황 베네딕트 16세의 첫 번째 사회 교서(Sozialenzyklika) 「Caritas in veritate」('진리 속에 가치 존중')는 세계화라는 기회와 도전이란 맥락에서 「Populorum progessio」를 현재적 이어쓰기로 이해하며, 전 세계적인 금융위기의 맥락에서 "새로운 윤리"와 "심원한 문화적인 혁신과 기본가치의 재발견"의 긴급성을 언급하고 있다.

로마 가톨릭의 사회교리는 원리적으로 단지 그리스도인을 위한 사회윤리보다는 더 많은 것을 제공하기를 원한다. 이 교리는 한 사회의 모든 회원을 위한 초안 작성에 힘쓰며, 여러 다른 신앙과 다양한 세계관을 지닌 사람들에게 구속력을 확보하려고 한다. 그러한 까닭에 사회교리는 규범의 토대를 그리스도교의 전통보다는 더욱 자연법에 두고 있다.

교리는 다음 세 가지 근본원리를 공식화하고 있다.

- **연대 원칙(Solidaritätsprinzip)**
  공공의 안녕이 개인적인 관심사보다 더 앞서 있다. 사회는 모든 개인의 삶의 토대이다.
- **자원주의 원칙(Subsidiaritätsprinzip)**
  공동 사회적 기능들은 가능한 아래로 작은 사회 단위들까지 주어져야 한다. 즉, 국가는 단지 극히 제한된 공동발언권을 가진다. 국가는 개인 스스로 할 수 있는 것을 그 사회로부터 기대하지 말아야 한다.
- **인간 원칙(Personprinzip)**
  개인의 인간 존엄이 핵심이다. 각 사회는 개별 구성원들의 공동체로 구성되어 있으며, 단지 파생적인 현실을 지니고 있다. 인간 자체는 항상 그리고 단순히 시민, 그 이상이다.

4. 돈에 대한 인식과 행동 패턴

우리의 의식과 평가 속에 폭넓게 들어와 있는 인식과 행동 패턴은 돈과 결합하여 있다.

1) 돈의 기능

돈은 "가치저장과 교환성립에 균등하게 봉사하며, 구체적인 용익권이란 측면에서 추상적인 가치측정의 역할을 수행하는"(D. Kath) 하나의 매체다. 돈은 모든 전통적인 교환행위(석탄[Kohle]으로 감사를 교환)를 분리해 이전에는 비교 불가능했던 것을 비교할 수 있게 한다. 연결링크로서 돈은 공간과 시간에 교환행위가 의존하도록 만든다.

2) 돈과 결합된 인식과 방향점

돈의 이런 기능들은 사회에 대한 관점을 위협하며 사회의 윤리적 방향을 위협적으로 변경하고 있다. 다음의 시나리오는 상당한 사실성이 있다.

• 사람들은 서로를 단지 교환 파트너로만 인지하거나 경쟁자로 인지한다. 인간적인 혐오나 애정은 더 이상 역할을 하지 못한다. 돈은 적대감과 포악함이 있을 법한 곳에 관계 부담을 해소해 주며, 동시에 연대 의식과 다른 사람에 대한 호기심이 있을 법한 곳에 서로의 관계들이 상관없는 것으로 만들어 버린다. 재화든 노동력이든, 시장에 아무것도 가지고 갈 수 없는 사람은 더 이상 사람으로서 인식되지 않는다.

- 사람들은 자기 자신과 다른 사람들, 그리고 인간이 아닌 피조물을 단지 이용적인 측면 하에서 보고 있으며, 그들의 시선 안에서는 현실의 다른 차원들은 사라지고 없다. 피고용자의 가족관계나, 개간된 강 계곡의 아름다움은 그 어떤 역할도 하지 못한다.
- 사회적, 생태적인 선결 조건들은 당연히 있지만 우선 이를 맛볼 수 없고 단기적으로 볼 때 아무것도 산출하지 못한다. 이 조건들에 관한 관심은 사라진다.
- 무엇인가 "사업"하려는 사람들은 자신의 수익 목표를 - 경영을 위한 동기가 자발적이든 아니면 강제되든 간에 - 만들어야 한다. 왜냐하면 그들은 경영에 필요한 대부금에 대한 이자를 갚아야 하기 때문이다. 그래서 족함을 모르며, 항상 더욱 많은 용익 가능성에 매진하는 인간상이 생겨난다. 이러한 자세는 화폐경제에는 합리적임으로 증명되나, 선사하고 나누는 것과 같은 다른 태도에서는 비합리적인 것처럼 보인다.
- 사회는 단지 자신들의 이익에만 관심을 두는 모든 개인이 행동하고, 생산하고, 교환하는, 거대한 시장이다. 그리고 그렇게 함으로써 모든 사람의 이익이 늘어나기를 희망한다. 최대의 실적과 최대의 사적이익은 사회적 행동으로 변종되는 듯하다.
- 여기에서 돈과 교환으로 체계화될 수 없는 사회의 모든 차원(공기, 물, 광물, 에너지)은 서서히 사라진다. 그러나 바로 이것들은 선사와 나눔의 경제학이 교환과 생산의 경제학을 앞서고 있다는 사실을 의식하게 할 수 있을 것이다.

결론적으로, 이러한 관점에서 국가는 단지 시장이 작동되기 위한 작은 기본적인 것들만 해야 한다.

- 계약권과 소유권은 보장되어야 한다.
- 개인이 절대 설비할 수 없는 사회 기간시설 - 가령, 도로와 교육 같은 것 - 은 국가에 여전히 남아 있다.

- 경제활동의 규칙들이 감시되어야 한다.
- 그리고 마지막으로 내외적인 안보에 힘써야 한다.

시장과 돈의 조화력에 대한 신뢰가 특징화될수록, 국가는 점점 더 작은 역할을 수행한다.

이미 아담 스미스(Adam Smith, 1723-1790년)는 그의 책 "국부론"(Wohlfahrt der Nationen)에서 단지 개인의 이기주의가 공급과 수요로, 만인의 복지 최선을 진흥시킬 수 있다는 것을 입증하려고 시도하였다. 그에 따르면, 이 모든 일은 마치 신의 손처럼, "보이지 않는 손"과 같은 것을 통하여 일어난다. 거의 만인을 위한 자연적인 최선을 만드는 시장의 자유로운 활동에 대한 이런 신앙은 오늘에 이르기까지 신계급주의 학파의 경제학 속에 유지되고 있다. 신계급주의는 실제적인 돈의 인식패턴이 자유시장의 규범적인 형이상학으로 탈바꿈된다는 점에 핵심이 있다. 이것은 자주 종교적인 특징을 보여주고 있다. 19세기 유럽에서처럼, 화폐 경제적인 방향 지침들은 정치적인 대등 관계가 사라지는 곳에 거의 변형되지 않고 나타나는 듯하다. 사람과 토착 전통들에 남아 있던 자연을 대함에 있어서, 초기자본주의적인 행동양식은 제3세계 나라들로 떠밀려 오고 있다. 돈으로 거의 모든 것이 통한다. 돈이 없다면, 사람은 모든 것을 잃어버린다. 심지어 사람으로 자신의 존엄도 상실한다.

3) 화폐경제의 두 얼굴

일과 소유재산에 대한 성경의 판단에서 보여준 양면적 가치는 부인될 수 없다.

- 돈의 패턴과 그와 긴밀하게 결합한 시장의 제도들은 사회적 현실을 덮치고 밀려오고 있다. 돈은 각양각색의 재능과 필요들의 효과적인 협력을 허락하며, 가장 다양한 자원과 공정들의 조합을 가능하게 한다. 이러한 새로운 경제적인 방향성은 기술적인 발전과 결합하여 지난 20세기의 전례 없는 흥왕과 깊은 변화에 대한 공동 책임이 있다.
- 이와 동시에, 돈은 사람을 몰아내고자 한다. 돈은 평안과 안보를 제시하고, 가능한 모든 것을 이용하도록 하기 때문이다. 다른 재화의 추구와는 달리, 돈에 대한 추구는 만족함의 한계가 존재하지 않는다. 자신을 수단에서 시작하여 최종 목표로 절대화시킬 수 있는 것이 바로 돈의 논리다. 이미 발터 벤야민(Walter Benjamin)이 1929년 관찰하여 투시하였듯이, 이 지점에서 자본은 종교가 영원 속에 약속한 것을, 이승에서 약속한 종교로 변종이 된다. 소비사회에서 돈은 모든 소원을 이루어주는 수단이 된다. 소위 '컬트 마케팅'(Kult-Marketing, Nobert Bolz)은 모든 것을 - 가치나 삶의 행복 역시도 - 상품을 통해 구입할 수 있다는 것을 제시하며 종교적인 욕구는 무한하다는 사실을 이용하고 있다.

자원의 경제적 이용은 한편으로 많은 사람에게 번영을 주었다. 평균수명은 훨씬 증가하였으며 사람들은 직업 선택과 이동성, 문화와 생활형식의 생활설계에 있어서 더 많은 자유를 누리고 있다. 그러나, 이와 동시에, 사회의 경제화는 이전에는 유례를 찾아볼 수 없을 정도의 생태 자원을 위협하고 있으며, 전통적인 사회 방향점과 지혜들을 조각조각 내어 가난과 부의 차이를 첨예화하고 점증적으로 문화혁명을 무섭게 가속화하고 있다.

순수 화폐경제 내에서 점점 더 많은 분량(2008년에는 97%까지)의 돈이 풀어지고 있으며, 계측할 수 없을 정도로 증식되고 있다. 만일, 어느 날 부동산증

서나 부동산 양도서 같은 화폐경제 상품들이 실제 가치로 수축할 때, 재화 경제는 밑바닥으로 떨어질 것이다. 2008년 중반 이후 세계 국가들은 이 위기를 반대 방향으로 돌리고자 노력하고 있다.

5. 노동 사회와 그 위기

일은 사람의 유일한 삶의 목표가 아닐지라도, 자신에 대한 본질적인 표현이다. 그런데도 돈의 방향 패턴 하에서 일에 대한 이해는 근본적으로 변화된다. 사람들의 많은 활동으로 인하여 경영인이 찾고 보수를 지급하는 사람들이 밖으로 나오게 된다. 일하는 시간은 비정규적인 임금노동으로 인해 단축되고 인력 자체도 시장에서 거래된다. 이 관측이 노동수요와 공급의 효율적인 조합을 가능하게 하는 만큼, 이제 노동만이 상품이라고는 이해될 수 없다.

일한다는 것은 사람의 자아 표현이며 사회에 협력하는 하나의 본질적인 방식이다. 일은 일이 산출하는 것과 분리될 수 없기에, 노동을 마치 상품처럼 요구할 수 없다. 피고용인은 자신과 자기의 가족을 부양하기 위해 일을 하여 돈을 벌어드리는 것에 의존한다. – 만일 그 사회 자체가 경제적으로 체계화되어 있다면, 특별히 그렇다. 이러한 근본 인식은 피고용인으로 하여금 이미 이른 시기에 조합에 가입하여 노동시장의 배타적인 경제 패턴에 대한 평형추를 만들고 있다. 정치가와 피고용의 대표와의 협의를 통해 포괄적인 '일자리 보호 입법'(Arbeitschutzgesetzgebung)이 탄생하게 되었다. 이 법은 노동시장을 경제적 힘의 자유로운 활동으로부터 끄집어내어서 법리적이고 정치적인 사전원칙 속에 붙잡아 두고 있다.

1) 독일 노동법의 기본특징

다음은 노동시장의 법적이고 사회적인 틀을 분명하게 해 줄 것이다:

• 노동법(Arbeitsrecht):

노동법은 비자립적인 피고용자들을 위한 특별법이다. 이 법은 고용주(근로 조건)와 국가(근로자 보호, 노동재판권), 그리고 노동조합과 고용주나 경영인 조합(집단적인 노동법) 간의 규율이다. 이것 중 중요한 영역 중 하나는 근로 시간이다. 이전에는 거의 전적으로 임금협상에 모든 것이 결정되었지만, 점차로 근로 시간에 대한 경영 합의의 중요성이 증가하고 있다. 이로써 근로 시간에 더 유연해지는 경향이 있다. "평상 근무 주간"(Normalarbeitswoche)은 점점 개인적인 모델로 유연해지거나 경영적인 관심의 근로시간 모델에 의존하게 된다. 해고보호법에 대해 의견이 엇갈리고 있다. 고용주는 어떠한 방식으로, 그리고 어떠한 근거들 하에("사회적 정당성", soziale Rechtfertigung) 피고용인을 해고해야 하는가? 여기에서도 임금협상이 기본조건(해약 기간)을 정하고 있다.

• 참여권(Mitbestimmung):

공동결정은 근로 생활 중에도 민주적인 구조들이 가능하여지도록 한다는 사고에서 출발하여, 경영과 기업에 확립되었다. 이 제도는 경제 민주화의 시작을 알린다. 시장과 돈과 더불어 공동참여와 열린 의사소통은 목표치를 정하고 갈등을 말하는 데 있어서 중요성을 얻고 있다.

• 경영 참여(betriebliche Mitbestimmung):

산업, 경영, 서비스업종을 위한 경영 참여는 1972년 경영법에서 조정되었다. 공공 서비스와 교회 분야에서 법적으로 더 약화한 규정들이 있을지라도,

이와 비슷한 경영법이 존재한다. 상이한 관심사에도 불구하고, 경영 참여는 원칙적으로 기업의 번영을 위한 의사소통 위에 기반을 두고 있다. 이를 위한 중요한 기구는 피고용주 측에서 선출한 '경영 근로자대표협의회'(Betriebsrat)다. 이 협의회는 사회적, 개인적, 그리고 경제적인 사안들에 공동결정권(Mitspracherrecht)을 가지고 노동조합의 지원을 받을 수 있다.

• 임금협상과 노동쟁의(Tarifverträge und Arbeitskampf):

고용주와 피고용주 사이의 임금협상은 "자율적"(autonom)으로 타결된다. 임금협상 주체들은 기본법 9조 3항(결사 자유)에서 파생된, 제3자의 개입, 특별히 국가의 개입 없이 임금협상을 체결할 권리를 가진다. 임금협상에서는 단지 계약적 토대들(경계 현황, 노동생산성, 업종의 수익성)의 사실적인 기준들뿐만 아니라 항상 "협상권", 즉, 자신의 요구를 경우에 따라 관철할 수 있는 능력이 문제시된다. 타결되지 않을 경우, 노동쟁의의 위협이 있다.

독일의 노동법에는 분쟁조정을 위한 "유도적인" 형태(kanalisierte Form)가 있다. 이 형태의 주요 요소가 파업, 즉 집단적인 근로 포기다. 이에 대해 고용주는 퇴출로 반응할 수 있다. 노동쟁의에서 "무기의 동일성"(Waffengleichheit)은 있는가? 고용주들은 구조적으로 지렛대의 더 긴 부분을 차지하고 있기에, 노동조합은 이에 대해 반대한다. 실용적인 측면에서 대부분의 산업 국가들과 비교해 볼 때 독일의 노동쟁의 의미는 극히 미약한데, 이는 타협을 위한 준비가 탁월하기 때문이다. 그러나 점점 세계화에 직면하여 이러한 공동 관심사가 그대로 유지될 수 있는가는 아직 대답 되지 않는 채 그 답이 열려 있다.

• **지속되는 대량실업**: 일은 생업으로서 자아실현의 장소가 되었다. 그래

서 만일 사람들이 생업에 참여할 그 어떤 기회도 없다면, 이것은 곧 우리의 일 문화와 사회적 자기 이해의 밑바닥을 흔드는 것이다.

• **현황**: 대량실업은 30년 이상 경제와 사회적 발전을 뒤흔들고 있으며 대량실업 사태는 가장 시급한 정치적, 사회적 도전을 나타내 보인다. 여기에 더하여 독일 연방의 동서 노동시장은 분할되어 있다. 신생 연방들에서 실업률은 지속해 높은 수준을 유지하고 있다.

• **사회적, 개인적 파급효과**: 실업은 단지 경제적인 문제가 아니라, 오히려 전체 사회에 해당하는 것이다. 왜냐하면 실업은 심각한 삶의 의미에 대한 위기를 발생시키며 사회 안전 체계를 엄청나게 위태롭게 하기 때문이다. 실업은 경제 전체에 의해 영향을 받고 있다. 이 실업의 위험은 사람을 고립시켜서 수많은 변두리 집단으로 몰아넣는 개인적인 운명으로 만든다. 노동 성과가 가치 기준이 되어 버린 사회에서 실업자의 자존감은 파괴되고야 만다.

2) 대량실업의 이유

구조적인 실업은 다중적인 이유가 있고 단순 논리로 설명될 수 없다. 원인의 다양성은 원인에 대한 해석이 이해 상황에 따라 저마다 아주 다양하게 나타난다는 것을 의미한다. 다음 이유가 중요한 역할을 한다:

• 경제성장은 새 일자리를 자동으로 만들어 내지 않는다.
• 노동생산성의 엄청난 증가가 산업 분야(마이크로 전자공학)의 구조적인 변화로 곁들여진다.
• 경제 주체들은 더 이상 국가적인 일과 사회 문화와 묶여있지 않고, 임금 비용에 따라 여러 나라의 다른 입지 조건들을 비교해 본다.

- 이런 "세계화"와 동시에 국제 자본시장의 관련성이 자라나고 있다; 지역주의적인 목적들과 한 회사의 사회 주변환경과의 연결성은 상승하는 주식시세(shareholder value. 주가)의 동향을 통해서 볼 때, 뒷걸음질하게 된다. 자본시장은 일자리 축소가 자본소유자가 이익을 방향으로 설정한 간접증거인 것으로 인지하고 상승하는 시세로 보답하는 듯하다.

3) 교회의 입장

1997년 독일의 양대 교회는 이미 「연대와 정의 속의 미래를 위하여」(Für eine Zukunft in Solidarität und Gerechtigkeit)에서 공동으로 입장을 표명하였다. 자문 과정은 이 「공동 언조」를 준비하였고 이에 토대를 두었다. "쓰라림과 절망은 우리의 사회의 민주적인 형성 가능성에 대한 신뢰를 파괴하고, 사회침체에 대한 두려움은 폭력행사, 극단주의와 이민족 적대성을 위한 모판이 된다. - 이는 단지 실업자 중에 일어나는 현상만이 아니다. 특히 청소년들은 그들의 발전과 미래 관측 주변에서 방황하게 된다." 이것은 개별적인 운명이 구조적인 사회 위기와 함께 엮어진다는 것을 암시하고 있다. 몇 가지 핵심 부분을 정리해 보면 다음과 같다.

- 직업교육과 일의 기회가 없는 청소년들은 인생 전망을 상실한다. 이미 일찍부터 늙은 피고용자들은 "고철"로 여겨진다. 여자들은 전통적인 주부 역할을 위하여 생계 활동을 포기하고 남녀평등으로 비롯된 권익들을 상실한다.
- 실업은 사회 긴장을 발생시킨다. 이룰 수 있는 것이 너무 적다는 감정은 외국인들에 대한 충동으로 표출되게 된다.
- 실업에 대한 공포는 고용주의 입장을 강화시킨다. 근로조건이 악화하더라도 피고용자들은 그것에 저항할 수 없다. 노동조합 인원들이 감소된다는 것은 또한 서

서히 스며들고 있는 탈 연대화와 연관이 있다. 일부 실업자를 위한 시민연대나 자조 단체들의 활동에도 불구하고, 그 어떤 이해를 대변하지 못하게 된다.

- 실업은 또 하나의 "새로운 빈곤"을 유발한다. 수많은 실업자와 그들의 가족들은 사회부조 규정 이하의 수입을 얻고 있으며, 이들의 수는 거의 6백만에 육박한다. 그들은 보통 생활 수준을 유지할 수 없으며 사회의 아웃사이더로 전락한다.

- 정규직장에서의 활동에도 불구하고 사람들은 그들의 일을 통해서 충분한 돈을 벌어들이지 못하여, 무엇보다도 가족들에게 일반적인 생활 수준을 보증하지 못하고 있다는 것이 점점 더 많이 관측되고 있다. "일하는 빈민"들은 그들의 소득을 실업수당 II(Hartz IV)으로 증액시켜야 하거나, 아니면 더 많은 직업을 동시에 해내야 한다. 2006년 일자리 시설들의 통계는 약 천백만의 정규직업인들이 빈곤 문턱에서 살고 있으며, 이들 중 4명 중 1명의 생계 활동은 저소득 분야에서 일하고 있다고 말하고 있다.

6. 사회 국가와 사회정의

1) 사회 시장경제

소유와 재산은 성공적인 삶을 위한 수단이다. 이것은 사회적인 영역에서도 마찬가지다. 우리의 모든 자유로운 이용은 이전에 주신 선물로 소급된다. 즉, 자연의 혜택과 – 믿음은 항상 하나님의 선물이라고 이해했던 – 과거 세대들의 성과이다. 그래서 실제로 사유재산의 완전하고 자유로운 이용은 일반적으로 확립된 소유 형태에 변동 폭이 있는 경우에 국한된다. '사회 시장경제'는 소유의 사적인 이용에 대한 문제성 있는 결과에 반응하는 성공적인 시도로 평가될 수 있다. 그 기본 인식은 사유재산의 자유로운 사용이 경영인들의 사적 이해로부터 자유로운, 만인을 위한 유익한 생활상태로 끝맺음이 되도록 하기 위한 규정들이 필요하다. 그래서 사회 뼈대 규정을 통해서야 공동의 복지는 이룰 수 있다.

독일에서는 제재받지 않는 시장에 대한 일련의 사회 국가적인 평행 추가 생겨났다. 시장 자유의 원리는 사회 균등화의 원리와 밀접하게 연관이 되어 있어서 사회 시장경제의 아버지들은 이것을 국가 계획경제와 자유 시장경제 사의의 "제3의 길"이라고 이해하였다. 생활 위협에 대한 개인적인 보장이 물질적인 기반이나 씨족 단위를 통해서 더 이상 유지될 수 없게 되자, 경영활동을 통해 생긴 이득으로 재정이 지원되는 멤버십에 토대를 둔 연대적인 보장 체계를 결성하였다.

사회 국가적 개입은 사유재산 이용과 비교할 때, 두 가지 사항이 구별된다.

- 사회 국가적인 평형추는 경제적 가치 창출의 사회적 생태적 기여가 존중받게 되는 결과를 낳았다. 예를 들면, 경제적 관측만으로는 다음 사항들이 불충분하게 인지되었던 것 같다. 교통과 교육에 대한 기간 설비구조, 환경보호 부담금, 가족들을 위한 서비스나 극빈자 보호와 같이 가족의 범위를 벗어나는 분야, 시민참여 운동과 경제적 가치 창출의 앞마당이나 주변에서 항상 더욱 분명하게 관찰되는 명예직.
- 사회 국가적인 평행 추는 아직 생계 활동에 참여하지 않거나, 더 이상 참여할 수 없는 사람들을 사회로부터 제외하지 않도록 기여하고 있다. 병들거나 실업자가 되거나 늙게 되면, 사람들에게 유익을 끼쳐 주는 사회보장제도를 생각해 볼 수 있다. 기독교적 신념이 사회적인 합의에 영향을 준 부분은 바로 이 부분이다. 사회적인 연대는 바로 경제적인 약자들과 일이 끝난 사람들, 그리고 반(半)자립적인 사람들을 필요로 한다. 어느 정도까지 이런 사람들에게 내일의 삶의 기회가 주어질 수 있는지, 그리고 그렇다면 어느 정도인지에 대한 것은 사회 국가에 주

어진 시험이며, 또한 기독교적 시각에서 볼 때 정의로운 사회에 대한 생존 질문일 것이다.

2) 가난한 자들을 위한 선택

변두리 사람들에 대한 초점을 맞춤에 있어 교회의 엄청난 구제 전통과 함께, 이런 사람들에 대해 무엇이 삶의 방점인지에 대해 다르게 가르쳐져야 한다는 통찰이 그 역할을 한다.

- 어떤 대가를 치르더라도 고통을 회피하는 것이 아니라, 위기와 아픔을 살아내는 것
- 단지 자기 자신을 위해 일하여 얻는 것이 아니라, 선물을 나누고 받는 것이 생의 중요한 근원이다.

이런 통찰 속에는 모든 사람은 하나님과 닮은 형상 즉, 그 존재 속에는 신적 존재에게서 오는 무엇인가가 반영되고 있다는 급진적인 사상이 있다. 신앙의 근본 인식에서 사회윤리 토론에서 소위 "가난한 자들을 위한 선택"이라는 주제가 도출된다. 사람은 단지 자신의 공로(성과)나 소유재산을 통해서만 귀중한 존재인 것이 아니라, 하나님과 닮은 형상으로서 형용할 수 없는 존엄을 지니고 있다. 그렇기에, 하나님은 특별히 이 존엄에 걸맞게 살지 못하는 사람들에 대해 특별히 주목하고 계신다. 모든 사람에 대한 하나님의 '비편파성'에서, 사회 변두리인에 대한 하나님의 '편파성'이 도출된다.

사회 시장경제에 대한 구상은 유대-그리스도교적인 전통에 깊이 뿌리를 두고 있으며 개신교적인 문화로부터 기동력을 얻고 있다. 그 창설자들은 1945년 이후 세대

인 발터 오이켄(Walter Eucken), 알브레드 뮬러–아르막(Alfred Müller–Armack)과 알렉산더 뤼스토브(Alexander Rüstow)이다. 이들은 약자를 위한 기초적인 사회적 안전을 보증하는 국가적 경제정치와 사회질서를 보충하면서, 자기 책임적인 행위를 자극하고 효과적인 재화 조달을 보장하는 시장경제 경쟁 질서를 공포하였다. 이에 따라, 사회 시장경제는 그리스도인이 아주 잘 동의할 수 있는 역동적이고, 개방적이며 개발 가능한 경제 질서가 되었다. 왜냐하면, 이 경제 체제는 "신앙이 지시하는 행동 방향과 모순되지 않고, 이웃 사랑과 정의의 동기를 추구하는 기회를 열어주기 때문이다." 물론 이 체제는 시종일관 "하나의 생태적이고 세계적인 의무를 지닌 사회 시장경제"로 더욱 발전되어야 할 것이다(EKD 1991).

1997년 교회의 「공동 논조」도 사회 시장경제의 윤리적 기본토대를 강조하고 있다.

> 경제적인 성공과 사회적인 균등화는 같은 등급을 가지고 있으며, 각각 또 다른 하나의 실현을 위한 전제로 한 측면을 지닌다는 것은 사회 시장경제의 이해에 있어서 본질적이다[…]그러므로 사회 국가는 부차적이거나, 목적에 따라 임의로 "축소되는" 시장경제의 부속물로 이해하지 말아야 한다.

3) 도전들

그러나 사회 시장경제 개념은 몇 해 전부터 시험대에 오르고 있다. 고임금으로 가는 압력이 시장의 이익 가능성을 어렵게 하는 것은 의심할 여지가 없는 사실이다. 만일 더 이상 투자할 가치가 없고 자본유출을 고려해야 한다면 이것은 경제에도 연대적 사회에도 유익이 되지 않는다. 사회보장의 미래를 둘러싼 논쟁은 단지 수혜 연령 단축 방안만 간구해야 하는 것이 아니라, 사회 전반에 걸친 새로운 설계를 추구해야 할 것이다. 가담된 이해집단이 스스로 사회국가가 멈추어서는 안 된다는 것에 기본 일치를 할 수 있다면, 연대와 자립주의, 그리고 자기 책임적 삶의 준비, 집단적인 삶의 준비의 긴장 속에 감당할 만한 절충안에 이를 수 있을 것이다.

기독교적인 사회윤리 시각에서, 이 도전은 사회 시장경제 개념을 결코 문제로 삼지 않으면서도 이 체제의 기본사상을 더욱 발전시켜야 하는 지점을 표시해야 한다. 자유와 연대는 상호 의존적이다. 소유재산에 대해 자유로운 사적인 용익권은 다른 사람들에게 부정적 효과를 미칠 때 조절되어야 하며, 만인을 위한 봉사에 있어서 창의적인 것으로 이해될 때 더욱 강화하여야 한다.

사회 시장경제 개념은 그 생성 시기에는 고려할 수 없었지만, 이후에 드러난 세 가지 발전이 있다.

- 경제 세계화로 통한 재화 시장과 노동시장의 장벽철폐로 세계라는 틀 안에는 사회 시장경제에 기본토대가 되는 사회 조건을 돌볼 만한 그 어떤 국가적인 권위가 없다(1).
- 금융시장의 장벽철폐와 독립. 금융시장은 더 이상 사람의 궁급함을 돌보지 않고 오로지 돈의 총량 증식과 보호만이 있을 뿐이다(2).
- 자연의 지탱 능력으로 통한 인간의 경제활동 제한. 그러한 까닭에 1997년 「공동논조」는 "생태사회 시장경제"(Ökosoziale Marktwirtschaft)로 재발전을 요청하는 것은 올바른 것이다(3).

분명히 해 두어야 할 것은 오늘날 "사회 시장경제"라는 개념을 각자 사용하지만, 동일한 개념이 아니라는 사실이다. 이 개념의 창립자들은 모든 사람에게 필수적인 것들을 조달하는 경제적이고 사회적인 노력의 융화를 원했다면, 오늘날의 정치인들과 기업 연합은 그 개념을 위급한 시기에 사회적인 배려를 하는 자유시장으로 의미하고 있다.

4) 하르츠 4(Hartz IV)

2002년에서 2005년까지, 소위 하르츠 개혁은 독일 사회체계와 전후 사회
시장경제에 전환을 표시하고 있다. 예전에는 최종급여를 기준으로 생활표준
의 보장을 목적으로 하는 실업 부조와 통계적으로 조사된 필요에 기초한 사
회부조로 구분되었다. 하지만, 이제부터는 최소수준을 사회적으로 지원하는
실업수당 II, 또는 공익금(Sozialgeld)이 추가된다.

이 조치가 목표하는 바는 다음과 같다.

• 실업자와 지원에 의존하는 사람들은 단지 "후원을 받는 것"이 아니라, 자기 사회
  활동이 요구된다.
• 사회부조 행정이 여러 체계의 결합으로 단일화되어야 한다.
• "기본 보장"으로써 최소수준은 모든 사람에게 유효해야 한다.

현재 상황 자체로서는 위의 의미심장한 목표를 단지 제한적으로 이루었다
고 말할 수 있다. 무엇보다도 신생 연방 주들에는 일자리가 없기에, "요구한
다"라는 의미는 퇴색된다. 역으로, 사람들은 광범위한 사적인 생활방식의 통
제를 통하여 금치산 선고를 받고 의욕을 잃게 되었다. "하르츠 4"에 대한 공
포로 인하여 점점 더 많은 피고용인은 최저임금을 각오하고 있다.
마찬가지로 행정 단일화는 단지 시작점일 뿐이다. 소위 자치 지방 주와 노
동청으로 이루어진 공동사업체는 그 개시를 위해 다년간 시간을 가졌으나,

연방 헌제는 이 기구를 위법적이라고 판결하였다. 사회 법정은 소송 물결이 쇄도하였고 소송절차 중 절반은 기소자가 승리하였다.

'사회법전 III'의 최소기준은 무엇보다도, 어린이들에게 불충분하다. 예를 들면, 한 어린이의 학교생활 요건을 월 3유로보다 적은 금액으로 고려한다는 것은 생각할 수 없는 일이다. 그래서 "디아코니아"는 다른 복지 조합들과 함께 통상규정을 상향할 것, 허용치의 방 크기와 긴축된 허용한계를 넉넉히 할 것을 요구하고 있다. 예나 지금이나 교회는 "하르츠 4" 대신, 사회보장을 의무적으로 하는 일자리를 요구하고 있다.

III. 생활 설계(Gestaltung)

윤리적으로 책임성 있는 경제생활의 설계를 다룸에 있어서 두 가지 관점이 구별되어야 하는데, 그것은 인간의 윤리적인 책임과 경제 현상 구조와 조건들의 책임성 있는 설계라는 관점이다.

2008년 회고록「복음적 관점에서 경영적인 행위」(Unternehmerisches Handeln in evangelischer Perspektive)는 첫 번째 관점을 비중 있게 다루고 있다. 이 회고록은 사람을 고용하여 경영활동을 하는 남녀들은 한편으로, 경제적으로 성공적이며 혁신적으로 운영할 뿐 아니라, 다른 한편으로, 해당하는 사람들과 사회에 대하여 책임성 있게 행동할 것을 그 생각의 출발점으로 삼고 있다. 경제적인 결정에서 자유가 크다는 것은 여기에서 책임성이 크다는 것과 상응한다. 사회 시장경제는 시장의 남녀 경영인들의 행위가 약자들이 홀대받지 않으며, 자본주와 피고용자, 고객과 일반의 서로 다른 이해들이 적당하게 참작되는 특정 정치적 틀 속에 있을 것이라 전망한다.

물론, 경제에서 단지 경영인만이 아니라 또한 남녀 소비자와 남녀 피고용주들, 그리고 – 잊지 말아야 할 것은 – 시민사회와 복지 시설에 참여하고 있는 사람들 역시도 책임성 있게 일해야 한다. 이들에게도 책임, 연대와 정의에 묶여있는 자유의 기본 규칙은 여전히 타당성을 지닌다. 물론, 항상 개인의 윤리적 책임과 나란히 그 안에서 사람에게 영향을 끼치는 구조의 책임도 있다. 구조는 대항하거나 부여된 것으로 생각되는 노동 활동과 경제활동에 있어서 개인을 가볍게 하거나 거의 가망성 없게 하도록 곤란하게 만든다.

2007년 이후 재정위기는 이것을 실례로 보여주었다. 공적 통제가 대폭 줄어들면, 경쟁 조건과 충동들은 오로지 주식 가치('주가')를 경제적 성공의 기준으로 만들게끔 설정하게 되고 개인의 책임을 위한 여지는 엄청나게 협소해져 버린다. 개별 사람들은 – 선임자의 사전 조건이나 더 높은 보너스에 꼬드김을 당하여 – 사실적인 가치를 잊어버리거나 이를 고객들에게 의식적으로 침묵해버리는 상품들을 거래하게 된다. 안전한 투자와 기업에 들어오는 재원이 바닥을 치게 될 때, 이에 대해 어떤 책임이나 이익에도 관여하지 않았던 소규모 기업과 피고용인이나 연금 생활자들이 그 결과를 담당하게 된다.

더욱이 자연 법칙적으로 작용하는 시장체계에서도 돈으로 환산될 수 없는 신뢰나 정직성과 같은 가치들이 얼마나 삶에 중요한 것인지 나타나게 되었다. 이들이 없는 은행시스템은 붕괴되었다. 그러한 까닭에 구조와 경기규칙, 자극 체계 역시도 – 앞서 EKD의 회고록에서 상술하였던 바와 같이 – 경제윤리 형식에 속한 것이다. 2009년 재정시장 위기에 대한 EKD의 표명 「높은 담장 속의 균열」(Wie ein Riss in einer hohen Mauer)은 체계수정을 서술하고 있으며, 긴급하게 권고하고 있다.

복음교회는 광범위한 구성적인 질문에 대해 다시금 입장을 표명하였다. 1968년 회고록은 피고용인들의 참정권에 대해 사회 윤리적인 토대를 세우게 되었고, 1973년에는 「산업 시대의 사회보장」(Soziale Sicherung im Industriezeitalter)에 관하여 숙고하였고, EKD는 1991년 「공동번영과 사적 이익」(Gemeiwohl und Eigennutz)이라는 주제로 미래를 위한 책임성 있는 경제적 행동의 기조를 세웠다. 그리고 1995년에는 「만인을 위한 노동」(Arbet für alle), 1997년에는 공동번영과 생태 시장경제 속에서 「기회로써 수공업」(Handwerk als Chance)을 제시하였고, 독일의 빈곤에 대해 2006년 회고록은 「자기 책임과 연대성을 위한 공정한 배당 능력」(Gerechte Teilhabe–Befähigung zur Eigenverantwortung und Solidarität)으로 입장을 표명하였다. 그리고 1997년에는 「독일의 경제와 사회 현황을 위한 공동문」(Gemeinsames Wort zur wirtschaftlichen und sozialen Lage in Deutschland)이 있다. 이 본문 속에는 상황 묘사, 윤리적 기본선, 그리고 실제적인 추론이 포함되어 있다.

그리고 항상 거듭 고용주와 토지소유자로서, 그리고 교육과 시민사회에서 소비자와 주체로서의 교회 자체의 책임이 언급되고 있다. 교회는 다른 이들을 재었던 척도에, 가능한 한 자신을 일치시켜야 한다. 교회는 자신을 재보는 일을 거절함으로써 이 척도들을 무가치하게 만들지 말아야 할 것이다.

[미주]

* 이 글은 독일의 복음루터교회 연합(VELKD)의 청탁으로 복수의 저자가 성인 세례 교육에 사용되는 소 요리문답, 즉 《*Evangelischer Erwachsenenkatechismus: suchen-glauben-leben*》(Güterloher: Gütersloher Verlag, 2013) 중 일부(418-503쪽)를 번역한 것이다. 발췌본은 독일루터교회연합회/정일웅 · 오민수 공역 『세상 에서의 삶 : 윤리』(한국코메니우스 연구소, 2019)로 출판되었고, 이후 원본을 개정하고 윤문하여 오민수 박 사가 다시 한 번 독자들에게 소개한다.

1   **필자 주.** '언조'(言調)는 말씀 언(言)과 고를(조정할) 조(調)로 조합된, 현재 한국에는 잘 통용되지 않는 조선어이다. 교회의 성명서는 협의와 자문을 거쳐 표명된 것이기에 '언조'란 용어가 적당하다.

2   **필자 주.** '몹시 궁하고 급하다'란 의미로 응급에 준하는 필요를 뜻한다.

▶▶ 참고문헌

제1부
기본소득과 그리스도인의 경제윤리

제1장 만나 사건을 통해 본 기본소득 (강철구)

[국내 저서 및 논문]

강원돈. "기본소득 구상의 기독교윤리적 평가." 「신학사상」 150(2010): 177-215.

강철구. "창세기 2장 3절의 일곱째 날의 '복 주심'과 시간의 연속성에 대한 연구." 「구약논집」 24(2022): 48-75.

고재길. "기본소득에 대한 기독교윤리적 연구." 「신학과 사회」 36/1(2022): 175-207.

곽노안. "기본소득과 사회연대소득의 경제철학: 빠레이스, 네그리, 베르너에 대한 비판과 변형." 「시대와 철학」 18(2007): 183-218.

곽호철. "실낙원에서 복낙원으로의 귀환: 인공지능과 노동, 그리고 기본소득." 「신학사상」 181(2018): 109-140.

김건위·최인수. "기본소득제의 예상 쟁점 및 정책적 실현가능성에 대한 시론적 연구." 「사회적경제와 정책연구」 7(2017): 101-133.

김동환. "4차 산업혁명 시대, 기본소득에 대한 기독교 윤리적 고찰." 「기독교사회윤리」 44(2019): 49-82.

김상기. "기본소득: 어두운 미래를 밝게 만들기 위해." 「기독교 사상」 699(2017): 122-133.

김회권. "기본소득론의 두 토대-자연법과 구약성경." 「신학사상」 195(2021): 65-108.

박경철. "하나님의 은혜와 시험(1)." 「새가정」 567호(2005): 47-51.

백승호. "기본소득 모델들의 소득재분배 효과 비교분석." 「사회복지연구」 41(2010): 185-212.

백승호·이승윤. "기본소득 논쟁 제대로 하기." 「한국사회정책」 25/3(2018): 37-71.

신득일. "구약과 땅(토지)." 「고신신학」 20(2018): 11-37.

왕대일. "하나님의 정의와 먹거리-'만나' 이야기(출 16:1-36)에 대한 구약신학적 성찰." 「신학과 세계」 제39호(1999): 7-38.

윤홍식. "기본소득, 복지국가의 대안이 될 수 있을까?-기초연금, 사회수당, 그리고 기본소득." 「비판사회

정책」54(2017): 81-119.

정미현. "노동의 재분배에 대한 여성신학적 고찰-기본소득논의와 관련하여." 「기독교사회윤리」 42(2018): 241-264.

정용한. "기본소득 논의를 위한 성서적 제안: 공관복음서의 희년과 하나님 나라 운동을 중심으로." 「신학 논단」95(2019): 251-279.

최광은. "'공유부 배당' 기본소득론에 대한 비판적 검토." 「시대와 철학」 33(2022): 181-220.

최성훈. "기본소득에 대한 신학적 분석: 인간존중의 가치 실현을 위한 방법론적 의의." 「장신논단」, 52(2020): 141-165.

한승훈. "기본소득의 복지법제적 검토." 「법제」 694(2021): 117-155.

[번역서 및 논문]

빠레이스, 필리페 판·야닉 판더보흐. "기본소득, 지구화와 이주." 「도시인문학연구」2(2010): 177-202.

[기타]

원용철. "희년정신과 기본소득." 「주간 기독교」, 2020년 7월 15일. http://www.cnews.or.kr/news/ articleView.html?idxno=416.

"2016년 기본소득 지구네트워크 서울 총회 결의." 「기본소득한국네트워크」, 2016년 10월 11일. https:// basicincomekorea.org/biennews_19.

제2장 레위인의 소득과 노동을 통해 본 기본소득 (박유미)

[국내 저서 및 논문]

강규성. "신명기 12:1-16:17의 수사적 기능과 의미." 「구약논집」 14: 215-252.

강원돈. "기본소득 구상의 기독교윤리적 평가." 「신학사상」 150(2010): 177-215.

강은희. "아버지 없는 아이, 과부, 거류민을 위한 신명기의 유산법." 「Canon&Culture」 9권 2호(2015): 157-184.

강지숙. "신명기와 에제키엘서의 레위인." 「신학전망」 161(2008): 2-24.

배희숙. "레위인을 위한 역대기의 개혁 프로그램." 「구약논단」 21(2006): 70-74.

배희숙. "역대기에 나타난 레위인의 기능 및 그 의미." 「장신논단」 45(2013): 67-89.

성기문. "모세율법규정에 나타난 십일조 신학." 「기독교사상」 504(2000): 250-266.

왕대일. 『민수기』. 서울: 대한기독교서회, 2007.

이희학. "구약성서와 조상 제사 제물들." 「한국기독교신학논총」 46(2006): 29-55.

정미연 외. 『한국교회 기본소득을 말하다』. 서울: 새물결플러스, 2022.

[번역서]

메릴, 유진/문동환 옮김. 『민수기 신명기』. 서울: 두란노, 2016.

붓드, 필립 J./박신배 옮김. 『민수기』. 서울: 솔로몬, 2004.

브라운, 로디/김의원 옮김, 『역대상』, 서울: 솔로몬, 2001.

[국외 저서 및 논문]

Ashley, Timothy R. *The Book of Numbers*, Grand Rapids, Mich.: W. B. Eerdmans, 1993. e-book.

Herman, Menahem. "Tithe as Gift: The Biblical Institution In Light of Mauss"s Prestation Theory." *ASL Review* 18 (1993), 51-73.

제3장 "땅의 유익은 모두에게 있는 것, 왕은 경작지에 대해서[만] 섬김을 받을 뿐!(전 5:9) – 전도서를 통해서 보는 기본소득에 대한 고찰 – (구자용)

[국내 저서 및 논문]

강성열. "코로나 위기 시대와 구약신학의 과제." 「구약논단」 제82집(2021년 12월), 216-256.

강원돈. "기본소득 구상의 기독교윤리적 평가." 「神學思想」 제150집(2010년 가을), 177-215.

구자용. "'힌네, 디메아트 하아슈킴!'(전 4:1b): 사회 정의와 인권에서의 차별에 대한 전도서의 교훈." 「미션 네트워크」 제7집(2019): 121-141.

_____. "'보라, 압제당하는 자들의 눈물을!'(전 4:1b): 사회 정의와 인권에서의 차별에 대한 전도서의 교훈." 『혐오를 부르는 이름, 차별: 차별에 대한 인문학적·성서학적 비판』. 고양: 한국학술정보, 2020, 160-175.

권정임. "기본소득과 젠더 정의: 젠더 정의를 위한 사회재생산모형." 「마르크스주의 연구」 제10권 4호 (2013), 105-141.

김상기. "[성서의 눈으로 보는 세상살이 10] 기본소득: 어두운 미래를 밝게 만들기 위해." 「기독교사상」 제 699집(2017년 3월), 122-133.

김성호. "탈노동 시대의 기독교 사회복지 실천: 근로연계복지정책의 대안으로서의 기본소득 개념을 중심으로." 「ACTS 신학저널」 제36집(2018), 437-466.

김순영. "불평등 사회의 생태적 전환을 위한 잠언의 지혜." 「구약논단」 제81집(2021년 9월), 182-215.

_____. 『일상의 신학, 전도서: 지금, 여기, 행복한 일상을 위한 코헬렛의 지혜 탐구』. 서울: 새물결플러스, 2019.

김학철. "한 데나리온의 애환(哀歡): 기본소득과 경제인권의 성서적 근거." 「기독교사상」 제690집(2016년 6월): 56-65.

김회권. "기본소득론의 두 토대: 자연법과 구약성경." 「神學思想」 제195집(2021년 겨울), 65-108.

서명수. "뉴 노멀 시대에 구약학이 지향해야 할 방향에 대한 고찰." 「구약논단」 제85집(2022년 9월), 340-371.

오단이 · 서봉근. "종교개혁의 관점에서 바라본 기본소득의 의미와 적용." 기독교사회윤리 제40집(2018), 121-145.

이영재. "오경에 나타난 레위인의 기본소득." 「기독교사상」 제690집(2016), 66-77

정미현 외. 『한국교회, 기본소득을 말하다: 기본소득에 관한 신학과 사회과학의 대화』. 서울: 새물결플러스, 2022.

정미현. "노동의 재분배에 대한 여성신학적 고찰: 기본소득 논의와 관련하여." 「기독교사회윤리」 제42집 (2018), 241-264.

정용택. "보편적 기본소득의 바울신학적 정당화: 참여소득 이론을 중심으로." 「신학논단」 제109집(2022년 9월): 175-220.

정용한. "기본소득 논의를 위한 성서적 제안: 공관복음서의 희년과 하나님 나라 운동을 중심으로." 「신학논단」 제95집(2019년 3월): 251-279.

조혜신. "희년법 원리의 제도적 구현 가능성에 관한 小考: 기본소득 제도를 중심으로." 「신앙과 학문」 제23권 3호(2018): 263-294.

최성훈. "기본소득에 대한 신학적 분석: 인간존중의 가치 실현을 위한 방법론적 의의." 「장신논단」 제52권 3호(2020년 9월): 141-165.

[번역서]

대한성서공회. 『취리히성경해설 성경전서 개역개정판』. 서울: 대한성서공회, 2021, 986; *Evangelisch-Reformierte Landeskirche des Kantons Zürich*, Erklärt: Der Kommentar zur Zürcher Bibel. Zürich: Theologischer Verlag, 2010.

파레이스, 필리프 판 · 야니크 판데르보흐트/홍기빈 옮김. 『21세기 기본소득: 자유로운 사회, 합리적인 경제를 향한 거대한 전환』. 서울: 흐름출판, 2018; Parijs, Philippe Van & Yannick Vanderborght, *Basic Income: A Radical Proposal for a Free Society and a Sane Economy.* Cambridge: Harvard University Press, 2017.

[해외 저서 및 논문]

Barton, George A. *The Book of Ecclesiastes.* ICC; Edinburgh: T. & T. Clark, 1971.

Birnbaum, Elisabeth & Ludger Schwienhorst-Schönberger, *Das Buch Kohelet.* NSK.AT 14/2; Stuttgart: Verlag Katholisches Bibelwerk, 2012.

Braun, Rainer, *Kohelet und die frühhellenistische Popularphilogophie.* BZAW 130. Berlin/New York: Walter de Gruyter, 1973.

Gesenius, Wilhelm, *Hebräisches und Aramäisches Handwörterbuch über das Alte Testament.* 18. Auflage.

Berlin/Heidelberg: Springer, 2013.

Krüger, Thomas, *Kohelet (Prediger)*. BK XIX. Sonderband. Neukirchen-Vluyn: Nerkirchener Verlag, 2000.

Lauha, Aarre, *Kohelet*. BK XIX. Neukirchen-Vluyn: Neukirchener Verlag, 1978.

Lohfink, Norbert, *Kohelet*. NEB. Würzburg: Echter Verlag, 1980.

Michel, Diethelm, *Qohelet*. EdF 258. Darmstadt: WBG, 1988.

Rinngren, Helmer & Walther Zimmerli. *Sprüche/Prediger*. ATD 16/1. Göttingen: Vandenhoeck & Ruprecht, 1962.

Schwienhorst-Schönberger, Ludger. *Kohelet*. HThKAT. Freiburg/Basel/Wien: Herder, 2004.

Sundermeier, Theo. "Konvivenz als Grundstruktur ökumenischer Existenz heute." In Wolfgang Huber & Dietrich Ritschl & Theo Sundermeier. *Ökumenische Existenz heute*. Bd. 1. München: Chr. Kaiser, 1986.

Tsevat, M., "ḥālaq II." *ThWAT* II, 1015-1020.

Willmes, Bernd, *Menschliches Schicksal und ironische Weisheitskritik im Koheletbuch: Kohelets Ironie und die Grenzen der Exegese*. BThSt 39. Neukirchen-Vluyn: Neukirchener, 2000.

제4장 기본소득 논의를 위한 첫걸음 – 교회 헌법은 젠더 평등한가 (강호숙)

[국내 저서 및 논문]

강호숙. "젠더 정의(gender justice) 관점에서 본 교회 직제와 교회 정치에 대한 실천신학적 연구." 「신학과 사회」 35/2(2021): 165-202.

_____. "누가 성경을 말하고 정책을 결정하는가?." 『샬롬, 페미니즘입니다』. 서울: 서울YWCA, 2021.

_____. 『성경적 페미니즘과 여성리더십』. 서울: 새물결 플러스, 2020.

_____. "보수기독교 내 젠더 인식과 젠더 문제에 관한 연구: 성경적 페미니즘의 필요성을 중심으로." 「신학과 사회」 34/2(2020): 128-137.

_____. "교회리더의 성(聖)과 성(性)에 관한 연구: 성의 사각지대를 형성하는 교회 메커니즘(church mechanism) 문제에 대한 실천신학적 분석." 「복음과 실천신학」 47(2018): 9-43.

권정임, "기본소득과 젠더 정의: 젠더 정의를 위한 사회 재생산모형." 「마르크스주의 연구」 10/4(2013) 105-141.

기독교 반성폭력센터 · 뉴스앤조이. 『교회 성폭력 해결을 위한 가이드북: 미투 처치투 위드유』. 서울: 뉴스앤조이, 2018.

김엘림. 『성차별 관련 판례와 결정례 연구』. 서울: 에피스테메, 2013.

박윤선. "교회와 그 헌법." 「신학 정론」 4/2(1986): 324-333.

여성가족부. 「공공기관 성희롱 사건처리 매뉴얼 개발」(2012).

오준호. 『기본소득이 세상을 바꾼다』. 고양시: 도서출판 개마고원, 2017.

이광호. 『교회 헌법 해설』. 서울: 교회와 성경, 2018.

이병규. "낙태에 대한 헌법적 논의." 「법학 논총」 28(2012): 135-168.

이성배. "교회법의 개정." 「신학 전망」 7(1970): 90-102.

이지은. "기본소득과 젠더 평등." 「월간 공공정책」 184(2021): 26-28.

이춘희. "기본소득에 대한 헌법적 검토." 「성균관 법학」 29/3(2017): 241-267.

_____. "생존권을 통한 민주공화국 원리의 실현-기본소득을 중심으로." 「공법연구」 47/2(2018): 147-172.

장귀연. 『비정규직』. 서울: 책세상, 2009.

정미현. "기본소득 논의에 대한 여성 신학적 성찰." 『한국교회, 기본소득을 말하다』. 서울: 새물결 플러스, 2022.

정일웅. 『한국교회와 실천신학』. 서울: 이레서원, 2002.

정현미. "젠더 평등 실현을 위한 형법적 과제." 「젠더 법학」 9/1(2017): 33-64.

최광은. 『모두에게 기본소득을』. 고양시: 박종철 출판사, 2013.

최종휴. 『웨스트민스터 신앙고백 비교 해설』. 서울: 부흥과개혁사, 2013.

황규학. "헌법과 교회의 관계." 「기독교 사상」 제640호(2012): 38-45.

[번역서]

도모히로, 이노우에/김소운 옮김. 『AI 시대의 기본소득 모두를 위한 분배』. 파주: 여문책,   2019.

버틀러, 주디스/조현준 옮김. 『젠더 트러블』. 서울: 커뮤니케이션북스, 2016.

올슨, 프랜시스 · 카키시마 요시코 편역/김리우 옮김. 『법의 성별: 올슨 교수의 미국 젠더 법학』. 서울: 파랑새 미디어, 2016.

일리치, 이반/노승영 옮김. 『그림자 노동』. 고양시: 사월의 책, 2020.

파레이스, 필리프 판 · 야니크 판데르보흐트/홍기빈 옮김. 『21세기 기본소득』. 서울: 흐름출판(주), 2021.

프레이저, 낸시 · 액셀 호네트, 김원식. 문성훈 옮김. 『분배냐, 인정이냐?: 정치 철학적 논쟁』. 서울: 사의 책, 2014.

[국외 저서 및 논문]

Fuchs-Kreimer, Nancy. "Feminism and Scriptural Interpretation: A Contemporary Jewish Critique." *Journal of Ecumenical Studies* 20/4 (1983): 534-548.

Green, Lowell C. "The Discipline of Church Law and the Doctrine of Church and Ministry." *LOGIA* 9 (1998): 35-45.

Grudem, Wayne A. *Evangelical Feminism and Biblical Truth: An Analysis of More Than 100 Disputed*

Questions. Washington DC: Crossway, 2012.

Küng, Hans. *Women in Christianity*. Translated by John Bowden. London. New York: Continuum, 2001.

Wolterstorff, Nicolas. *Justice: Rights and Wrongs*. Princeton, NJ: Princeton University Press, 2008.

[기타]

대한예수교장로회총회. 『헌법 합동』. 2018 개정판.

대한예수교장로회총회. 『대한예수교장로회총회(통합)』. 2019, 한국장로교출판사.

기독교 반성폭력센터. 「개신교 성 인지 감수성 여론조사 결과 및 포럼 발표집」. 2021년 11월 18일.

"김다정 목사, '나는 천 명의 여자와 자도 무죄다.'" 「네이버 블로그」, 2020년 1월 21일. https://m.blog. naver.com/PostView.naver?isHttpsRedirect=true&blogId=mhosq&logNo=221779955858. 2021 년 12월 20일 접속.

김아영. "올 교단 여성 총대 수, 줄거나 그대로." 「국민일보」, 2019년 10월 31일 자 기사. https://m.kmib. co.kr/view.asp?arcid=0924105451.

여성가족부. "공공기관 성희롱 사건처리 매뉴얼 개발(2018)." 2019년 7월 18일(2022년 2월 24일 접속).

이용필. "교회 재판을 재판한다①-유전무죄 무전유죄, 이현령비현령, 인맥 재판…" 「뉴스앤조 이」, 2020 년 9월 17일 기사. https://www.newsnjoy.or.kr/news/articleView.html?idxno=303356.

_____. "청년들 여러 차례 강제 추행한 목사 징역 3년…피해자들 홀로 고통 감내하며 외상후 스트레스장 애 겪어." 「뉴스앤조이」, 2021년 11월 22일 기사. https://www.newsnjoy.or.kr/news/articleView. html?idxno=303693.

이은혜. "예장합동 현직 노회장, 청년 5명 성추행 의혹…피해자들 '아빠라 부르라며 부적절한 스킨 십'." 「뉴스앤조이」, 2020년 1월 28일 기사. https://www.newsnjoy.or.kr/news/articleView. html?idxno=226434.

_____. "성추행 노회장 감싸는 노회원들 '성폭력으로는 면직 안 돼'…총회는 '교회법상 할 수 있는 것 없어'." 「뉴스앤조이」, 2020년 1월 28일 기사. https://www.newsnjoy.or.kr/news/articleView. html?idxno=226435.

_____. "노회장 성추행 조사 과정에서 드러난 목사·장로들의 성 인지 감수성." 「뉴스앤조이」, 2020년 3 월 11일 기사. https://www.newsnjoy.or.kr/news/articleView.html?idxno=300379.

천관율. "한국 사회 흔든 '성 인지 감수성'." 「시사IN」, 2019년 3월 14일 기사. https://www.sisain.co.kr/ news/articleView.html?idxno=34029.

최승현. "예장합동 여성 사역자들, 역할 제한에 사례비 차별까지." 「뉴스앤조이」, 2018년 10월 30일 기사. https://www.newsnjoy.or.kr/news/articleView.html?idxno=220694.

한국산업인력공단. 『공인노무사 시험용 법전』. 울산광역시: 한국산업인력공단, 2022.

한국여성노동자회. 2016년[온라인 자료], www.kwwnet.org.(2021년 12월 20일 접속.)

제2부

대안 체제와 그리스도인의 경제윤리

제1장 21세기 공유 경제와 구약의 희년 제도 고찰
- 공생하는 경제를 향하여 (김민정)

[국내 저서 및 논문]

김근주 · 김덕영 · 김유준 · 김윤상 · 김회권 · 남기업 · 신현우 · 이성영 · 장성길 · 조성찬. 『희년』. 서울: 홍성사, 2019.

김득종. "어리석은 부자 이야기(누가복음 12장 12~16절)." 「새가정」 통권 432호(1993년 2월호): 70-73.

김선종. "레위기 25장의 형성 - 안식년과 희년의 연속성과 불연속성." 「장신논단」 40(2011): 95-117.

김요섭. "소유의 새로운 패러다임을 제시하는 김회권의 자비 경제학 : 정의로운 소유는 무엇인가?" 「현상과인식」 제46권 4호(통권 제153호) (2022): 201-226.

김회권. 『자비 경제학 - 구약성경과 하나님 나라 경제학』. 서울: PCKBOOKS, 2022.

이은우. "창세기 1장 1절-2장 4a절의 수사적 구조에 나타난 생태윤리." 「구약논단」 제18권 2호(통권 44집) (2012): 10-34.

이종록. "고대 이스라엘에서의 파산과 회생 제도 - 레위기 25장을 중심으로." 「종교연구」 43(2006. 5): 1-19.

[번역서]

래브넬, 알렉산드리아 J./김고명 옮김. 『공유경제는 공유하지 않는다』. 서울: 롤러코스터, 2020.

뤼프케, 게세코 폰 · 페터 에를렌바인 편/김시형 옮김. 『희망을 찾는가 - 전혀 다른 방식으로 세상을 바꾸는 대안 노벨상 수상자들 이야기』. 서울: 갈라파고스, 2011.

리프킨, 제러미/안진환 옮김. 『한계비용 제로 사회』. 서울: 민음사, 2014.

_____/안진환 옮김. 『제3차 산업혁명』. 서울: 민음사, 2016.

몰트만, 위르겐/김균진 옮김. 『창조 안에 계신 하느님』. 서울: 한국신학연구소, 2007.

볼드윈, 리처드 외 편저/매경출판 편역. 『세계 석학들이 내다본 코로나 경제전쟁』. 서울: 매일경제신문사, 2020.

볼리어, 데이비드/배수현 옮김. 『공유인으로 사고하라』. 서울: 갈무리, 2015.

순다라라잔, 아룬/이은주 옮김. 『4차 산업혁명 시대의 공유 경제:고용의 종말과 대중 자본주의의 부상』. 서울: 교보문고, 2018.

오스트롬, 엘리너/윤홍근 · 안도경 옮김. 『공유의 비극을 넘어-공유 자원 관리를 위한 제도의 진화』. 서울: 랜덤하우스코리아, 2010.

월먼, 제임스/황금진 옮김.『과소유 증후근』. 서울: 문학사상, 2015.

쳉어, 에리히/이종한 역.『구약성경 개론』. 서울: 분도출판사, 2012.

폴브레, 낸시/윤자영 옮김.『보이지 않는 가슴 – 돌봄 경제학』. 서울: 또하나의문화, 2007.

하틀리, 존 E./김경열 옮김.『레위기』. WBC Commentary 4. 서울: 솔로몬, 2005.

[국외 저서 및 논문]

Bell, Daniel M. *The Economy of Desire: Christianity and Capitalism in a Postmodern World*. Grand Rapids, Mi.: Baker Pub Group, 2012.

Berry, R. J. "Creation and the environment." *Science & Christian Belief* 7 (1995); 21-43.

Benkler, Yochai. "Sharing Nicely: On Shareable Goods and the Emergence of Sharing as a Modality of Economic Production." *The Yale Law Journal* Vol. 114, No. 2 (Nov., 2004); 273-358.

Blenkinsopp, Joseph. *Treasures Old & New Essays in the Theology of the Pentateuch*. Grand Rapids, Mi.: William B. Eerdmans Publishing Co., 2004.

Botsman, Rachel & Roo Rogers. *What's Mine Is Yours: The Rise of Collaborative Consumption*. Harper Business; Illustrated edition, 2010.

Böcker, L. & T. Meelen. "Sharing for people, planet or profit? Analysing motivations for intended sharing economy participation." *Environmental Innovation and Societal Transitions* 23 (June 2017); 28-39.

Carmichael, C. "The Sabbatical/Jubilee Cycle and the Seven-Year Famine in Egypt," *Biblica* 80 (1999): 224-239.

Davies, Gordon F. *Ezra and Nehemiah, Berit Olam-Studies in Hebrew Narrative & Poetry*. Collegeville, Minnesota: The Liturgical Press, 1999.

Friedman, Milton. *Capitalism and Freedom*. Chicago and London: The University of Chicago Press, 2002.

Gane, Roy. *Leviticus, Numbers. The NIV Application Commentary*. Grand Rapids: Zondervan Academic, 2004.

Hardin, G. "The Tragedy of the Commons." *Science,* New Series, Vol. 162, No. 3859 (Dec. 1968); 1243-1248.

Hogg, J. E. "The Meaning of תתמצל in Lev 25:23-30." *AJSL* 42(1925/26); 208-210.

Lessig, Lawrence. *Remix: Making Art and Commerce Thrive in the Hybrid Economy*. London: Bloomsbury Academic, 2008.

Levine, A. *Leviticus.* The JPS Torah Commentary. Philadelphia: The Jewish Publication Society, 2003.

Milgrom, J. *Leviticus – A Book of Ritual and Ethics*. A Continental Commentary. Minneapolis: Fortress Press, 2004.

Nowak, Martin A. "Five Rules for the Evolution of Cooperation." *SCIENCE*. Vol 314, Issue 5805 (Dec.

2006); 1560-1563.

Noth, M. *Leviticus: A Commentary*. Louisville: Westminster John Knox Press, 1977.

Ostrom, Elinor. *Governing the Commons: The Evolution of Institutions for Collective Action*. Political Economy of Institutions and Decisions. Cambridge: Cambridge University Press: 1990.

Palmer, T. G. "Twenty Myths about Markets." In *Realizing Freedom: Libertarian Theory, History, and Practice*. Washington, DC: Cato Institute, 2009.

Rhoads, David M. "Stewardship of Creation." *Currents in Theology and Mission* 36:5 (2009): 335-340.

Rogge, Benjamin A. *Can Capitalism Survive?* Indianapolis: Liberty Fund Inc., 2010.

Smith, Adam. *The Wealth of Nations*. South Carolina: CreateSpace Independent Publishing Platform, 2018.

Tigay, J. H. *Deuteronomy*. The JPS Commentary. Philadelphia: The Jewish Publication Society, 1996.

Weil, Simone. *Waiting for God*. New York: Harper Perennial, 2009.

White, L. "The historical roots of our ecological crises." *Science* 155 (1967): 1203- 1207.

제2장 전도서의 소박한 행복과 탈성장 (김순영)

[국내 저서 및 논문]

김순영. 『일상의 신학 전도서: 지금, 여기, 행복한 일상을 위한 코헬렛의 지혜 탐구』. 서울: 새 물결 플러스, 2019.

_____. "모호한 이름 코헬렛의 정체성 탐색." 「구약논단」 70(2018): 94-124.

_____. "전도서의 일상과 노동의 관점." 「성경원문연구」 42(2018): 22-44.

김현우. "기후위기 현실 대안으로서의 탈성장." 「문화과학사」 109(2022): 93-107.

조영준. "자본주의와 탈성장사회." 「현대사상」 27(2022): 253-278.

[번역서]

라뚜쉬, 세르주/김신양 옮김. "지속가능한 사회를 위한 탈성장의 길." 「모심과 살림」 6호. http://www.mosim.or.kr. 2022년 8월 8일 접속.

맥켄지, 스티븐 · 스티븐 헤인즈/유연희 외 옮김. 『성서비평 방법론과 그 적용』. 서울: 한국 기독교연구소, 2022.

메도즈, 도넬라 H. · 데니스 L. 메도즈 · 요르겐 랜더스/김병순 옮김. 『성장의 한계』. 서울: 갈라파고스 2021.

브루그만, 월터/정성묵 옮김. 『완전한 풍요』. 서울: 한국장로교출판사. 2021.

엘룰, 자끄/박건택 옮김. 『존재의 이유』. 서울: 규장. 2005.

잭슨, 팀/우석영 · 장석준 옮김. 『포스트 성장 시대는 이렇게 온다: 대전환과 새로운 번영을   위한 사유』. 서울: 산현재. 2022.

칼리스, 요르고스 외 2인 엮음/강이현 옮김. 『탈성장개념어 사전: 무소유가 죽음이 아니듯,   탈성장도 종말이 아니다』. 서울: 그물코. 2018.

칼리스, 요르고스 외 3인 우석영 · 장석준 옮김. 『디그로쓰: 지구를 식히고 세계를 치유할 단   하나의 시스템 디자인』. 서울: 산현재. 2021.

클리포드, 리처드/안근조 옮김. 『지혜서』. 서울: 대한기독교서회, 2015.

[국외 저서 및 논문]

Brown, Francis & S. R. Driver & Charles A. Briggs, *The Brown-Driver-Briggs Hebrew and English Lexicon*. Peabody: Hendrickson, 1994.

Fox, Michael V. *A Time to Tear Down & A Time to Build Up: A Reading of   Ecclesiastes*. Grand Rapids: Eerdmans, 1999.

_____. "Frame Narrative and Composition in the Book of Qohelet", *Hebrew Union College Annual* 48 (1977). 83-106.

_____. *The JPS Bible Commentary: Ecclesiastes*. Philadelphia: The Jewish   Publication Society. 2004.

Horne, Milton P. *Proverbs-Ecclesiastes. Smyth & Helwys Bible Commentary*. Macon: Smyth & Helwys Publishing. 2003.

Koehler, L. & Baumgartner, W., *The Hebrew Aramaic Lexicon of the Old Testament*. Translated by M. E. Richardson. Leiden: Brill, 2944-2000.

Krüger, Tomas. *Qoheleth: Hermeneia-A Critical and Historical Commentary on the Bible*. Translated by O. C. Dean Jr. Minneapolis: Fortress. 2004.

Latoundji, David. "rtːyʾ." *New International Dictionary of Old Testament Theology   and Exegesis* 2. Edited by W. A. VanGemeren. Grand Rapids: Zondervan, 1997, 571-574.

Ogden, Graham S. & Lynell Zogbo. *A Handbook on Ecclesiastes*. New York: United Bible Societies. 1997.

Ronald, Max. "Who is Qoheleth? Old Princeton's Old Testament Scholars on the   Authorship of Ecclesiastes." *Westminster Theological Journal* 83 (2021):   108-129.

Seow, Choon-Leong. *Ecclesiastes: A New Translation with introduction and   Commentary.* The Anchor Bible. Vol. 18. New York: Doubleday. 1997.

Thompson, David. "lmˈ[ˈ." *New International Dictionary of Old Testament Theology and Exegesis* 3. Edited by W. A. VanGemeren. Grand Rapids: Zondervan,   1997, 435-437.

Wright, Addison. "The Riddle of the Sphinx: The Structure of the Book of   Qoheleth." *The Catholic Biblical Qua* Vol. 30, No. 3 (1968): 313-334.

[기타]

슬라보예 지젝 인터뷰. "코로나 이후의 삶, 세계지성에 묻다 2." 「조선일보」, 2020년 11월 8일 자 기사.
　　　https://www.chosun.com/culture-life/relion-academia/2020/11/08/. 2022년 10월 21일 접속.

제3장 공존(共存)! 그 아름다움에 관하여
– 권정생의 동화 세 작품에 언급된 공존의 가치 (홍인표)

[국내 저서 및 논문]

(권정생 장편 동화)

권정생. 『권정생 장편동화: 하느님이 우리 옆집에 살고 있네요』. 서울: 도서출판 산하, 2005.

____. "서로 사랑하며 사는 세상을 위해." 『권정생 장편동화: 하느님이 우리 옆집에 살고 있네요』.

(권정생 단편 동화)

권정생. "하느님의 눈물." 『권정생 유년동화집: 하느님의 눈물』. 서울: 도서출판 산하, 2000.

____. "강아지똥." 『똘배가 보고 온 달나라』. 서울: 창비, 2011.

(권정생 산문)

권정생. "십자가 대신 똥짐을." 『권정생 산문집: 우리들의 하느님』. 서울: 녹색평론사, 2008.

____. "인간의 삶과 부활의 힘." 『권정생 산문집: 우리들의 하느님』. 서울: 녹색평론사, 2008.

(권정생 연구 논문)

이기영. "권정생 약력." 원종찬 엮음. 『권정생의 삶과 문학』. 서울: 창비, 2013.

이대근. "권정생, 그의 반역은 끝났는가." 『권정생의 삶과 문학』.

[기타]

홍인식, "자본주의에서 벗어나라." 「뉴스앤조이」, 2017년 6월 10일 자 기사. https://www.newsnjoy.or.kr/
　　　news/articleView.html?idxno=211493. 2022년 10월 23일 접속.

고한솔, "[단독] 동화작가 권정생, 결핵 아닌 의료사고로 숨졌다." 「한겨레신문」, 2017년 9월 19일 자 기
　　　사. https://www.hani.co.kr/arti/society/society_general/811675.html. 2020년 10월 25일 접속.

제4장 복음적 직업과 경제윤리의 시례 – EEK 직업과 경제 부분 번역 (오민수)

[주저(번역본)]

Evangelischer Erwachsenenkatechismus: suchen-glauben-leben. Güterloher: Gütersloher Verlag, 2013.

(번역본 내 참고문헌)

EKD. *Gemeinwohl und Eigennutz. Wirtschaftliches Handeln in Verantwortung für die Zukunft. Eine Denkschrift.* Gütersloh: Gütersloher Verlagshaus, 1992.

EKD & Sekretariat der Deutschen Bischofskonferenz (Hg.). *Für eine Zukunft in Solidarität und Gerechtigkeit. Wort des Rates der EKD und der Deutschen Bischofskonferenz zur wirtschaftlichen und sozialen Lage in Deutschland.* Gemeinsame Texte 9. Hannover & Bonn: Kirchenamt der EKD und Sekretariat der Deutschen Bischofskonferenz, 1997.

EKD. Der Konsultationsprozess. *Die Kirchen in der Diskussion zu wirtschaftlichen und Sozialen Fragen.* Frankfurt am Main: Gemeinschaftswerk der Evang. Publizistik, 1997.

EKD (Hg.). *Wie ein Riss in einer hohen Mauer. Wort des Rates der Evangelischen Kirche in Deutschland zur globalen Finanz- und Wirtschaftkrise.* EKD-Texte 100. Hannover: Kirchenamt der EKD, 2009.

Kessler, Rainer & Loos, Eva (Hg.). *Eigentum: Freiheit und Fluch.* Gütersloh: Gütersloher Verlagshaus, 2000.

Nell-Breuning, Oswald von Nell-Breuning. *Den Kapitalismus umbiegen. Schriften zu Kirche, Wirtschaft und Gesellschaft.* Düsseldorf: Patmos-Verlag, 1990.

Prien, Hans-Jürgen. *Luthers Wirtschaftsethik.* Erlangen: Erlanger Verlag für Mission und Ökumene, 1992.

Rich, Arthur. *Wirtschaftsethik.* 2 Bde. Gütersloh: Gütersloher Verlag, 1984/1990.

Steinmann, Horst. & Löhr, Albert. *Grundlagen der Unternehmensethik.* Stuttgart: Schäffer-Poeschel Verlag, 1992.

Ulrich, Peter. *Integrative Wirtschaftsethik, Grundlagen einer lebensdienlichen Ökonomie.* Bern: Haupt Verlag, 1997.

현대사회와
그리스도인의 경제윤리

초판인쇄 2023년 12월 29일
초판발행 2023년 12월 29일

지은이   강철구 · 강호숙 · 구자용 · 김민정
         김순영 · 박유미 · 오민수 · 홍인표
책임편집 박성철
펴낸이   채종준
펴낸곳   한국학술정보(주)
주 소   경기도 파주시 회동길 230(문발동)
전 화   031-908-3181(대표)
팩 스   031-908-3189
홈페이지 http://ebook.kstudy.com
E-mail   출판사업부 publish@kstudy.com
등 록   제일산-115호(2000. 6. 19)

ISBN   979-11-6983-879-5 93230